KB105366

위험한
역사
시간

위험한
역사
시간

우리 역사를
외면하는
한국사 교과서의
실체를 밝힌다

이주한 지음

인문서원

일러두기

- 본문에 국정 『중학교 국사』, 국정 『고등학교 국사』라고 표기되어 있는 것은 모두 7차 교육과정 교과서다. 역사 교과서는 2010년까지 국정이었고 2011년부터 검정이 되었다.
- 고유명사로 쓴 '국사' 이외에는 '역사'로 표기했다.
- 본문과 인용문의 외래어 표기가 서로 다른 경우 독자의 이해를 돕기 위해 외래어 표기법에 따라 통일했고, 인명이나 지명 등도 한 가지로 통일했다. 단, 중국의 인명과 지명의 경우 한자어로 표기했다.
  예) 야마또→야마토, 김원용→김원룡 등
- 러시아 역사학자 U. M. 부틴의 경우, 기존 한국어판 저서에는 유엠부찐이라고 표기되어 있으나 외래어 표기법에 따라 U. M. 부틴으로 표기했다.
- 인용문에 한자만 표기되어 있는 경우에는 한글로 바꾸고, 필요하면 한자를 병기했다.
- 인용문에 등장하는 일본인의 이름이 한자로만 표기되어 있을 경우, 외래어 표기법에 따라 한글로 표기하고 원문을 병기했다.
- 임나의 경우 외래어 표기법에 따르면 '미마나'라고 써야 하나 '임나일본부설'이 일반적으로 통용되므로 '임나'로 통일했다.
- 『삼국지』 「위지동이전」의 경우, 교과서별로 「위지동이전」과 「위서동이전」, 「동이전」 등이 혼용되나 여기서는 「위지동이전」으로 통일했다.

화가가 사람의 얼굴을 그릴 때, 연개소문을 그리려면 얼굴 모습이 크고 준수하게 생긴 연개소문을 그려야 하고, 강감찬을 그리려면 몸집이 작고 못생긴 강감찬을 그려야 한다. 만약 한 쪽을 드러내고 한 쪽을 억누르려는 마음으로 조금이라도 서로 바꾸면, 화가의 직분을 어길 뿐만 아니라 본인의 얼굴도 아닌 것으로 되어버린다. 이와 마찬가지로, 영국의 역사를 쓰면 영국사가 되어야 하고, 러시아 역사를 쓰면 러시아사가 되어야 하며, 조선의 역사를 쓰면 조선사가 되어야 한다. 그럼에도 불구하고 지금까지 조선에 조선사라 할 만한 조선사가 있었는가 하면, 그렇다고 대답하기가 어렵다.

단재 신채호, 「조선상고사」

어느 노학자의 마지막 소원

과학사를 새롭게 쓴 스티븐 호킹의 역작 『시간의 역사』는 이렇게 시작한다.

> 어느 유명한 과학자(버트런드 러셀이었다는 이야기도 있지만)가 천문학에 관한 공개 강연을 한 일이 있었다. 그는 지구가 태양 둘레를 돌고, 또 태양은 우리 은하라고 하는 광대한 별의 집단의 중심 둘레를 돌고 있다는 사실을 설명하였다. 강연이 끝나자 한 자그마한 노부인이 뒷좌석에서 일어나서 하는 말이 "당신이 한 이야기는 엉터리예요. 우주는 큰 거북이 등에 얹힌 납작한 널빤지라구요." 그 과학자는 넌지시 웃으면서 "그 거북이가 올라 탄 것은 무엇이지요?" 하고 되물었다. 노부인은 말했다. "젊은 양반, 참 똑똑도 하시군요. 그렇지만

이건 밑바닥까지 전부 거북이란 말씀이에요!"

— 스티븐 호킹, 『시간의 역사』, 현문준 옮김, 삼성이데아, 1989, 21쪽

우주가 큰 거북이 등에 얹힌 납작한 널빤지라는 믿음은 과학적 사고를 일거에 넘어선다. 할머니의 믿음이 사실일지도 모른다. 우리는 우주에 대해 아는 것이 많지 않다. 학문의 세계에 절대적인 진리는 없다. 우리는 진리의 근삿값을 끝없이 추구할 뿐이다. 그러나 학문의 세계에서는 과학적인 사고가 필요하다. 최재석(고려대 명예교수)이라는 분이 계시다. 우리나라 사회학사를 새롭게 쓴 세계적인 석학이다. 1959년부터 2012년까지 53년 동안 연평균 6편, 총 324편의 연구논문을 발표했고 이를 바탕으로 25권의 저작을 출간했다. 방대한 논문 편수도 타의 추종을 불허하지만 연구의 깊이는 과학의 전형이라 할 만하다.

고대사회사를 연구하다 1980년대부터 한국고대사를 연구하던 그는 놀라운 사실들을 발견했다. 한국 고대사회사를 연구하는 사람은 모두 일본인이었고, 한국인은 한 명도 없었다. 더욱 충격적인 것은 고대에 일본이 임나일본부를 통해 한국을 지배했고 한국 최고(最古) 역사서인 『삼국사기(三國史記)』 초기 기록이 조작되었다고 일본 학자들이 한 목소리로 주장하는데, 한국 역사학계가 이를 그대로 따르고 있는 현실이었다. 고대 한일관계사 연구에 뛰어든 그는 일본 학자들이 일본의 고대사서인 『일본서기(日本書紀)』 내용을 은폐하기 위해 그 반대 주장을 해온 사실을 낱낱이 밝혀냈다. 그가 1985년에 발표한 기념비적인 논문 「〈삼국사기〉 초기 기

록은 과연 조작된 것인가」는 기존의 한일 역사를 뿌리부터 뒤흔든 연구였다. 그는 쓰다 소키치(津田左右吉), 이마니시 류(今西龍), 이케우치 히로시(池内宏), 스에마쓰 야스카즈(末松保和) 등 일본의 대표적인 역사학자 30명의 논문들을 치밀하게 비판했다. 그의 연구는 세계적인 수준의 학술 성과였다.

일본의 출판사들도 그 수준을 높이 평가했으나 출판할 수는 없었다. 우익 단체의 테러 위험 때문이었다. 한국 역사학계는 어떻게 받아들였을까? 약속이나 한 듯 모두 침묵했다. "비판해달라, 근거를 제시하라, 한마디 정도의 논평은 있어야 하는 것 아닌가?" 등 그가 역사학계에 30년 전부터 던진 질문들은 아직까지 한마디 답이 없다. "할 말은 있지만 원로학자이기 때문에 하지 않는다."는 답이 있었을 뿐이다. 학문적인 답변을 하는 것이 원로학자에 대한 최소한의 예우다. 더욱이 최재석은 적극적인 비판을 요구했다. 역사학계는 근거를 제시하는 대신 그의 연구를 유령 취급했다. 현재 역사 교과서는 물론 대부분의 한국사 개설서들은 『삼국사기』 초기 기록이 조작이라는 일본 학자들의 견해를 근대역사학이라는 이름을 붙여 추종하고 있다. 역사학계는 임나일본부설을 비판하는 외연을 취하면서 그 핵심 골간을 그대로 유지하고 있다. 한국사의 전체적인 맥락과 체계는 철저하게 임나일본부설에 입각해 있다. 이렇게 한국사의 진실은 거북이 등에 얹힌 납작한 널빤지가 되었다.

프레임은 사실을 압도한다. 프레임에 빠지는 순간 사실은 바로 힘을 잃는다. 한국고대사를 학문적으로 분석하면 '민족주의', '국수주의', '재야사학' 프레임이 가동돼 사실을 희석하고 매도한다. 과학과 진실이 힘을 잃는다. 이것이 국수주의의 전형인 '황국사관', '중화사관'이 온존해온 비결이다. 공격이 최선의 방어인 셈이다. 최재석의 연구는 '민족주의', '재야사학'이라는 덫에 걸린 과학이다. 주어진 프레임을 벗어나려면 있는 그대로를 보는 열린 태도가 필요하다. 주체적인 사고와 독자적인 질문 없이 "주어진 선입관을 그대로 따르는 것"이 우리 역사를 있는 그대로 보지 못하게 한다.

근래에 최재석의 연구가 부각되고 있다. 그는 내게 "이렇게 살다 그냥 죽는 줄 알았습니다. 이제 죽어도 여한이 없습니다."는 고백을 하셨다.

2014년 여름, 그가 내게 전화를 하셨다.

"제 마지막 소원이 있습니다."

그것이 무엇이냐고 여쭈었다.

"역사 교과서를 바꾸는 것이 제 마지막 소원입니다. 이제 아무것도 원하는 것이 없습니다. 저와 같이 그것을 했으면 합니다."

역사 교과서가 객관적인 역사적 사실들을 반영하는 것이 그의 마지막 소원이었다.

"역사 교과서가 꼭 바뀌어야 합니다. 너무나 왜곡된 역사를 학생들이 배우고 있습니다. 큰일입니다."

나는 그에게 반드시 그렇게 하겠다고 약속했다.

"이것이 사실인가?" 하는 의문을 갖고 역사 교과서를 분석했다. 역사 교과서에는 한국이 없고 중국과 일본이 있었다. 중국과 일본이 역사의 주체이고 한국은 객체였다. 위험한 역사다. 역사는 사실(事實)에 뿌리를 두지만 누구의 눈으로 보는가에 따라 해석이 달라진다. 타자의 관점에 선 역사는 인간의 고유한 가치와 힘을 억압하고 주체성을 박탈한다. 주체성을 잃은 인간은 영혼 없는 존재가 되어 누군가의 지배 대상으로 전락한다. 100여 년 전인 1908년에 독립혁명가 단재 신채호는 『독사신론(讀史新論)』에서 이렇게 말했다.

> 우리나라 중세 무렵에 역사가들이 중국을 숭배할 때, 중국인들이 자존심과 오만한 특성으로 자기를 높이고 남을 깎아내린 역사 서술을 우리나라 역사에 맹목적으로 받아들여 일반의 비열한 역사를 지었던 까닭에 민족의 정기를 떨어뜨려 수백 년 간이나 나라의 수치를 배양하더니 요즈음의 역사가들은 일본을 숭배하는 노예 근성이 또 자라나 우리의 신성한 역사를 무함(誣陷)하고 업신여기니, 아아, 이 나라가 장차 어느 땅에서 탈가(脫駕)할 것인지. 여러분, 여러분들이여, 역사를 편찬하는 여러분들이여, 여러분들은 이것을 들으면 반드시 "일본 사람들이 비록 망령되나 어찌 역사의 기록을 날조하겠는가, 이러한 사실들이 반드시 있는 것이므로, 우리 역사에 수입하지 않을 수 없다."고 하여 일본인들의 말을 망령되이 믿으며 우리 자신을 스스로 기만하는 것이다.
>
> – 신채호, 『신채호 역사 논설집』, 정해렴 엮어옮김, 현대실학사, 1995, 40~41쪽

사람은 세상을 창조하는 '빛과 소금'이 될 때 사람다워진다. 자신을 깎아내리는 '비열한 역사'는 노예 근성을 싹틔우고 스스로를 기만하게 만든다. 자신을 있는 그대로 존중하는 자는 스스로를 믿을 만한 존재로 만들고 공동체의 가치를 풍성하게 한다. 신채호는 인류와 민족, 사회와 국가, 나와 너의 주체성을 평생을 통해 추구했다. 그에게 중화주의와 황국사관은 맞서 싸워야 할 노예사상, 주체의 존립을 위태롭게 만드는 제국주의 도그마였다. "여러분, 여러분들이여, 역사를 편찬하는 여러분들이여"라는 신채호의 외침은 한국의 광야에서 더 크게 울려 퍼져야 한다.

광복 후 70년을 맞은 지금, 비극의 역사는 반복되고 있다. 역사 교과서에는 주체와 맥락, 이야기와 논리, 사실과 논거, 질문과 사유, 탐구와 추리, 의미와 가치, 공감과 통찰, 직관과 감동이 없다. 일제의 역사학자들이 정립한 '역사 아닌 역사'가 역사 교과서의 맥락과 체계에 고스란히 반영되어 있기 때문이다. 역사 교과서를 편찬하는 사람들. 그들 중에는 "일본 학자들이 어찌 역사의 기록을 날조하겠는가, 그 사실들이 반드시 있는 것"이라고 생각하는 이들이 있다. 이러한 '생각들'이 일본의, 일본에 의한, 일본을 위한 역사를 유지하는 '위험한 손'이 되어 우리 역사를 파괴하고 있다. 우리는 100년이 넘는 시간을 통해 비열한 역사를 주입당해왔고 우리의 현재이자 미래인 학생들이 '위험한 역사 시간'에 처해져 이를 대물림하고 있다. 우리 사회의 근원적인 문제들이 여기에서 비롯되고 있음은 재차 거론할 필요도 없다.

1980년대에 한국사의 획기적인 전환점을 마련한 윤내현 교수(단국대 명예교수)께서 내게 이런 말씀을 하셨다. "장도빈 선생님께서 '유대인들은 나라는 없는데 역사가 있다. 그런데 우리는 나라는 있는데 역사가 없다'는 말씀을 하셨습니다. 저는 그 말씀을 듣고 많은 생각을 하게 되었습니다." 장도빈 선생(1888~1963)은 신채호와 같이 활동한 독립혁명가다. 나는 이 말씀이 머리에서 떠나지 않았다. 이 책은 수많은 선학들, 그리고 이 땅의 역사를 지켜온 이름 없는 이들의 어깨에 올라서서 바라본 우리 역사의 자화상이다. 그들에게 이 책을 바친다.

끝까지 포기하지 않는 질문과 사유가 거대한 지진과 폭풍이 되어 자신과 세상을 일거에 뒤바꿀 때가 있다. 한나 아렌트는 "악이란 비평이 없는 상태"라고 말했다. 세계와 역사 앞에 용기 있게 마주서는 '주체들'이 우리 역사 최후의 진실을 기록할 날이 곧 오리라고 확신한다.

아직 역사의 빛을 회복하지 못한 2015년 8월에

이주한

| 차례 |

1장.

역사를 보는
눈이 위험하다

우리가 알고 있는 역사는 사실인가

사라진 한국문명

우리가 알고 있는 역사는 과연 사실일까? 지금부터 한국사 여행을 떠나려 한다. 여행을 위해 여러 지도들을 챙겼다.

22쪽 지도는 2010년까지 사용한 국정 『고등학교 국사』 1단원 '선사시대의 세계'에 실렸던 지도다. 한국은 문명 중심지는 물론 고대문명권에서 벗어나 있다. 이 지도는 역사 교과서의 역사관과 서술 방향을 상징적으로 표현했다. 2011년 이후 중·고등학교 역사 교과서는 검정 체제로 바뀌었다. 하지만 현행 검정 교과서는 국정 교과서의 서술 체계와 맥락을 거의 그대로 따르고 있다. 검정 교과서를 검정하는 주체가 국정 교과서를 편찬해온 국사편찬위원회이기 때문이다.

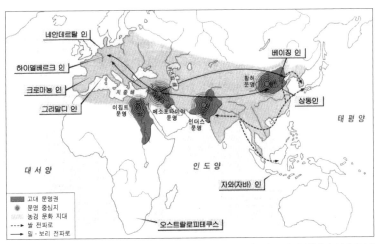

2010년까지 사용한 국정 『고등학교 국사』에 실린 〈문명의 발생〉 지도. 우리 역사의 공간은 문명 중심지와 고대문명권에서 제외되었다.

| 기원전 3000년경을 전후하여 메소포타미아의 티그리스강과 유프라테스강, 이집트의 나일강, 인도의 인더스강, 중국의 황하강 유역에서 문명이 형성되었다. 이들 큰 강 유역에서는 관개 농업의 발달, 청동기의 사용, 도시의 출현, 문자의 사용, 국가의 형성 등이 이루어져 문화가 크게 발달하였다. 이러한 변화들은 모두 청동기시대에 일어났다. 이로써 인류는 선사시대를 지나 역사시대로 접어들었다.

— 국정 『고등학교 국사』, 18쪽

세계 각처가 역사시대로 접어들었을 때 한국은 야만의 시대였다. 이것이 역사 교과서의 첫 번째 비밀이다. 쌀 전파로와 밀·보리 전파로를 통해 한국문명은 황하문명에서 전파된 것으로 그려졌다. 인류문명은 자생적인 문명과 상이한 문명이 뒤섞이며 흘러온 교류의 역사다. 고대문명권을 네 곳으로 제한한 것은 세계 각처의 고대문명을 낮춰 보는 시각이다. 농경과 도시, 계급과 문자 등 일괄적인 기준으로 문명을 설정하면 유목·비도시문명은 문명권에서 제외된다. 이 지도에서 아프리카와 아메리카, 오세아니아, 유라시아 북방 지역을 비롯한 대부분의 지역은 '역사시대로 접어들지 못한 변방'으로 분류됐다. 황하문명보다 앞선 것으로 밝혀진 요하(遼河)문명도 여기에 없다. 세상 어디든 그곳만의 고유한 역사와 문명이 있었다. 그곳은 고정된 변방이 아니라 세계의 또 다른 중심이었다. 모든 역사는 세계문명의 원천이며, 그 가치에는 우열이 없다. 부분이 전체다. 지구 곳곳에서 발원한 강물이 바다를 이루듯 문명의 중심과 주변은 쉬지 않고 뒤섞이며 흘러왔다. 문명교류사를 연구해온 정수일(한국문명교류연구소 소장)의 말이다.

> 유라시아의 북방을 동서로 가로지르는 광활한 초원 지대와 그 남쪽의 사막 및 반사막 지대는 수많은 유목기마민족들이 2천여 년 동안 출몰을 거듭하면서 맹렬한 활동을 해온 고장이다. 그들은 유목 사회라는 소정된 환경 속에서 특유의 정치 체제와 경제 구조, 사회 조직과 문화 패턴을 가지고 다른 문명과는 구별되는 문명을 창조하고 향유하면서 인류의 문명 교류에 동참하였다. 문명 교류는 본질에서 이질 문명 간의 교류다. 그렇다면 유목기마민족들은 하나의 문명권을 이루어 문명 교류에 동참하였는가 하는 문제가 자연히 제기된

다. 이 문제와 관련하여 우선 지적해야 할 것은 거의 모든 문명사가들이 그들을 문명권에서 제외시켰다는 사실이다. 근 5천 년 전에 신석기문화를 갓 벗어난 에게 해 지역의 문화를 '에게문명'으로 정의하면서도 그보다 3천 년 후에 찬란한 금속문화(청동기와 철기문화)를 가꾼 북방 유목기마민족들의 문화는 문명 밖의 '미개'와 '야만'으로, 그리고 '중심문화'를 멀리 떠난 이른바 '주변문화'로 홀대한 것이 지난날의 그릇된 문명사관이다. 그렇다 보니 문명 교류에 대한 그들의 기여나 동참에 대한 연구는 자연히 도외시될 수밖에 없었다.

— 정수일, 『고대문명 교류사』, 사계절, 2009, 226~227쪽

"문명 교류는 본질에서 이질 문명 간의 교류"라는 정수일의 말대로 모든 문명은 교류한다. 교류를 통해 새로운 문명의 파도가 일어난다. 한편 교류의 주체들은 자신만의 고유한 문명이 있었다. 유목기마민족들은 여타의 문명과 다른 문명을 창조하고 향유하면서 인류의 문명 교류에 동참하였다. "우선 지적해야 할 것은 거의 모든 문명사가들이 그들을 문명권에서 제외시켰다는 사실이다." 인류문명을 과학적으로 이해하기 위해서는 사고의 전환이 필요하다. 과학성과 진실성은 다수로 결정되지 않는다. 학문은 전문가의 독점물이 아니다. 그들은 자신을 전문가로 만든 이들의 이론을 비판 없이 받아들이는 경향이 있다. 전문가의 주장도 수많은 견해의 하나일 뿐이다. 아직 뚜렷한 증거를 발견하거나 해석하지 못한 고대문명도 없는 것은 아니다. "증거의 부재가 부재의 증거는 아

니"라는 말처럼. 중요한 것은 역사를 보는 눈이다. 선입견을 버리고 열린 사고와 주체적인 태도로 우리 역사와 마주서면 역사 교과서의 놀라운 비밀들이 우리를 기다리고 있다

선사시대는 역사시대가 아닌가?

22쪽 〈문명의 발생〉 지도 옆에 붙은 설명을 읽어보자.

> | 선사시대와 역사시대
>
> 일반적으로, 선사시대와 역사시대를 구분하는 기준은 문자 사용의 여부이다. 선사시대는 문자를 사용하지 못했던 구석기시대와 신석기시대를 말하고, 역사시대는 문자를 만들어 쓰기 시작한 청동기시대 이후를 말한다. 우리나라는 철기시대부터 문자를 사용한 것으로 추정된다.
>
> – 국정 「고등학교 국사」, 18쪽

위험한 주장이다. 첫 문장부터 살펴본다. "일반적으로 선사시대와 역사시대를 구분하는 기준은 문자 사용의 여부이다." 그러나 인류 역사는 태초부터 시작했다. 역사시대 이전의 선사시대는 없었다. 선사(prehistory)라는 개념 자체가 1833년에 프랑스의 학자 폴 투르날(Paul Tournal, 1805~1872)이 만들어낸 것이다. 편의상 문자 기록을 기준으로 선사와 역사를 구분한 것에 불과한 것이다.

저명한 인류학자인 브라이언 M. 페이건(Brian M. Fagan, 1936~)의 주장이다.

> 선사고고학자에 의하여 연구되는 선사학의 범위는 최소한 250만 년 전까지 올라가는 인류 문화 진화의 전 과정이다. 최초의 문자 기록은 약 5천 년 전에 근동 지방에서 이루어졌다. 기록을 가진 인류 역사를 연구하는 '역사학'의 시작은 바로 이 시기부터이다. 문자와 그 기록은 금세기에 들어와서 세계의 어느 곳에서나 쓰이게 되었지만, 아시아와 아프리카의 일부 지역에서는 강대국들이 그들의 식민지를 늘리고 새 영토를 통치하게 된 19세기에 와서야 문자가 사용된 곳도 있었다. 그런데 선사학은 그러한 지역에서 그들의 기록된 역사가 80년밖에 안 된 원주민들의 연구도 포함하기 때문에 그 연구 범위가 현대까지 확대된다고 할 수 있다.
>
> – 브라이언 M. 페이건, 『인류의 선사시대』, 최몽룡 옮김, 을유문화사, 1988, 23쪽

선사고고학자의 선사 개념은 기록의 존재 여부이기 때문에 현대에도 기록이 없는 원주민은 선사시대를 살고 있다는 견해다. 2015년에도 선사시대를 살고 있는 사람이 있으며, 그들에게 역사시대는 아직 도래하지 않은 것이다. 이처럼 문자를 중심으로 나눈 '선사'와 '역사' 개념은 고고학적인 필요에서 나왔다. 고고학의 일정한 범주에서 쓰여야 할 개념을 인류 역사에 그대로 적용하는 것은 곤란하다.

모든 개념과 이론은 당대의 역사적 배경과 사상적 맥락이 있다. 19세기에 형성된 유럽고고학의 성격을 살펴보자. 유럽의 선사고고학은 19세기에 인류 역사를 진화적 관점에서 접근하면서 태동했다. 당시의 고고학은 단선진화론에 따라 선진적인 유럽문명이 세계를 지배해야 한다는 논리로 활용되었다.

| 구석기시대란 인류 문화의 시원부터 시작해 1만 년 전 무렵에 이르기까지 수백만 년에 이르는 인류 문화의 원초 단계 시기를 가리킨다. 이 용어는 원래 톰센이 삼시대법에서 정의한 석기시대를 러벅이 구석기시대와 신석기시대로 나눈 것에서 유래하였다.

> – 한국고고학회 엮음, 『한국고고학 강의』, 사회평론, 2007, 24쪽

19세기 유럽의 고고학은 중유럽, 북유럽에 관계없이 쇼비니즘과 깊은 관련 속에서 전개되었다. 구석기고고학의 선구자인 존 러벅(John Lubbock, 1834~1913)은 단순진화론과 인종주의에 심취했는데, 그는 유럽과 미국의 진화고고학 형성에 결정적인 영향을 미쳤다.

| 1860년대와 70년대 고고학자들은 유럽사회의 진화적 기원을 계속 믿어왔다. 그럼에도 그때까지 고고학자들은 다른 사회들이 자기 사회들보다 발전하지 못한 것을 인종적으로 설명하려 하였다. 러벅이 대중화시켰던 인종 차이에 대한 다원류의 설명은 식민 상황에서 인종주의적 관점을 강화시켰다. 이

런 관점은 이미 그전부터 미국의 고고학 해석에 영향을 미쳐왔다. 유럽에서 온 식민이주민들이 원주민의 자리를 차지했던 곳에서 발달한 고고학에는 어디에서나 공통점이 많다. 원주민 사회들은 정체되었다고 생각되었으며, 고고자료에 어떤 변화가 있었다면 이것은 내적 역동성보다는 이주의 탓으로 돌려지곤 하였다. 구체적인 해석들을 떠받치고 있는 인종주의적 관점은 흔히 명백했다기보다는 묵시적이었다. 어떤 식으로든지 식민고고학은 선사시대 원주민은 발전의 주도권을 쥐지 못했다는 증거를 제시함으로써 원주민사회들을 깎아내려 이들을 지배하거나 몰아내는 데 이바지하였다. 그런 고고학은 민족학 ─ 전통 원주민문화들이 원시 상태에 있고 일반적으로 변화에 무능력함을 고증해준다 ─ 과 아주 가까이 위치된다. 원시성 때문에 유럽인들이 그런 민족들의 영토를 식민지로 삼은 것을 정당화할 수 있다는 것이다, 이런 고고학의 관점은 원주민문화의 내적 변화에 대한 확실한 고고학 증거가 밝혀진 이후에는 계속될 수 없었다. 하지만, 변화의 증거를 찾는 데 방해가 되었으며 이로써 오스트레일리아 등에서 선사고고학의 발달은 상당히 늦추어지게 되었다.

─ 브루스 트리거, 『고고학사』, 성춘택 옮김, 학연문화사, 2006, 191~192쪽

다윈이 말한 '자연선택'은 어떤 종이 환경의 변화에 적응을 잘하면 살아남을 가능성이 높다는 학설이었다. 종간의 우열이나 생존경쟁을 통한 적자생존이라는 개념과는 무관했다. 다윈이 본 진

화는 종의 다양성이었다. 나뭇가지가 위아래나 좌우 없이 자라듯 다양한 종이 일정한 방향이나 목적 없이 퍼져나가는 이치와 같았다. 그러나 일부 생물학자들이 자연선택을 경쟁 개념으로 교체했다. 적자생존은 다윈이 아니라 영국의 사회학자인 스펜서(Harbert Spencer, 1820~1903)가 새롭게 쓴 용어였다. 프리드리히 엥겔스(Frederick Engels, 1820~1895)의 말이다.

| 생존경쟁이라고 하는 모든 다윈주의자(Darwinist)의 학설은 홉스의 만인의 만인에 대한 투쟁 이론과 맬서스의 인구론과 같은 경쟁적인 부르주아 경제학 이론을 사회에서 자연으로 간단하게 변용시킨 것이다. 이런 마법사의 속임수 같은 것이 재주를 부리면…… 이 주장은 다시 자연에서 인간의 역사로 변용되어서, 이제는 그것이 인간 사회의 불변의 법칙으로 입증된 것처럼 자신들의 정당성을 주장하는 이론이 된다.
　　　　　　– 알피 콘, 『경쟁에 반대한다』, 이영노 옮김, 산눈, 2009, 39쪽에서 재인용

다윈은 『종의 기원』에서 생존경쟁이라는 용어를 "다른 생물에 의존하는 것을 포함해 아주 폭넓고 비유적인 뜻으로 사용했다."고 말했다. 사회적 다윈주의는 강한 것이 우월하고 차별과 경쟁을 통해 사회가 발전한다는 논리로 다윈의 과학을 비틀었다. 이것이 유럽고고학에 반영되었다. 러벅의 저서 『선사시대』는 19세기 고고학을 대표하는 책으로 유럽과 미국에서 고고학 교과서로 오랫동안 사용되었다. 러벅은 유럽인들이 생물학적으로 우수하며

비유럽권의 문화를 진화가 덜 된 미개한 문명으로 봤다. 유럽인 내에서도 중간층 이하의 낮은 계급에 속한 사람은 유전적으로 상류층보다 열등하다고 주장했다. 미국 고고학자들은 러벅의 주장을 받아들여 아메리카 원주민들을 생물학적으로 열등한 존재로 여겼다. 19세기에 덴마크에서는 주로 신석기·청동기·철기시대의 문화 발달을 연구했고, 이어 영국과 프랑스에서 구석기시대를 연구했다. 인류학자인 브루스 트리거는 이 두 가지 계통의 유럽고고학이 내재한 계몽주의와 제국주의적 성격을 이렇게 분석했다.

> | 선사고고학의 이런 두 가지는 계몽주의의 지적 산물이었다. 이들은 물질문화의 진화가 사회 및 도덕적 증진을 알려준다고 믿었다. 중간계급의 많은 사람들—이들의 경제·정치적 힘은 산업혁명의 결과 커져갔다—은 자신들이 인간의 본성에 (어쩌면 우주의 법칙에) 고유한 진보의 물결 하나를 이룬다고 생각하며 만족하였다. 아메리카 백인들은 이런 낙관적인 관점을 공유하기를 좋아했지만, 이와 같은 시각이 원주민(이들의 땅을 백인들이 차지하고 있었지만)까지 넓혀 적용된 것은 아니다. 백인들에게 원주민은 예외였으며, 이들은 생물학적 부적절성으로 말미암아 진보—여기서 유럽인들은 운명적으로 특권을 가진다—에 참여하지 못했다고 생각되었다. 그러나 이러한 두 관점들은 서로 어긋나지 않고 곧 국제적인 틀 속에서 통합되었다.
> ─ 브루스 트리거, 『고고학사』, 성춘택 옮김, 학연문화사, 2006, 146~147쪽

유럽문명을 중심으로 한 약육강식의 진화론과 인종주의적 관점에서 유럽과 미국고고학이 형성되었다. 이것이 '선사'와 '역사'가 나온 역사적 맥락이다. 학문의 핵심은 개념이다. 모든 개념은 당대의 역사와 사상, 가치관과 역사관을 반영한다. 개념이 만들어진 역사적 맥락을 읽어서 그 성격과 기능을 봐야 한다. 서구에서도 이미 오래전에 선사와 역사에 대한 반성이 있었다.

| 대부분의 역사가들은 관례상 인간사회의 진화를 "역사시대(historic period)"와 "선사시대(prehistoric period)"로 구분한다. 여기서 역사시대란 이룩한 업적의 서술을 의미한다. 그리고 선사시대란 문자 발명 이전에 인간이 이룩한 업적의 서술을 의미한다. 그러나 이러한 구분은 그다지 만족스럽지는 못하다. 왜냐하면 그것은 문자가 기록되기 이전의 인간이 쌓은 업적이 중요하지 않다는 의미를 함축하고 있기 때문이다. 오히려 인간이 이룩한 기술면에서의 가장 위대한 업적과, 심지어 사회·정치 체계에서 이룩한 업적의 상당 부분은 인간이 문자를 사용하기 이전에 그 토대가 놓였다. 그러므로 인간의 삶의 모든 시기를 역사시대로 간주하면서, 다만 문자 발명 이전 시기를 별도로 "문자 사용 이전(preliterate)" 시대라고 부르는 것이 더욱 합당할 듯싶다.

　　　　　– 에드워드 맥널 외, 『서양문명의 역사』 1, 박상익 옮김, 소나무, 2003, 7쪽

이처럼 '선사'가 아니라 '문자 사용 이전'이 명확한 개념이다. 여

기서 '기원'의 개념을 짚겠다. 역사 교과서가 사용하는 기원은 '서력기원'의 준말이다. 우리 역사의 기원은 아니다. 개념을 명확히 써야 한다. 주체적 관점이 결여된 용어를 계속 쓰는 것은 문제다. 이 책에서는 '서기'로 밝혀 쓰되, 역사 교과서를 비롯한 다른 책의 '기원' 표기는 그대로 인용하겠다.

도구냐, 인간이냐

선사시대와 역사시대에 대한 역사 교과서의 설명을 계속 살펴보자. "선사시대는 문자를 사용하지 못했던 구석기시대와 신석기시대를 말하고, 역사시대는 문자를 만들어 쓰기 시작한 청동기시대 이후를 말한다."

역사를 구석기, 신석기 등 고고학 개념에 맞춰 시대구분하고 있다. 인간이 아니라 인간이 발명하고 사용한 도구를 중심으로 역사를 설정했고, 문자도 청동기시대 이후에 나왔다고 한다. 인류의 역사를 도구를 기준으로 보는 것은 앞에서 살펴본 대로 19세기 유럽고고학의 편의에서 나왔다. 그런데 역사 교과서는 이를 한국사의 시대구분 체계로 고수하고 있다.

| 우리나라의 역사도 구석기시대에서 신석기시대, 청동기시대, 철기시대의 단계를 거치면서 발전하였다.

— 국정 「고등학교 국사」, 16쪽

| 우리나라와 그 주변 지역에 구석기시대 사람들이 살기 시작한 것은 약 70만 년 전부터이다.

— 같은 책, 19쪽

| 구석기시대 사람들은 동물의 뼈나 뿔로 만든 뼈 도구와 뗀석기를 가지고 사냥과 채집을 하면서 생활하였다.

— 같은 책, 20쪽

| 신석기시대 사람들은 부러지거나 무디어진 도구를 다시 갈아 손쉽게 쓸 수 있게 되었으며, 단단한 돌뿐만 아니라 무른 석질의 돌도 모두 이용하게 되었다.

— 같은 책, 21쪽

구석기시대, 신석기시대, 청동기시대, 철기시대는 도구를 기준으로 인류의 문화를 살피는 고고학 개념이다. 석기, 청동기, 철기는 인류가 발명하고 사용한 도구다. 도구를 사용한 주인공은 인류다. 구석기시대에 맞춰 구석기인이 살고, 청동기시대에 맞춰 청동기인이 살지 않았다. 도구를 위해 인간이 존재하지 않았다. 인류가 어느 때 석기와 청동기를 사용한 것이다. 주체와 객체가 바뀌었다. 도구는 인간의 손끝에서 나왔다. 도구가 인간의 역사를 만든 것이 아니라 인간의 감각, 통찰, 지혜, 신앙, 예술, 지식, 문학, 육체, 경험, 놀이, 노동, 언어, 사유, 도전, 꿈, 두려움, 순수, 겸손……, 그리고 우주의 보이지 않는 힘이 인류사를 창조했다.

우리는 고대에 대해 아는 것이 많지 않다. 그러나 인간이 태고 이래 주어진 환경과 조건에 얽매이지 않고 그 환경과 조건을 변화시켜왔다는 것은 알고 있다. 지금 역사 교과서의 '구석기시대 사람', '신석기시대 사람'을 예전 역사 교과서에서는 '구석기인', '신석기인'으로 표기했었다. 고대인들을 도구의 부속으로 대상화했다. 이 개념에서 고대인들은 생명력과 주체성을 잃었다. 삭막함을 넘어 참혹한 표현이다.

| 우리나라에 구석기인들이 살기 시작한 것은 약 70만 년 전부터이다.

| 구석기인들은 동물의 뼈나 뿔로 만든 뼈 도구와 뗀석기를 가지고 사냥과 채집을 하여 식생활을 하였다.

| 신석기인들은 강가나 바닷가에 살면서 뼈낚시, 그물 등을 가지고 물고기를 잡거나, 창, 화살 등으로 사냥을 하였다.
　　　　　　　　　　　- 6차 교육과정 『고등학교 국사』, 국사편찬위원회 누리집

인간이 발명한 물질이 인간을 소외시키는 물질주의가 역사 교과서에 스며들었다. 그렇지만 먼 훗날 우리 후손들이 지금의 우리를 '자동차인', '컴퓨터인'으로 부르지는 않을 것이다. 인류 문명의 중심인 유럽이 세계를 지배해야 한다는 제국주의 논리에서 나온 학문 체계가 위기를 맞을 것이기 때문이다. 역사 교과서와 대부

분의 한국 통사들은 '있었던 사실을 반영한 역사'가 아니라 '설정된 개념과 프레임에 맞춘 역사'를 쓴다. 일제 강점기에 주입된 개념에 맞춰 역사를 서술하기 때문이다.

인간사의 커다란 흐름과 맥락을 보는 눈이 중요하다. 무한한 사실들을 다 알 수 없고 그럴 필요도 없다. 많은 사실은 주체적인 사유를 압도하는 면이 있다. 그러나 '사실을 보는 눈'이 트이면 무한한 사실의 흐름을 통찰하게 된다. 이것이 역사의 소중한 의미다. 『고등학교 국사』 머리말이다.

> 국사는 우리 민족의 정신과 생활의 실체를 밝혀주는 과목으로서, 우리 민족의 정체성을 확립시켜주는 구실을 한다. 즉, 국사 교육을 통하여 민족의 전통을 확인하고, 민족사의 올바른 전개에 적극적으로 참여하는 정신을 기르게 된다. 국사 교육은 이러한 민족사의 다양한 역사 전개의 과정을 종합적이고 체계적으로 학습함으로써 21세기를 살아가는 한국인으로서의 자긍심과 능력을 길러주는 데 가장 큰 목표를 두고 있다.
>
> — 국정 『고등학교 국사』 머리말 중에서

"한국인으로서의 자긍심과 능력을 길러주는 데 가장 큰 목표를 두고 있다."는 역사 교과서가 우리 민족이 고대문명권에 들지 못했고, 중국 황하문명의 영향을 받는 주변부라고 전제하고 서술을 시작한다. 또한 문자 기록 이전의 역사는 도구가 중심인 선사시대로 설명했다. 뿌리에서 줄기가 나오고 열매를 맺는다. 우리 민족의 정신과 생활의 실체, 정체성과 전통이 교과서 전체에서 어떻게 설명될지 추론이 가능하다.

『고등학교 국사』는 말한다. "국사 교육의 목표는 우리나라의 역사를 주체적으로 이해하는 데에 있다." 주체는 자신의 고유한 가치를 자각하고, 세계의 중심이 되는 것이다. 내가 가치 있는 존재이듯 나와 연결된 또 다른 나인 너를 존중하는 것이 세계를 주체적으로 이해하는 태도다. "수처작주 입처개진(隨處作主 立處皆眞)." 어디에 있든 모두가 주인이고, 지금 있는 곳이 진리의 세계다. 그런데 역사 교과서는 우리 역사와 세계 곳곳의 역사를 비주체적인 관점으로 접근했다.

어느 곳이나 독창적인 역사가 있었다

청동기시대가 문자 사용의 전제도 아니며, 문자가 문명의 필수 조건이거나 역사시대의 출발인 것도 아니다. 문자 기록을 남기지 않은 곳에도 역사는 있었다. 역사 교과서가 문명의 조건으로 설명한 관개 농업의 발달, 청동기의 사용, 도시의 출현, 문자의 사용, 국가의 형성 등을 모든 지역에 일괄해서 적용할 수는 없다. 이 개념들은 문명의 다양한 요소 가운데 하나일 뿐이다. 어느 곳이든 독창적인 역사가 있었다. 세계적인 문화인류학자 클로드 레비 스트로스(Claude Levi-Strauss, 1908~2009)의 말이다.

| 문자가 없는 사람들은 주변 환경과 천연 자원에 대해 엄청
나게 정확한 지식을 가지고 있습니다. 우리는 이 모든 것들
을 잃어버렸습니다. 하지만 아무런 대가 없이 잃어버린 것은
아닙니다. 우리는 매순간 자동차를 망가뜨리지 않고도 운전
할 수 있습니다. 또 저녁이면 텔레비전이나 라디오를 켤 수도
있지요. 이것은 '원시적인' 사람들이 다만 그들에게는 필요가
없기 때문에 찾지 않았을 뿐인, 정신적으로 훈련된 능력을
의미합니다. 그들은 그들의 잠재력으로 그들이 가진 정신의
특성을 바꿀 수도 있었습니다. 하지만 그들이 누리는 삶의
형태와 자연과의 관계에서는 그런 것이 필요치 않았을 겁니
다. 인류가 가지고 있는 모든 정신적인 능력을 한꺼번에 발전
시킬 수는 없습니다. 우리는 단지 얼마 되지 않은 영역만을
사용할 수 있을 따름이며, 이 작은 영역은 문화마다 서로 다
릅니다. 그뿐입니다. 아마도 인류학적인 연구 조사에서 나온
수많은 결론 가운데 하나는 인류의 몇몇 구분에 따라 문화
적인 차이가 있음에도 불구하고 인간 정신은 어디서든지 하
나이며, 모두 똑같은 능력을 가지고 있다는 것일 겁니다. 어
디서나 이렇게 받아들여지고 있는 것 같습니다.
 — 클로드 레비 스트로스, 『신화와 의미』, 임옥희 옮김, 이끌리오, 2000, 45~46쪽

  문자를 사용하지 않은 이들이 무지몽매하거나 낮은 차원의 인
간들은 아니었다. 그들은 상상을 초월하는 정확한 지식을 갖고
있었고 우리는 그것을 잃었다. 그들은 자연과 인간의 이치를 주체

직으로 사유하고 우주와 호흡했다. 그들은 모든 존재의 신비로움을 알았고, 타고난 힘으로 운명에 마주섰다. 그들은 자신의 잠재력으로 스스로 정신의 특성을 바꿀 수도 있었다. 그들은 언어와 신앙, 신화와 전설, 민담과 노래, 과학과 예술 등에서 그들만의 탁월한 역사를 일궈냈다.

> 일반적으로 청동기문화가 유행한 시대를 청동기시대라고 한다. 청동기시대는 보통 신석기시대와 철기시대 사이에 편년되는데, 이 시대의 장단이나 편년은 지역에 따라 큰 상차를 보이고 있다. 톰센의 삼시대법에 의하여 인류사회를 고고학적으로 석기시대(후에 신·구·중석기시대로 세분)와 청동기시대·철기시대로 나누고, 다시 문명사적으로는 석기시대와 청동기시대를 선사(몽매)시대에, 철기시대를 역사(문명)시대에 편입시킨다. 물론 이것이 지금까지의 통념이지만, 그동안의 유물 발굴이나 연구 결과를 자세히 검토해보면 청동기시대가 인류 보편사로 과연 존재했었는가에 대한 의문을 제기하지 않을 수 없다.
>
> – 정수일, 『고대문명교류사』, 사계절, 2009, 131쪽

통념을 자세히 살펴보면 의문이 생긴다. 수백만 년이나 되는 석기시대에 비해 청동기시대는 아무리 길게 잡아도 2,000~3,000년밖에 안 된다. 석기와 청동기, 철기시대를 칼로 무 자르듯 명확하게 구분할 수 없다. 일원적인 청동기문화는 없다시피 하며, 대부분 복합적인 과도 문화였다. 청동기 사용이 일부 층에 한정되었거

나 청동기가 발견되지 않은 곳도 있다. 문자 기록이 없는 역사를 선사시대로 보아서도, 이를 한국사 시대구분에 그대로 적용해서도 안 된다. 모든 개인과 민족은 자신만이 고유힌 역사와 의미가 있다. 한국사는 한국의 특수성에 따른 시대구분을 해야 한다.

| 우리나라 선사문화의 시대구분은 대체로 톰센의 3시기법을 근간으로 하고 있다. 그런데 사학사적인 측면에서 볼 때 이 3시기법은 일제 관학자들로 하여금 우리 선사시대에 금석병용기(철기와 석기를 함께 사용한 시기-지은이)를 설정하는 근거가 되게 하였다.

– 국사편찬위원회, 『한국사』 3, 탐구당, 2003, 325쪽

일제가 우리 역사를 왜곡하는데 악용한 톰센(C. J. Thomsen, 1788~1865)의 삼시대법이 한국사 시대구분의 기준일 수 없다. 국사편찬위원회가 이를 계속 방치해서는 안 된다.

문명과 국가는 청동기시대의 전유물이 아니다

인간과 자연의 이치를 밝힌 『천자문』은 이렇게 시작한다. "하늘과 땅은 검고 누르다, 우주는 넓고 거칠다(天地玄黃 宇宙洪荒)." 미지의 세계가 무한하게 펼쳐져 있다는 뜻이다. 적어도 250만 년에 걸친 인류사를 이해하려면 많은 관점을 수용할 필요가 있다. 인간

관계의 갈등은 상대를 존재 자체로 존중하지 않고, 일방적으로 규정하거나 침범하는 데서 나온다. 마찬가지로 다른 역사적 관점들을 가진 다른 이들의 문화와 역사를 존중하지 않으면 그 사이에서 갈등과 균열이 발생한다. 고고학뿐 아니라 어떤 학문도 특권을 누릴 수 없다. 고고학 또한 정치의 영향에서 자유롭지 못하다. "과학자들은 즐겨 과학이 정치 바깥에 정치 위에 존재한다는 관점을 조장한다. 이것은 한 번도 참인 적이 없었다. 특히 오늘날은, 과학과 정치의 분리란 신화에 불과하다." 과학사를 연구한 로이 포터(Roy Porter, 1946~2002)의 말이다. 이처럼 정치는 인류문명의 자장이자 전류와 같다.

연극이나 영화는 하나의 절정만 있지만 인류사에는 하늘에 떠 있는 별처럼 많은 절정들이 명멸했다. 지금까지 밝혀진 문자 기록의 역사는 5천 년이다. 문자 기록 이전의 역사는 최소한 수백만 년으로 인류 역사의 99%가 넘는다. 장구한 역사 속에서 문자가 출현했다. 우리는 인류가 체험하고 사유한 과정의 극히 일부만을 붙들고 구구한 해석을 하고 있다. 오만은 금물이다. 과학자 이종호의 글이다.

> 일반적으로 청동기시대로 들어선 경우에 비로소 그 민족이 국가라는 틀을 구성할 수 있다고 인정하는 것이 사실이다. 그러나 청동기가 고대국가의 절대적인 필요조건은 아니다. 중남미의 경우 석기만 갖고도 고대국가를 건설했고 바퀴를 사용하지도 않았다. 중남미의 잉카나 마야제국을 놓고 청동

기가 나타나야만 고대국가가 성립할 수 있다고 말한다면 어리석은 설명이 될 수밖에 없다. 세계 4대 문명지로 알려진 이집트의 경우도 그곳에서 발견된 도끼, 단검, 나이프, 침 등의 고대 청동 제품이 이집트의 토착 제품이 아니라 북방으로부터 전해진 교역품일 가능성이 높다고 분석된다. 인도문명도 청동기의 직접적인 영향을 받아 왕조가 성립됐거나 번성한 것이 아닌 것으로 알려져 있다. 그러므로 청동기가 나타나야만 고대국가가 성립한다는 학설은 적어도 국제적으로 오래전에 사라졌다고 볼 수 있다. 이와 같은 사실은 청동기시대라고 해서 모든 기구가 동제품으로 제작된 것이 아님을 안다면 쉽게 이해할 수 있다. 청동의 나라로 알려진 상(殷)나라의 경우 최전성기에도 농경 기구는 주로 석기였다. 가격이 비싼 청동으로는 주로 중요한 무기나 제기를 만드는 것이 기본이었다. 이는 청동기문화를 성립시킨 생산 기반은 신석기시대의 그것과 동일하지만 청동무기 소지자들은 당대의 실권자들이었다는 사실로 설명될 수 있다.

- 이종호, 『과학으로 찾은 고조선』, 글로연, 2008, 22~23쪽

대제국 잉카는 뛰어난 관료 체계와 교통망을 갖췄다. 마야제국도 선진적인 천문학으로 1년을 365일로 나눴고, 과학적인 그림문자가 있었다. 잉카와 마야는 석기시대의 제국이었다. 국가가 청동기시대 이후에야 나오고, 청동기시대 이후에 역사시대가 시작된다는 것은 만들어진 개념에 역사를 꿰어 맞춘 설명이다. 문자를 사

용하지 않아도 역사는 있었고, 청동기를 사용해야 문자가 나오는 것도 아니다. 청동기를 사용하지 않은 문명과 국가가 있었다.

> 신석기시대 사람들이 발전시킨 또 다른 위대한 제도는 국가였다. 국가란 특정한 영토를 점유하고, 외부의 지배권으로부터 독립된 권위를 갖춘 정부를 지닌 사회 조직이라고 정의할 수 있다. 국가의 본질은 법을 만들고 관리하기 위한 권력, 그리고 그 법을 위반한 사람들을 처벌함으로써 사회 질서를 유지하기 위한 권력이다. 문자 사용 이전의 대부분의 사회에서는 위기가 닥친 시기를 제외하고는 국가가 존재하지 않았다. 이것은 국가가 신석기시대의 후기에 등장했음을 보여준다.
>
> — 에드워드 맥널 외, 『서양문명의 역사』 1, 박상익 옮김, 소나무, 2003, 20쪽

신석기시대에 탄생한 국가들이 있었다. 문명의 발생을 청동기시대 이후로 일반화할 수 없다. 역사 교과서는 이런 상식에 눈을 감았다.

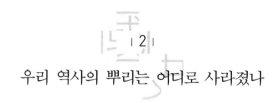

| 2 |

우리 역사의 뿌리는 어디로 사라졌나

날아간 2,000년

역사 교과서는 청동기를 사용해야 문명이 발생한다고 했다. 그러면 우리 민족은 언제부터 청동기를 사용했다고 보고 있을까?

| 신석기시대 말인 기원전 2000년경에 중국의 요령, 길림, 러시아의 아무르강과 연해주 지역에서 들어온 덧띠새김무늬토기문화가 앞선 빗살무늬토기문화와 약 500년간 공존하다가 점차 청동기시대로 넘어간다. 이때가 기원전 2000년경에서 기원전 1500년경으로, 한반도 청동기시대가 본격화된다.

– 국정 『고등학교 국사』, 27쪽

서기전 2000년에서 서기전 1500년 무렵에 청동기시대가 본격화된다고 한다. 2006년까지 사용한 역사 교과서는 청동기시대의 출발을 다음과 같이 서술했다.

> 신석기시대에 이어, 한반도에서는 B. C. 10세기경에, 만주 지역에서는 이보다 앞서서 청동기시대가 시작되었다.
>
> — 국정 「고등학교 국사」, 국사편찬위원회 누리집

2007년에 『고등학교 국사』는 우리 역사의 청동기시대 개막을 500년 앞당겼다. 뜻있는 학자와 시민들이 역사학계에 꾸준히 문제 제기한 결과였다. 역사학계·고고학계는 청동기시대를 서기전 10세기 전후로 보고 있다. 여기서 역사학계와 고고학계는 국사편찬위원회·한국학중앙연구원·동북아역사재단 등의 국가기관과 각 대학에서 주도적인 위치를 차지하고 있는 학자들을 가리킨다. 국사편찬위원회가 장기간 심혈을 기울여 편찬한 『한국사』를 보자.

> 현재 북한에서는 우리나라 청동기시대의 개시에 대해, 최초의 국가이자 노예소유주 국가인 고조선(단군조선)을 중심으로 하여 기원전 30세기에 시작되었다고 보고 있다. 즉 청동기시대가 되면서 여러 가지 사회적인 변화를 거치는데, 그러한 변화상이 고조선이라는 국가의 발생까지 이어지는 것으로 본 것이다. 한편 남한에서는 대체로 기원전 10세기를 전후하여 청동기시대가 시작되었다고 보고 있다. 그리고 남한은 철기

시대 전기(또는 초기 철기시대)의 위만조선이 이제까지 문헌상의 최
초의 국가로 보고 있다.

– 국사편찬위원회, 『한국사』 3, 탐구당, 2003, 2쪽

이 글은 고고학자 최몽룡(서울대 명예교수)이 썼다. 북한 역사학계는
우리나라 청동기시대의 개시를 서기전 30세기로 보고 고조선의
국가 형성도 그 즈음으로 본다.

북한 학계의 연구에 의하면 평안남도 덕천시 남양리 유적 16호
집터에서 나온 청동기시대 유물인 팽이형토기의 측정연대는 서기
전 3800년 무렵이다. 북한 학계는 고조선의 표지유물인 비파형동
검이 서기전 3000년 무렵에 시작되었다고 보고 있다. 북한에서 발
견된 비파형동검은 세계 학계를 놀라게 했는데, 일찍이 경기도 양
평군과 전라남도 영암군에서도 방사성탄소연대측정 결과 서기전
25세기 무렵으로 추정되는 청동기 유적이 발굴되었다. 그러나 남
한 역사학계는 우리나라 청동기시대의 시작을 서기전 10세기 무
렵으로 설정하고, 서기전 2세기 무렵의 위만국[1]을 한국 최초의
국가로 본다. 서울대 국사학과에서 발간한 『한국사특강』을 보자.

│ 국가의 형성은 농경과 청동기의 사용 이후에 가능한데, 한반
도와 남만주 지역에서 청동기문화가 시작된 것은 기원전 10

---

1   기자조선, 위만조선이라는 개념은 잘못이다. 단군왕검이 세운 고조선과 다른 계통이기 때
문이다. 그러므로 필자의 주장을 말할 때는 '위만국'으로 표기한다. 기원전과 서기전 개념
과 같은 경우다.

세기 전후 무렵부터였다.

– 한국사특강편찬위원회, 『한국사특강』, 서울대 출판부, 2007, 8쪽

국가의 형성은 청동기 사용 이후에 가능한데, 우리나라는 서기 전 10세기 전후 무렵부터 청동기문화가 시작되었다고 한다. 한국 고고학회도 이를 따른다.

> 한국 청동기문화권과 그 주변 지역에서 청동기는 기원전 2000년 전후 등장해 500여 년 뒤 소멸한 하가점 하층문화 단계에 처음 등장한 것으로 보인다. 그 대표적 유물은 중국 동북 지방에서 기원한 비파형동검이다. (중략) 1980년대까지, 한반도에서 비파형동검은 송국리 주거지의 방사성탄소연대를 근거로 기원전 5세기 무렵 나타났다고 생각했지만 1990년대 이후로는 기원전 9~8세기라고 추정하고 있다.

– 한국고고학회 엮음, 『한국고고학 강의』, 사회평론, 2010, 109~110쪽

고조선의 표지유물인 비파형동검의 사용연대를 서기전 9~8세 기로 보고 있다. 비파형동검도 중국에서 기원한 것으로 설명했다. 한국고고학회는 같은 글에서 한반도 청동기시대의 개시 시점이 1970년대 말까지는 서기전 7세기 무렵, 1980년대 중반에는 서기전 10세기, 1990년대는 서기전 13세기로 올려잡아왔다며 다음과 같 이 말했다.

다시 최근에는 무문토기가 기원전 15세기에 발생했고 청동기
시대도 기원전 15세기부터 시작되었다는 학설이 제기되어 현
재 논의가 진행 중이다.

- 같은 책, 84쪽

언제까지 논의할지는 모르겠다. 그러나 새로운 유적과 유물이
발굴되어 어쩔 수 없이 그 결과를 수용하는 경우에도 비파형동검
의 사용연도처럼 대륙과 한반도를 분리하면서 우리 역사의 청동
기 사용 시기를 서기전 10세기경으로 설정한다.

한편 고조선 연구로 박사학위를 받은 러시아의 역사학자 U.
M. 부틴의 연구를 보자.

| 고고학자들의 일반적인 견해로는 기원전 3000년대 말~2000
년대 초에 남만주와 한반도 북부에서 신석기시대에 이어 청
동기시대가 시작되었다는 것이다. 이 시대에는 또한 두 지역
의 인종 구성에 변화가 생기며 새로운 형태의 질그릇이 나타
난다. 새로운 종족들로 곰 토템을 갖고 있는 퉁구스-만주족
과 알타이족이 이 지역으로 이주해온 사실도 단군신화에 반
영되어 있다.

- U. M. 부틴, 『고조선』, 이항재·이병두 옮김, 소나무 1990, 102~103쪽

외국의 학자가 한국사 연구에 아무런 이해관계 없이 순수하게
문헌사료와 고고학 자료를 분석한 연구 결과다. U. M. 부틴은 서

기전 3000년대 말~2000년대 초에 남만주와 한반도 북부에서 청동기시대가 시작되었다고 보는 것이 고고학자들의 일반적인 견해라고 한다. 이때 새로운 양식의 토기도 출현하고, 단군신화에 이같은 역사적 변화가 잘 반영되었다는 것이다.

> 유명한 청동기시대 전문가 가운데 한 사람인 북한의 황기덕은 한국 청동기시대의 범위를 기원전 2000년대 후반~1000년대 전반으로 추정하는 견해를 1961년에 내놓았다. 그러나 수년이 지난 뒤에 황기덕은 한국의 청동기시대를 기원전 2000년대 초까지 소급하였다. 오늘날 북한의 학자들은 한국의 청동기문화 출현을 기원전 3000년대와 2000년대 어간으로 추정하고 있다. 그러나 남한에서는 그보다 늦은 시기(기원전 8세기)로 보는 견해도 있다.
>
> — 같은 책, 205쪽

서기전 30세기와 서기전 8세기. 1982년에 U. M. 부틴의 저작이 나왔는데 그때나 지금이나 북한과 남한의 시각차는 참으로 크기만 하다.

U. M. 부틴의 『고조선』은 옛 소련의 한국고대사 연구를 결산한 것이었다. 신채호의 『조선상고사』이후 드디어 수준 높은 고조선 연구 결과가 나온 것이다. 1945년 이후 전개된 한국 역사학의 상황을 보겠다. 1960년대에 북한의 역사학과 고고학은 남한에 비해 월등히 앞서 있었다. 당시 한국의 고고학은 채 걸음마도 떼기 전

이었다. 한국고고학회가 2010년에 개정판을 낸 『한국고고학 강의』를 보자.

| 일제 치하에서 고고학 조사는 신라나 낙랑 고분같이 화려한 유물로 세계의 주목을 끌 수 있거나 조선사의 식민사관적 해석에 유리한 자료를 제공하는 특정 지역의 무덤 발굴에 집중되었다. 당시 일본고고학 자체의 낮은 연구 수준과 더불어 한국사를 타율적이며 정치적 과정이라 여긴 일본 학계는 한국의 선사시대를 애매모호하게 다루었고, 역사시대의 고고자료는 고대한국이 중국과 왜의 영향이 없었으면 존재할 수 없었다는 증거로서 그 의미를 부여받았을 뿐이다. 이러한 해방 이전의 상황에서는 체계적으로 훈련된 한국인 고고학자가 등장하는 것은 기대할 수 없었다. 그럼에도 불구하고 1930년대에 도유호와 한흥수 두 사람은 각각 비엔나와 프라하 대학에서 유학하여 고고학을 공부했다. 도유호는 해방 이전 귀국했으나 큰 활동을 할 수 없었고, 2차대전을 구사일생으로 넘기고 유럽에 계속 체류하던 한흥수와 더불어 남북 분단의 상황에서 북쪽을 택하게 되었다. 따라서 이들을 비롯해 관계분야 인력이 확보된 북한에서는 임시인민위원회 시절부터 조직적인 조사 활동이 이루어질 수 있었지만, 인적 자원이 없던 남한에서 고고학 활동은 1960년대까지 북한에 뒤쳐질 수밖에 없었다. 북한의 고고학 연구는 전쟁 이후의 어려운 상황에서도 구석기시대와 청동기시대의 존재를 밝히는 등 많은 성과를

내며, 1960년대 초· 절정에 다다라 『조선원시고고학』이라는 최
초의 한국고고학 개설서가 도유호에 의해 출간되었다.

－ 한국고고학회, 『한국고고학 강의』, 사회평론, 2010, 16~17쪽

"인적 자원이 없던 남한에서 고고학 활동은 1960년대까지 북한
에 뒤쳐질 수밖에 없었다." 그럼에도 한국의 역사학계와 고고학계
는 반세기 넘도록 북한의 연구 결과를 받아들이지 않고 있다. 이
글은 고고학자 이선복(서울대 교수)이 썼는데, 그가 1990년대에 쓴 글
도 보겠다.

| 　그러나 아무튼 해방과 더불어 일제는 수많은 자료와 경험을
　그대로 갖고 일본으로 물러갔다. 이후 우리에게 닥친 분단
　과 전쟁의 와중에서 그나마 얼마 되지 않은 훈련된 인적 자
　원은 북조선을 조국으로 택했다. 고 김원룡 선생님을 비롯한
　우리 한국고고학의 제1세대는 해방 당시 아무 경험도 없는
　20대 초반의 나이였다. 이런 상황에서 60년대까지도 고대 문
　화유산을 연구하는 학문적 기틀이 제대로 잡힐 리 없었다.
　일제의 연구를 극복하기는커녕, 걸음마의 한국고고학은 일제
　의 결론을 습득하기에도 힘이 부쳤다.

－ 이선복, 『고고학 이야기』, 가서원, 1996, 27쪽

일제의 결론을 습득하는 것도 힘에 부쳐했던 고고학계는 아직
도 새로운 전환점을 마련하지 못하고 있다. 고고학자 최성락(목포대

^{교수)}이 최근 저서에서 한 말이다.

> 한국고고학은 외형적으로 크게 성장한 반면에 고고학의 학
> 문적 성격에 대한 관심은 매우 적었다고 볼 수 있다. 즉 한
> 국고고학의 연구목적, 정체성, 방법과 이론 등에 대한 논의
> 가 극히 드물어 방법론의 부재 현상을 나타내기도 한다.
>
> – 최성락, 『한국고고학의 새로운 방향』, 주류성, 2013, 15쪽

독립적인 학문 분야에서 연구 목적과 정체성, 방법론과 이론에
대한 논의가 극히 드물어 방법론의 부재 현상이 나타난다는 것은
학문의 기초적 정립이 아직 안 되고 있는 형편을 말한 것이다. 그
의 글을 조금 더 보겠다.

> 먼저 고고학 연구의 성격이다. 한국고고학에서는 어디에서
> 어떠한 유물이 나왔다는 단순한 사실들과 물질적 자료(고고학
> 자료)에 대한 연구가 고고학 연구의 중요한 부분을 차지하고
> 있다. 그러나 이러한 연구가 바로 고고학 연구의 전부는 아
> 니다. 이들 자료를 다양한 방법에 의해 분석하고, 해석하는
> 것이 고고학 연구인 것이다. 고고학 연구 과정은 고고학 자
> 료의 수집, 분석, 해석이라는 세 단계로 이루어진다. 여기에
> 서 어느 한 부분만이 중시되는 것이 아니라 각 단계가 유기
> 적으로 관계를 맺으면서 연구되어야 한다. 이를 산업구조에
> 비유하여 1차 산업(수집), 2차 산업(분석), 3차 산업(해석)으로 나

누기도 하는데 서양고고학에서는 고고학 해석(3차 산업)이 중시
되고 있다(추연식 1997:머리말).

— 같은 책, 36~37쪽

　　한국고고학의 성격은 어디에서 어떠한 유물이 나왔다는 단순
한 사실들과 물질적 자료에 대한 연구에 그치고 있다는 것이다.

　│　현재 한국에서는 발굴의 수와 규모가 급격히 증가하고 있으
　　나 이를 분석하고 해석하는 부분은 다소 취약하다고 할 수
　　있다. 우선 새로이 확인된 고고학 자료를 종류별, 시기별, 지
　　역별로 분류하고, 이를 정리하는 기본적인 작업이 선행되어
　　야 하며, 이를 기초로 하여 다양한 분석이 이루어져야 할 것
　　이다.

— 같은 책, 37~38쪽

　　1990년대나 최근이나 한국고고학은 분석하고 해석하는 학문적
성격이 취약하다는 뜻이다. 발굴 자료를 분석하고 해석하기 이전
에 자료를 분류하고 정리하는 기본 작업이 안 되고 있는, 말하자
면 1차 산업(수집)에 머물러 있는 수준이다.

　　U. M. 부틴의 『고조선』은 1980년대에 고조선 연구의 획기적인
전환점을 일으킨 역사학자 윤내현(단국대 명예교수)이 1983년 하버드대
에서 입수했다. 이 책은 윤내현이 주선해 1980년대에 국사편찬위
원회에서 번역했으나 불온서적으로 분류돼 공개되지 못했다. 우여

곡절 끝에 발간되었으나 절판된 지 오래다.

동북아역사재단이나 국사편찬위원회는 이런 책을 찾지 않는다. 그런 일들은 한 개인이 온갖 고초를 감내하며 추진해야 한다. 명확하게 밝혀진 사실도 학계의 통설과 다르다는 이유로 인정하지 않는 역사학계의 단면이다. U. M. 부틴의『고조선』이 출간된 1982년은 광복 후 반세기를 향하던 시점이었다. 그때까지 역사학계는 고조선에 대한 단행본 한 권을 내지 못했다. 2015년에도 상황은 여전하다.

우리 역사에 대한 선입관이 문제다

고대 복식을 연구해온 역사학자 박선희(상명대 교수)**의 글이다.**

| 고고학 자료를 해석하는 데는 주의해야 할 점이 있다. 그것은 고대한국의 문화가 중국의 황하 유역이나 시베리아 지역으로부터 전달되었을 것이라는 선입관을 가져서는 안 된다는 점이다. 지난날, 한국고고학이 아직 충분한 연구 수준에 이르지 못했던 시기에 학자들은 한국의 고대문화는 그 전개가 다른 지역보다 늦을 것으로 생각했다. 그러나 근래의 고고 발굴과 그 연구 결과에 따르면, 고조선 지역의 신석기시대 시작 연대는 중국의 황하 유역보다 이르며 청동기문화와 철기문화의 시작 연대는 중국이나 시베리아 지역보다 앞섰던

것으로 확인되었다. 그러므로 고조선 지역의 복식문화가 황하 유역이나 시베리아 지역으로부터 영향을 받았을 것이라는 견해는 성립될 수가 없는 것이다. 그러므로 우리는 고대 복식의 비교연구에 관한 중국 학자들과 일본 학자들의 연구물을 대할 때 매우 주의해야 한다.

— 박선희, 『한국 고대 복식』, 지식산업사, 2002, 20~21쪽

이처럼 고고학 자료의 발굴에 따라 고조선 지역의 신석기·청동기·철기문화의 시작이 중국이나 시베리아 지역보다 앞섰다는 사실이 밝혀졌다. 중국과 일본 학자들의 연구를 주의하고 문헌과 고고학 사료를 종합적으로 분석하고 비판하는 과학적 태도가 필요하다. 문제는 고대한국의 문화가 중국이나 시베리아 지역으로부터 전달되었거나 다른 곳보다 늦었을 것이라는 선입관이다. 역사는 '사실로서의 역사'와 '기록으로서의 역사'를 말한다. 역사학은 전승된 구전과 기록, 유물과 유적 등의 사료를 비판적으로 검증하고 해석하는 학문이다.

역사학은 당대의 1차 사료를 중심으로 한 사료 비판에서 출발한다. 고조선 건국은 『삼국유사(三國遺事)』, 『제왕운기(帝王韻紀)』, 『세종실록지리지(世宗實錄地理志)』, 『응제시주(應製詩註)』, 『동국여지승람(東國輿地勝覽)』, 『동국통감(東國通鑑)』 등의 문헌사료에 기록되어 있다. 문헌사료에 기록된 고조선의 역사를 뒷받침하는 유적과 유물도 계속 발굴되었다. 유적과 유물은 그 자체로 아무것도 말해주지 않는다. 문헌사료에 대한 비판적 검증과 적극적인 해석을 통해 유적과

유물의 역사적 의미는 살아난다.

박선희는 1차 사료와 고고학 자료를 분석해서 다음과 같은 결과에 이르렀다.

| 신석기시대부터 한민족은 가락바퀴로 뽑은 다양한 굵기의 실을 가지고 중국보다 앞서 수직식 직기로 직물을 생산했으며, 뼈바늘 등을 사용하여 옷을 만들어 입었다. 이후 청동기시대에 오면 물레의 개발로 실의 생산량이 늘어나고 질이 높아져 이전 시기보다 다양하고 수준 높은 직물을 생산하게 되었다. 그런데 청동기문화의 시작 연대를 보면, 고조선 지역의 청동기문화는 서기전 2500년경이고 중국의 황하 유역은 서기전 2200년경이며 고조선 지역과 문화적으로 관련이 있는 시베리아의 카라수크문화는 서기전 1200년경에 시작되었다. 따라서 고조선 지역의 문화는 황하 유역이나 시베리아 지역으로부터 전달되었을 것이라는 견해는 성립될 수 없으며, 이는 직물 생산 기술의 경우에도 마찬가지이다.

— 같은 책, 14쪽

신석기시대로부터 청동기시대로 이어지는, 중국보다 앞선 이러한 직물 생산 기술은 이후 철기시대에 오면 더욱 큰 차이를 보인다. 고조선은 경사도가 낮은 요기(腰機)를 사용했고 중국에서는 경사도가 가파른 사직기(斜織機)를 사용했다. 이 같은 고대한국과 중국의 직기 구조상의 차이는 고대한국의 직물 생산이 독자적으로 진행되었음을 보여주며, 그 결과 고대 한민족은 동아시아에서 가장 섬세하고 우수한 직물들을 다양하게 생산했던 것이다.

| 이 같은 상황은 고조선의 철기 생산 시작 연대가 서기전 13세기로 중국의 서기전 8세기경에 비하여 훨씬 앞섰던 것에서 그 가능성을 찾아볼 수 있다. 고조선 사람들의 복식은 바로 동아시아에서 가장 우수한 직물 생산과 앞선 시작 연대를 갖는 높은 수준의 청동기와 철기 등의 금속 가공 기술이 기초가 되었음을 인식해야 할 것이다. 고조선은 서기전 24~23세기경에 건국되어 서기전 1세기경에 붕괴되었으므로, 약 2,300여 년에 걸쳐 존속하는 동안 우수한 복식 재료를 기초로 고대 중국이나 북방 지역과는 다른 독자적인 한민족의 복식문화를 이루어나갔던 것이다. 그 결과 직물에서뿐만 아니라 갑옷이나 장신구 등에서 중국이나 북방 지역에 큰 영향을 주었다.

– 같은 책, 14~15쪽

고조선은 동아시아에서 가장 우수한 직물을, 타지역보다 앞서서 생산하기 시작했다. 고조선의 철기 생산 시작 연대는 서기전 13세기 무렵으로, 중국의 서기전 8세기경보다 훨씬 앞섰던 것으로 밝혀졌다. 고조선은 가죽과 모피, 모직물, 실크, 마직물, 면직물 등의 복식 재료 수준도 우수했다. 고조선의 복식 재료들은 품질이 좋아 중요한 교역상품이었다. 이 복식 재료들은 고조선에서는 대중화되어 있었지만 중국에서는 주로 지배계층만 사용하였다. 철갑도 고조선의 생산 연대가 중국보다 훨씬 앞서 중국 철갑에 영향을 주었다. 고조선시대에 진한과 변한 지역에서는 철이 생산되어 예·마한·왜인들이 모두 와서 가져갔고, 모든 매매는 철을 화폐로 했다는 내용이 『삼국지』「오환선비동이전」 '변진전'과 『후한서』「동이열전」 '한전'에 기록되어 있다. U. M. 부틴의 『고조선』을 보자.

> 우리에게 알려진 고고학 자료에 비추어볼 때 야금술의 중심지는 요하강과 청천강 사이의 지역, 즉 고조선의 중심부 그리고 두만강 하류 지역이었다. 따라서 북한의 고고학자들은 압록강 유역과 여기에 접속된 요동 지방에 거주하던 미송리형 질그릇을 사용한 종족이 그 이웃 종족[중국]보다 먼저 철기를 사용하기 시작했다는 사실을 강조하고 있다. 이러한 주장은 최근에 발견된 고고학 자료로 확증되고 있다.
>
> ― U. M. 부틴, 『고조선』, 이항재·이병두 옮김, 소나무, 1990, 294쪽

야금술의 중심지가 고조선의 강역인 만주와 한반도 지역이고 철기 사용이 중국보다 앞섰는데 이것이 고고학 자료로 확증되고 있다고 한다.

> 중국에서의 철기 출현 시기는 더욱 늦은 시기로 추정하고 있다. 철을 의미하는 한자 자체는 두 부분으로 이루어졌다는

데에 특징이 있다. 즉 왼쪽 부분은 금속을 의미하고 오른쪽 부분은 이족의 명칭을 의미한다. 분명한 것은 철의 주조 기술은 동이족이 발명하였고 그 후 중국인이 이용했다는 것이다. 에쓰 꾸체라의 견해에 따르면 (중국에서) 무기와 노동 용구를 포함한 여러 가지 제품 제작에 철이 널리 사용되기 시작한 시기는 기원전 6~5세기이다.

– 같은 책, 293쪽

철기는 중국으로부터 유입된 것이 아니며 오히려 동이(東夷)의 발달한 철기 문명을 중국이 수용했다. 중국 후한 때 만든 옥편인 『설문해자』에 따르면 이(夷)는 '큰 활을 쓰는 사람'을 뜻한다. 우리 민족은 예로부터 활을 잘 다뤘다. 동이는 고조선 역사를 일군 우리 민족의 뿌리다. 역사학계와 역사 교과서는 이 같은 사실들을 어떻게 다루는지 살펴보겠다.

역사 교과서의 비극

고대사 학계의 대표적인 역사학자 노태돈(서울대 명예교수)이 2014년에 낸 『한국고대사』이다.

> 아무튼 한반도와 요동, 길림 지역에서 청동기시대의 표지유물에 해당하는 동검이나 동경 등이 등장하기 시작하는 것은

기원전 12세기 무렵으로 보는 것이 좋을 듯하다.

— 노태돈, 「한국고대사」, 경세원, 2014, 36쪽

"아무튼, 좋을 듯하다."는 말에 역사 교과서의 비극이 있다. 노태돈은 2014년에 서울대 국사학과 교수에서 정년퇴임했다. 그는 한국고대사학회 회장, 한국사연구회 회장, 서울대 규장각 한국학연구원 원장 등을 역임하며 한국고대사 학계에서 중추적인 역할을 해왔다. 우리가 계속 부딪히는 문제가 바로 "아무튼, 좋을 듯하다"는 주관성이 과학적인 역사학에 앞서는 현실이다. 고대사 학계는 1차 문헌사료에 대한 사료 비판이 아니라 기존 학설을 견지하는 입장에서 논지를 전개한다. 이른바 '정설'을 설정하고 여기서 벗어나면, "기존 견해와 다르다", "통설이 아니다", "학계 다수의 견해는 이렇다", "재야학자의 견해다", "역사학자가 아니다" "어쨌든 대세는 그와 다르다"는 논리(?)를 들먹이며 새롭게 밝혀진 사실들을 학문적으로 취급하지 않는다.

사료가 많지 않다는 이유로 사실상 문헌사료 실증을 하지 않는 고대사 학계가 내세우는 바가 고고학이다. 그런데 아직 독립적인 학문 체계를 이루지 못한 고고학계는 한국의 청동기문화권에 대한 종합적인 편년안도 만들지 못하고 있는 형편이다. 편년안 마련은 고고학의 기본이다. 고고학계는 역사학계가 제시한 가이드라인에 맞춘 고고학을 한다. 이것이 역사학계·고고학계의 내밀한 비밀인데, 비밀은 또 있다. 한국 역사학계·고고학계는 중국과 일본의 고고학을 거의 그대로 반복한다. 이것은 국내외의 많은 한

국사 연구자들이 알고 있는 공공연한 비밀이다. 이 책에서 한국 고고학계의 주장을 구체적으로 살펴보는 이유가 여기에 있다.

| 고고역사 자료를 바라보는 관점과 해석은 남북한과 중국, 일본 사이에 큰 차이가 있으며, 고조선의 사회문화적 실체나 위치, 혹은 존속 기간 등에 대해서도 서로 타협하기 어려운 다양한 주장이 제기되고 있다. 그렇기 때문에 한국 청동기문화권 전역을 대상으로 하는 청동기시대의 설정과 자세한 시기 구분 및 문화 변화 과정에 대한 설명은 한국고고학 연구의 핵심과제이다. 그러나 광의의 한국 청동기문화권역 전체에 걸친 청동기시대의 전반적 양상과 그 변화 과정을 일목요연하게 정리해 보여주는 종합적 편년안은 아직 만들어지지 못하였다. 각종 새로운 문화 요소가 남한 지역에 비해 상대적으로 일찍 수용되거나 등장했던 북한 지역의 자료를 독자적으로 접근할 수 없다는 한계가 큰 장애물로 남아 있기 때문이다.

– 한국고고학회, 『한국고고학 강의』, 사회평론, 2010, 84쪽

한국의 청동기문화권 전역을 대상으로 하는 청동기시대의 설정과 자세한 시기 구분 및 문화 변화 과정에 대한 설명이 고고학 연구의 핵심 과제라는데, 이는 남북통일 이후로 미룰 일은 아니다. 북한 지역의 자료에 독자적으로 접근하지 못하더라도, 이미 밝혀지고 공개된 남북한의 자료들을 적극적으로 반영하면 해결될

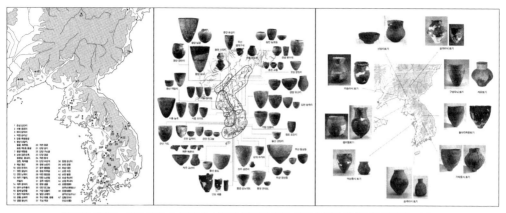

한국고고학회는 우리 역사 속 구석기·신석기·청동기 유물·유적 지도를 한반도에 국한해 그렸다. 맨 왼쪽부터 〈구석기시대 주요 유적 분포도〉, 〈신석기시대 토기 분포도〉, 〈청동기시대 주요 토기 형식도〉.

문제다. 한국고고학회가 발간한 『한국고고학 강의』는 구석기·신석기·청동기 유물·유적 지도를 한반도 내에 국한해 표현했다(위 지도 참조).

고고학은 유적과 유물에 대한 과학적인 연구로 인류와 민족의 뿌리와 자취를 밝히는 학문이다. 그런데 고고학계는 구석기·신석기·청동기시대의 영역을 한반도에 국한했다. 문헌사료와 고고학 자료에 의해 밝혀진 한반도와 대륙에 있었던 한국사의 영역을 제외했다. 한국사의 씨앗과 뿌리를 거둬낸 것이다. 치명적인 역사 왜곡이다. 인간이 어느 때 어느 공간에 남긴 발자취가 역사다. 그런데 대륙에서 펼쳐진 우리 역사의 시간과 공간, 인간이 제외되었다. 씨앗에서 뿌리가 나오고 줄기와 가지가 뻗고 열매가 열린다. 자신의 씨앗과 뿌리를 망각하거나 부정하는 순간 그 존재는 정체성을 잃는다.

| 한국고고학 연구의 활동 무대인 한반도는 서북단 신의주에서 동남단 부산까지, 또 동북단 온성에서 서남단 해남까지의 직선 거리가 각각 700km와 1,000km 정도에 불과하다.

— 같은 책, 18쪽

한편 한반도에 대한 고고학계의 연구는 어떠할까? 이기백에 이어 고대사학계에서 중추적인 역할을 해온 이기동(동국대 명예교수)의 정년기념 논총에 실린 글이다.

| 우리 학계의 낙랑문화 연구는 이제 출발점을 막 벗어난 상태이다. 그나마도 일본 학계의 각종 자료와 연구 성과에 많이 의존하고 있어 안타깝다. 다행히 근래 남·북한 학자들이 직접 교류할 수 있는 기회가 점점 늘어나 조만간 자료 기근 현상만큼은 해소될 것이라는 기대함을 높여주지만 아직 갈 길이 멀다.

— 논총간행위원회, 『한국고대사 연구의 현 단계』, 주류성, 2009, 45쪽

"우리 학계의 낙랑문화 연구는 이제 출발점을 막 벗어난 상태"이며, "일본 학계의 각종 자료와 연구 성과에 많이 의존"하고 있다. 이것이 고고학계의 적나라한 현실이다. 조선총독부는 고조선이 국가로 성장하려다가 곧바로 망했고, 한국은 중국의 식민통치 기관인 한사군을 통해 본격적으로 발전했다는 타율성의 역사를 만들었다. 낙랑군 연구는 한국사의 정체성과 전체 체계를 좌우하

는 핵심 주제다. 그래서 조선총독부는 유물을 조작해서 한사군의 핵심 군현인 낙랑군이 한반도 평양 일대에 있었다고 결론지었다. 북한 학계는 광복 후 일제의 역사 그것을 청산하는 과정을 거쳤다. 그러나 대한민국은 한국사의 핵심 사안을 위의 고백에서 보듯이, 조선총독부의 자료와 발표에 의존해오고 있다.

고조선은 우리 민족이 최초로 세운 국가다. 고조선을 어떻게 보는가에 따라 한국사의 전체적인 맥락과 체계가 완전히 달라진다. 고조선을 알지 못하면 한국사는 끝까지 방향을 찾지 못하게 된다. 과연 고조선은 역사적으로 실재했는가, 아니면 사실과 무관한 신화인가?

고조선, 신화냐 역사냐

> 청동기문화의 발전과 함께 족장이 지배하는 사회가 출현하였다. 이들 중에서 강한 족장은 주변의 여러 족장 사회를 통합하면서 점차 권력을 강화해갔다. 족장 사회에서 가장 먼저 국가로 발전한 것은 고조선이다.
>
> — 국정 「고등학교 국사」, 32쪽

역사 교과서는 우리 민족 최초의 국가를 '고조선'이라고 한다. 그런데 고조선이라는 이름에 대한 설명은 없다. 고조선의 실제 이름은 '조선'이다. 단군왕검이 세운 나라의 이름은 '조선'이었다. 그런데 왜 '고조선'이라고 할까? 고조선(古朝鮮)은 '옛 조선'을 말한다. 옛 조선은 무엇을 일컬은 것이고, 누가 이 말을 처음 썼을까?

오늘날 전하는 문헌 중에서 고조선이라는 명칭이 처음 기록된 사료는 『삼국유사』다. 『삼국유사』는 고조선 건국을 기록한 최고(最古) 사서다. 『삼국유사』는 김부식이 편찬한 『삼국사기』를 보완하기 위해 국사(國師) 일연이 1281~1285년 무렵에 편찬한 사서다. 『삼국사기』의 사는 '사(史)' 자이고, 『삼국유사』의 사는 '사(事)' 자이다. '유사(遺事)', 즉 『삼국유사』는 '『삼국사기』가 빠뜨린 일들을 기록했다'는 뜻이다."[2] 일연은 『삼국유사』 「기이(紀異)」편 서문에서 이렇게 썼다.

> 대개 옛 성인이 예악으로써 나라를 일으키고, 인의로써 가르침을 베푸는 데 있어 괴이함과 헛된 용맹, 어지러운 일과 귀신에 대해서는 말하지 않았다. 그러나 제왕(帝王)이 장차 일어날 때에는 부명(符命)과 도록(圖籙)을 받들기에, 반드시 다른 사람과 다른 점이 있었다. 그런 후에야 큰 변화를 타서 제왕의 지위를 얻어 큰일을 이루는 것이다. (중략) 그런 이유로 황하에서 그림이 나오고, 낙수에서 글이 나옴으로써 성인이 일어났다. 무지개가 신모(神母)를 둘러서 복희를 낳았고, 용이 여등과 교감해 염제를 낳았으며, 황아가 궁상이라는 들판에서 놀 때, 자칭 백제(白帝)의 아들이라는 신동(神童)이 황아와 사귀어

---

2   『삼국사기』는 『논어』 「술이」편의 "공자는 괴력난신에 대해 말하지 않았다(子不語怪力亂神)는 말에 따라 유학자 김부식이 괴력난신에 속한다고 판단한 내용을 기록하지 않았다고 추정한다. 후대에 편집돼 원형이 보존되지 않았다는 견해도 있다.

소호를 낳았고, 간적은 알을 삼켜 설을 낳았으며, 강원은 거인의 발자취를 밟아 기를 낳았고, 요의 어머니는 잉태 후 14개월 만에 요를 낳았으며, 패공은 큰 못에서 용과 교접한 어머니가 낳았다. 그 이후의 일은 어찌 다 기록하겠는가. 그런즉 삼국의 시조가 모두 신이하게 나왔다는 것이 무엇이 괴이하단 말인가. 이것이 책 첫머리에 '기이'편을 넣은 까닭이며, 그 뜻도 여기에 있다.

— 『삼국유사』 「기이」편 서문에서

세계 모든 곳의 고대사는 신이한 내용으로 시작한다. 역사는 신이한 이야기로 펼쳐진다. 다른 나라의 '신이'는 자연스럽게 받아들이면서 우리 역사의 '신이'는 믿지 못할 사실로 치부해서는 안 된다.

일연대사(1206~1289)는 9세에 중이 되어 선학(禪學)을 익혔고 22세에 승과(僧科)에 급제했다. 그는 41세에 선사(禪師), 54세에 대선사(大禪師), 78세에 국존(國尊)으로 추대된 인물이다. 그는 일생을 통해 사료를 수집했고 가장 원숙한 사상 체계를 갖춘 70대에 『삼국유사』를 편찬했다. 그는 우리 민족의 상고시대를 원형대로 기록하기 위해 최선을 다했다. 당시 불교 승려들은 유학자들에 비해 중화사관의 영향력에 깊이 빠져들지는 않았다. 그는 주관적인 논단을 경계하고 당대까지 전해온 사료들을 있는 그대로 취합하면서 사료비판을 하는 편찬 방식을 취했다. 『삼국유사』는 사서 양식에 따라 「왕력」편에 이어 「기이」편을 넣고 고조선을 첫 번째로 다뤘다.

일연은 고조선을 왕검조선으로도 표현했다. 이성계가 세운 '조선'과 구분하기 위해 '고조선'이라고 한 것이 아니다. 그는 단군왕검이 건국한 조선을 고조선이라 하고, 여기에 기자를 언급해 위만 이후의 시대와 구분했다. '오래전에 있었던 조선'의 뜻으로 고조선이라 한 것이다. 『삼국유사』는 단군이 건국한 고조선을 필두로 위만국, 마한, 진한, 변한, 발해, 5가야, 북부여, 고구려, 신라, 백제, 가락국 등을 기록했다. 단군을 우리 민족의 건국 시조로 삼고, 이후의 국가들을 고조선의 후예로 서술했다. 『삼국유사』는 당시까지 전해지던 우리나라의 고문서와 민간 기록들을 전거로 활용했다. 의문이 드는 사실들에는 반드시 주를 달아 그 출전을 인증하면서 주관적인 논증을 최대한 경계해 서술했다. 오랫동안 축적되고 검증된 사실과 합리적인 시각으로 역사에 접근한 것이다. 중국의 『위서(魏書)』와 우리 사서 『고기(古記)』에 근거해 고조선 역사를 기록했다.

| 『위서』에 이런 말이 있다. 지금으로부터 2,000년 전에 단군왕검이 계서 아사달(경에는 무엽산이라 했고. 또는 백악이라고도 했는데. 백주에 있다. 혹 개성 동쪽에 있다고도 하는데 지금의 백악궁이 바로 이것이다―일연의 주)에 도읍을 정하고 새로 나라를 세워 조선이라 불렀는데 요와 같은 때였다고 한다.

| 『고기』에 이런 말이 있다. 옛날에 환인[제석帝釋을 이른다―일연의 주]의 서자 환웅이 계서 천하에 자주 뜻을 두고, 인간 세상을

탐내어 구했다. 아버지는 아들의 뜻을 알고, 삼위 태백산을 내려다보니 인간 세계를 널리 이롭게 할 만했다. 이에 천부인 세 개를 주어, 내려가서 세상 사람을 다스리게 했다

— 일연, 『삼국유사』 「기이」편, 이재호 옮김, 솔, 1997, 64~66쪽

이렇듯 일연은 당대까지 전하던 중국의 사서와 우리의 사서를 고조선 역사 서술의 전거로 삼았다. 그것을 그대로 전재한 것이다. 『삼국유사』는 단군왕검이 서기전 24세기 무렵에 고조선을 건국했다고 기록했다. 세계 역사학계는 각 민족이 오랜 세월을 통해 전승해온 문헌기록은 물론 다양한 구비전승과 예술을 당연히 역사적 사실(fact)로 존중한다. 더욱이 『삼국유사』는 국존이었던 당대 최고의 지식인이 왕실의 자료와 평생에 걸쳐 수집한 자료에 입각하고 의문 나는 부분은 상세하게 주를 달아 편찬해 왕에게 올린 우리 민족의 대표적인 사서다. 앞서 본 대로 고조선의 역사를 뒷받침하는 고고학적 유물들로 『삼국유사』 기록의 신뢰성은 계속 높아져왔다. 청동기시대가 되어야 국가가 성립된다는 역사학계의 '독특한' 논리는 우리 역사의 청동기 사용이 서기전 25~30세기로 밝혀진 현재는 더 이상 적용될 수 없는 명제다.

1차 사료나 고고학 자료에서 고조선 건국이 서기전 2333년 무렵이 아니라 서기전 10세기 전후나 서기전 2세기 무렵이라는 기록이 발견되지 않는 한, 서기전 24세기 무렵에 고조선이 건국되었다는 『삼국유사』, 『제왕운기』, 『세종실록지리지』, 『응제시주』, 『동국여지승람』, 『동국통감』 등의 기록들을 부인해서는 안 된다. 이것

이 역사학의 실증적인 방법론에 충실한 태도다. 『조선왕조실록』은 방대한 양과 철저한 사실성으로 세계기록문화유산에 등재되었다. 그럼에도 역사학계는 『세조실록』과 『세종실록』 등에 기록된 고조선의 역사에 대해 침묵으로 일관한다.

기자와 위만은 각각 서기전 12세기와 서기전 2세기 무렵에 중국에서 고조선으로 망명한 이들이다. 이들은 자신이 살던 주나라와 연나라에서 가까운 곳에 있던 조선의 서쪽 경계 지역에 들어온 인물들이다. 이들이 중국인인지 동이족인지 여부를 가리는 것은 다른 차원의 문제다. 그들은 나라 이름을 조선이라 하지도 않았고, 조선을 건국한 것은 더더욱 아니다. 중국인들은 기자와 위만이 조선에 있으니 이들을 편의상 조선으로 불렀다. 그것이 기자조선, 위만조선으로 일컬어졌고 이와 구분하기 위한 표현인 단군조선이 나왔다. 그러나 일연이 『삼국유사』에서 말한 고조선은 단군왕검이 세운 '오래전의 조선[古朝鮮]'이었다. 이를 실증적으로 접근하지 않고 단군왕검이 건국한 고조선을 역사에서 제외한 역사학계는 다음과 같이 말한다.

> 초기 국가의 형성은 점진적으로 장기간에 걸쳐 진행되었다 예·맥·한족 사회에서 진행되던 새로운 정치적 움직임 중 가장 먼저 역사의 무대에 두각을 나타낸 것이 조선이었다. 이 조선을 후대의 이씨(李氏) 왕조의 조선과 구분하기 위해 고조선이라고 한다.
>
> — 한국사특강편찬위원회, 『한국사특강』, 서울대 출판부, 2007, 7쪽

고려시대의 일연이 이성계가 건국한 조선을 어떻게 알았겠는가? 일연은 이성계가 세운 조선과 구분하기 위해 고조선이라는 말을 쓴 것이 아니다. 물론 역사학계도 이 사실을 알고 있다. 그러나 단군이 건국한 고조선을 부정하기 위해 이 같은 사실을 회피하고, 이성계가 건국한 조선과 구분하는 개념을 부각시킨다. "초기 국가의 형성은 점진적으로 장기간에 걸쳐 진행되었다."는 말은 서기전 24세기 무렵의 고조선 건국을 부인하는 표현이다. 여기서 말하는 '장기간'이 어느 정도로 긴 기간인지 곧 살피겠다.

고조선은 고려시대에 만들어진 '신화'인가?

역사학계는 단군사화를 신화로 규정하고 실재한 역사가 아니라고 본다. 단군사화는 지배층이 만들어낸 신화 상의 이데올로기일 뿐이고 고려시대 사람들이 창작했다고 한다. 그렇게 보는 이유와 배경을 추적해보자. 먼저 국사편찬위원회의 『한국사』다.

> 우리 역사의 첫 출발을 논의할 때에 가장 먼저 지적되어야 할 부분은 민족 형성에 관한 문제일 것이다. 그러나 이에 관한 문제는 민족의 기원이나 이동과 관련하여 고조선에 앞서 논의되어야 할 것이지만, 이 책에서는 우리나라에서 고조선이 최초의 역사체로 등장한다는 점에서 고조선과 이후의 초기 국가만을 다루었다. 고조선은 형질적 민족 구성의 연원

을 이루고 있고 또 우리나라 역사의 서장을 열었다는 점에서 그 의미가 크다고 하겠다. 특히 국가의 기원과 형성의 문제뿐만 아니라 우리나라 역사 무대의 범위가 비로소 정해지게 된다는 측면에서도 고조선이 차지하는 비중은 매우 높다. 즉 한국사에서 최초의 국가로 파악되는 고조선은 우리 민족이 처음으로 국가라는 정치체를 형성하였을 뿐만 아니라 관련 집단의 주변 확산으로 후속 정치체의 모델과 중심축이 되었던 것이다.

- 국사편찬위원회, 「한국사」 4, 탐구당, 2003, 2쪽

첫 단추를 잘못 채우면 마지막 단추를 채울 곳이 없다. 국사편찬위원회는 고조선이 "우리 역사의 서장을 열고, 역사 무대의 범위를 정하고, 후속 정치체의 모델과 중심축이 되었다."고 했다. 윗글은 김정배(현 국사편찬위원장)가 썼다. 그렇다면 역사학계는 고조선을 어떻게 보고 있을까?『한국사특강』에 고조선에 대한 역사학계의 시각이 잘 나타나 있다.

| 고조선의 건국 시기를 단군신화에 의거해 기원전 2333년으로 설정하기도 한다. 그런데 이 기년은 어디까지나 고려 시기 사람들이 우리 역사의 기원이 중국에 못지않게 이르다는 것을 주장하기 위해 설정한 것일 뿐이며, 역사적 사실과는 무관하다. 그리고 근래 평양시 동편의 강동군 대박산 기슭에 있는 '단군릉'에서 나온 인골을 전자상자성공명법(ESR)에 의거

해 연대측정을 하니 5,000여 년 전의 것이라는, 즉 고조선의 시조인 단군이 5,000여 년 전에 생존해 있었다는 주장이 제기되기도 했다. 그러나 이는 객관적인 사실로 받아들여지고 있지 않다. 국가의 형성은 농경과 청동기의 사용 이후에 가능한데, 한반도와 남만주 지역에서 청동기문화가 시작된 것은 기원전 10세기 전후 무렵부터였다.

– 한국사특강편찬위원회, 『한국사특강』, 서울대 출판부, 7~8쪽

고조선 건국 시기를 고려 사람들이 중국에 못지않은 역사를 주장하기 위해 '설정'했다고 한다. 이는 "역사적 사실과는 무관하다."고 단언한다. 하지만 이 주장을 뒷받침하는 1차 사료와 논거는 아무것도 제시하지 않는다. 고려시대에 누가, 어떻게, 어디서, 왜, 고조선의 건국 시기를 설정했는지에 대한 증거 제시와 논증 없이 주장만 내세운다. 북한의 연구 결과는 과학적으로 분석할 대상이지 북한에 대한 일방적인 편견으로 예단할 문제가 아니다.

국가의 형성이 농경과 청동기 사용 이후에 가능하다는 전제는 과학적인 역사학이 아니라고 했다. 이는 세계적으로 검증된 사실이다. 한반도와 만주 지역에서 서기전 24~30세기 이전의 청동기 유물과 유적이 발굴된 지도 수십 년이 지났다. 국내의 학자들은 물론 외국의 학자들도 고고학 자료에 따라 이러한 사실들이 확증된다고 했다. 그런데 청동기 사용이 10세기 전후이기 때문에 서기전 24세기 무렵의 고조선 건국은 불가능하다는 견해는 아직도 대한민국 역사학계의 정설이다.

| 단군신화에서 단군이 고조선을 세웠다고 하는 기원전 2333
년은 신석기시대에 해당되기 때문에 이 연대를 고조선의 국
가 형성 시점으로 간주하는 것은 곤란하다.

　　　　　　　　　－ 한국고고학회 , 『한국고고학 강의』, 사회평론, 2010, 148쪽

고고학회 역시 청동기 사용을 국가성립의 전제조건으로 못 박
고, 서기전 24세기 무렵에는 청동기가 등장하지 않아 고조선 건
국은 사실이 아니라고 본다. 고조선의 건국을 기록한 문헌사료가
있고, 이를 뒷받침하는 청동기 유물·유적이 나와도 역사학계가
설정한 가이드라인에 맞춰 그 국가는 존재하지 않는 것으로 장단
을 맞춘 것이다. 황하 유역의 청동기문명은 서기전 2200년 무렵으
로 추정되고, 시베리아의 카라수크문명은 서기전 1200년 무렵에
시작된 것으로 알려져 있다. 한국문명은 중국의 황하문명과 시베
리아의 카라수크문명의 영향으로 시작했고, 단군왕검의 고조선
건국은 역사적 사실이 아니어야 하기 때문에 한국의 청동기문명
을 서기전 12세기 무렵으로 제한하고 있는 것이다. 우리나라 최초
의 고조선 박사인 송호정(한국교원대 교수)이 한 말을 보자.

| 국가 형성 과정을 중심 주제로 설정한 것은 고조선이 국가
형성과 동시에 곧바로 멸망에 이르렀기 때문이다. 곧 고조선
의 역사 및 위치 문제 등은 국가 형성 과정을 살펴볼 때 가
장 잘 드러날 것이라고 생각했기 때문이다.

　　　　　　　－ 송호정, 『한국 고대사 속의 고조선사』, 푸른역사, 2002, 36쪽

고조선은 국가 형성과 동시에 곧바로 멸망에 이르렀다. 이것이 고조선의 역사와 위치 문제를 가장 잘 드러낸다고 한다. 고조선 역사는 사실상 실재하지 않고, 다만 국가 형성과 동시에 멸망한 역사로 보는 것이 역사학계의 정론이다. 이런 시각은 어떻게 만들어졌고, 역사학계의 정설이 되었을까? 고조선 역사를 신화로 규정한 학문적 근거는 조선총독부 산하 조선사편수회의 대표적인 어용사학자 이마니시 류(今西龍)의 박사학위 논문인 「단군고(檀君考)」에 직접 맞닿아 있다.

1894년 도쿄제국대학의 시라토리 구라키치(白鳥庫吉)가 「단군고」를 써서 단군사화는 불교의 설화로 역사와 무관한 신화라고 주장했다. 이를 전수받은 이마니시 류가 이른바 근대역사학의 외피를 입고 단군왕검을 가공의 인물로 만들어 고조선사를 조선사에서 제거했다. 조선사편수회 핵심인물인 그는 경성제국대학 국사학과 교수로 일했다.

19세기 유럽제국주의는 실증주의라는 미명하에 아프리카·아시아·아메리카·오세아니아 역사의 원형을 파괴했다. 식민지의 역사를 신화로 치부하고 야만으로 규정했다. 유럽문명은 야만의 구원자였다. 일제가 이를 철저하게 악용했다. 조선총독부는 조선 침략을 합리화하기 위해 고조선 역사는 고려인들이 조작한 것이고, 조선은 중국과 일본의 식민지로 역사를 시작했다는 논리를 창안했다. 고조선 건국과 관련한 사실은 당대 최고의 학자인 국사(國師) 일연과 유학자 이승휴가 그때까지 전해지던 사서 등 모든 자료를 취합해 각각 『삼국유사』와 『제왕운기』로 편찬한 것이다. 앞서 본 대로 『삼국유사』의 저자 일연은 평생 관련 자료를 모았고, 학문적으로 가장 원숙한 나이인 70~80대에 『삼국유사』를 편찬했다 (1281~1285년경).

비슷한 시기인 1287년에 유학자인 이승휴는 『제왕운기』를 편찬해 왕에게 올렸다. 승려와 유학자라는 다른 배경을 가진 학자들이 비슷한 기록을 남겼다. 내용이 조금씩 다른 것은 그들이 의거한 자료와 해석이 달랐기 때문이다. 자의적인 창작이라면 이를 가리기 위해 오히려 같은 내용으로 편찬했을 것이다. 『삼국유사』는 『삼국사기』가 기록하지 않은 역사를 편년체 형식으로 기록했다. 고조선 개국을 전하는 사서들은 약간씩 차이가 있지만, 그 시기를 서기전 24세기로 봤다. 고대 국가가 건국한 절대연도를 정확하게 파악하기란 몹시 어렵다. 21세기에도 대한민국 건국연도에 대해 서로 다른 주장이 부딪히지 않는가.

서기전 2333년에 고조선이 건국했다는 기년은 중국의 표준기년인 경세력(經世曆)을 바탕으로 한 『동국통감』 기록을 근거로 한다. 『단군실사에 관한 실증연구』에 따르면 이 기년은 중국과 한국에서 통용되던 표준기년에 합치된다.

| 그러므로 우리나라의 개국기년은 예부터 '당요즉위(唐堯卽位) 24년 무진(戊辰)'을 통용하여 왔으며, 이 기년이 중국의 표준기년인 경세력과도 합치되는 역사적 근거를 가지고 있으므로 중국 사학자들도 인정하고 있는 것이다.

– 이상시, 『단군실사에 관한 실증연구』, 고려원, 1990, 320쪽

국내 거의 대부분의 사서와 문헌들, 그리고 『세계대사연표(世界大事年表)』, 중국의 석학 동작빈(董作賓)의 『단기화중국고사연대(檀紀和中國古史年代)』 같은 외국 문헌과 논문들도 이 기년을 따르고 있다. 동작빈은 단군기원으로부터 현재까지의 연대 수를 아주 쉽게 계산할 수 있다고 했다.

중국을 대표하는 석학들도 인정하는 한국사를 유독 한국 역사학계만 '고려시대에 만들어진 신화'로 단정하고 있다. 단지 서기 전 2333년에 건국했다는 특정연도를 부정하는 것이 아니라, 고조선 역사가 고려시대에 만들어진 조작이라는 주장이다. 그렇게 지워진 역사가 수천 년이다. 국사편찬위원회가 말하는 고조선, "우리나라 역사의 서장을 열었고, 특히 국가의 기원과 형성의 문제뿐만 아니라 우리나라 역사 무대의 범위가 비로소 정해진 고조선"의 역사는 이렇게 지워졌다.

신화는 역사의 뿌리이자 보고(寶庫)다. 신화에는 인류의 집단적인 체험과 사유, 통찰과 감성들이 고도로 함축돼 있다. 신화는 과학적이고 합리적인 역사의 원형이다. 고대인들은 모든 것을 신과 연결해서 사고했다. 그리스의 역사는 거의 모두 신화와 연결되었다. 이집트인들은 동물을 숭배했다. 그들은 동물을 신적인 존재로 여겼고 신들은 동물의 형상을 하고 있다. 어느 곳이나 고대인들은 만물에 혼령이 있다고 믿었고 자연을 숭배하고, 초자연적인 존재를 믿었다. 신화는 고대인들의 세계관과 가치관, 우주관과 종교관, 공동체의 경험을 상징적으로 표현한다. 신화에서 역사를 찾아내고 고대인의 사유와 상황에서 최대한 상상력을 발휘해야 한다.

문자를 발명하기 전에도 인류는 언어가 있었고, 종교와 과학, 역사와 문화가 있었다. 장구한 역사를 관통하며 인류는 자신의 세계관과 고유한 문화양식에 따라 자신들의 이야기를 대대로 전승해왔다. 다중이 첩첩이 검증한 기억이기 때문에 기록자의 주관적인 의도가 담긴 문자 기록보다 객관적인 핵심이 보전될 수 있었다. 이것이 신화다. 고대는 특정 집단에 의한 집단적인 기억 조작과 언론 조작이 횡행하던 시대가 아니었다. 신채호의 말이다.

> | 혹자는 이 기록이 너무 신화적이어서 신뢰할 수 없다고 하나, 어느 나라든지 고대의 신화시대가 있어서 후세 사가들이 그 신화 속에서 사실을 채취할 뿐이니, 이를테면 "말이 돌을 보고 눈물을 흘렸다.", "천신(天)이 아란불에게 내려왔다.", "해모수가 오룡거를 타고 하늘에서 내려왔다."고 한 말들은 다 신화이지만, 해부루가 다른 사람의 사생아인 금와를 주워서 길러 태자를 삼은 것은 사실이고, 해부루가 아란불의 신화에 의탁하여 천도를 단행한 것도 사실이며, 해모수가 천제의 아들이라고 칭하며 고도를 습격하여 차지한 것도 사실이니, 총괄하면, 동·북부여가 분립한 역사상 빼지 못할 큰 사실이다.
>
> — 신채호, 『조선상고사』, 박기봉 옮김, 비봉출판사, 2006, 158~159쪽

어느 곳이든 신화가 있고, 역사가들은 신화에서 사실을 채취한다. 신화를 버리면 역사의 원형과 뿌리는 사라진다. 구전은 믿을 수 없는 사료가 아니다. 서구 역사의 아버지로 불리는 헤로도

토스는 여행지에서 만난 사람들의 증언을 토대로 『역사(Historiae)』를 저술했다. 그의 저작은 서구역사학의 전범이 되었다. 현대에도 구전은 주요한 사료다. 5·18아카이브(기록관) 추진단장을 맡았던 홍세현 씨는 처음에는 군대·행정·언론 등의 공식 자료를 중시하다 유네스코 기록문화유산으로 등재하는 과정에서 시민이 직접 쓴 자료가 더 가치 있다는 사실을 뒤늦게 알았다고 한다. 시민의 일기와 사진을 모으면 현장과 사건, 시대를 온전하게 복원할 수 있기 때문에 그렇다고 한다(「한겨레」, 2015년 5월 18일 기사). 현장에서 직접 체험한 이들의 증언과 기록은 말할 것도 없고, 이에 대한 구전은 중요한 가치가 있다.

대일항쟁기에 독립혁명 투쟁에 참여하고, 한국고대사 연구에 매진한 최태영(전 서울대 법대 학장)의 말이다.

'고고학상 그런 상고시대에 그렇게 넓고 강대한 국가가 있었다는 것은 실증되지 않은 신화에 지나지 않는다'는 의문에 대하여서이다. 오랜 역사를 가진 나라는 어느 곳이고 신화가 있고 그 신화에 역사적 사실이 반영되어 있는 것이 상식이지만, 우리나라의 역사는 신시시대는 몰라도 단군의 고조선 개국부터는 분명한 사화요 신화가 아니다. 신시시대의 곰과 사람이 결혼하였다는 신화도, 그곳의 원주민인 '곰 토템족'과 하느님을 섬기며 조상을 받드는 보은사상의 수두교를 특징으로 하기 때문에 천손족이라고 일컫는 한족이 서로 융합하여 통혼하기에 이르는 과정을 상징적으로 표현한 것임을 알 수 있다. 그것은 오늘날 고려대 학생을 '안암골 호랑이'라고 하고 연세대 학생을 '신촌 독수리'라고 하는 것과 같은 것이다. 그리고 최근에 중국의 고조선 발상 지역에서 서기전 2400년쯤의 청동기시대 유물이 발굴되었다고 하니, 그 시대에 충분히 광역국가가 성립할 수 있다는 것도 무리한 말이 아니다. 그것을 반대하는 것은 일본 정책에 세뇌된 '반대를 하기 위한 반대'인 것이다.

– 한민족학회 엮음, 『한민족』 제3집, 교문사, 1991, 72쪽

"단군의 고조선 개국부터는 분명한 사화요 신화가 아니다." 『삼국유사』가 단군왕검이 건국하기 이전의 역사를 신화의 형식으로 전하고, 이후는 역사적 사실들을 그대로 기록한 것을 말한 것이다. "중국의 고조선 발상 지역에서 서기전 2400년쯤의 청동기시대 유물이 발굴되었다." 서기전 24세기 무렵의 청동기유물이 나와도 서기전 10세기 전후를 청동기시대로 보는 학계에 대한 비판이다. 단군의 실재를 부정하면 단군사화는 의미가 없다. 예수가 신화적 인물이라고 해서 그의 실재를 부정하는가? 그가 실재했기에 그의 이야기가 전해지는 것이다. 신화와 역사를 둘러싼 '반대를 위한 반대'를 질타한 최태영의 주장을 조금 더 살필 필요가 있다. 그의 연구는 일제 강점기에 직접 겪은 체험과 목격, 열정적인 사료 추적과 엄밀한 사료 분석에서 나왔기 때문이다.

랑케도 울고 갈 일본사학계의 진실

일제는 1910년부터 한국 고대사를 말살하기 위해 수십만 권의 사료를 수거하고 인멸했다. 조선사편수회는 1938년 전 35책 2만 4,000쪽에 이르는 『조선사』를 발간했다. 일제의 『조선사』 편찬 목적은 고조선부터 역사에서 지워버리는 것이었다.

| 일본의 조선사 편찬 목적은 일본에 없는 유구한 조선상고사의 고조선과 단군, 기자, 발해를 노골적으로 우리 역사에서 다 없애버리려 한 데 있다. 1923년부터 1935년까지 9차에 걸친 위원회 회의 기록은 조선 학자들이 주장하는 단군과 상고사 부분을 일인들이 순차적으로 깔아뭉개는 과정이 칼자루를 쥔 일인들의 교활한 말과 소리 없는 공포 분위기로 버무려져 있다. 1923년 첫 번째 위원회에서 조선 학자의 의견에 따라 단군을 고조선 건국과 함께 망라하겠다고 발언한 일본인 위원 가시와라(栢原昌三)는 수개월 후 돌연사하고 이 발언을 의결한 중추원 서기장 오다(小田幹治郞)는 위원회 직후 파면되었다. 조선 역사의 시작을 처음엔 상고, 삼한시대부터 다룰 것처럼 하더니 차츰 연대가 낮춰지며 삼국 이전이 됐다가 결국은 신라통일 이전부터 다루는 것으로 결판나버렸다.

– 최태영, 『한국고대사를 생각한다』, 눈빛, 2003, 55쪽

『조선사』 편찬은 구로이타 가쓰미(黑板勝美), 이나바 이와키치(稻葉岩

히), 이마니시 류가 주도했다. 정한론에 입각해 임나일본부설을 주창한 이들이다. 편년체로 조선사를 편찬한다면서 자신들의 의도에 맞게 사료를 취사선택했다. 일본보다 앞서는 한국사를 없애고, 우리 역사가 신라의 건국에서 시작된 것으로 확정했다. 임나일본부를 위한 포석이었다.

> 이 과정에서 우리가 주목하는 최남선, 이능화는 편찬위원회 위원이고 이병도, 신석호는 이마니시와 함께 신라부터 고려 때까지의 편술자였다. 이병도는 이마니시의 눈에 들어 하라는 대로, 일본 정권의 뜻대로 '신라 건국부터 시작된' 조선사를 찬술한 책임자였다. 역사를 왜곡한 것이다. 12년에 걸친 아홉 번의 편찬위원회에 최남선과 이능화가 다수의 일본 어용학자들 틈에서 단군과 발해의 역사를 얘기하며 저항했다. 그러나 대담하게는 못 나서고 변죽만 울리는 정도의 그들에게 전적인 호감이 가지는 않는다. 적극적으로 대들지 못하고 "조선인들은 단군의 역사를 사실로 알고 있다."는 말만 되풀이했을 뿐, 한 번도 강하게 주장한 적이 없다. 이마니시 일당이 그 말을 받아 "소용없는 말이다. 단군 개국의 확실한 날짜가 없으니 편년사에 기록할 수 없다."면서 무시해버렸다.
>
> – 같은 책, 56쪽

조선사편수회에서 이마니시의 눈에 들어 하라는 대로 한국사 왜곡에 앞장선 이가 한국 역사학계의 태두로 군림한 이병도다. 그는 서울대 국사학과 교수, 서울대 대학원장, 문교부 장관, 학술원 원장을 거쳐 전두환 정권에서 국정자문위원을 역임했다. 신석호는 고려대 교수를 비롯해 국사과(국사편찬위원회 저서) 긴 긴, 국사편찬위원회 사무국장, 한국사학회 이사장 등을 역임했다. 조선총독부에 충성한 이들이 한국 역사학계를 장악한 것이다. 최태영은 이병도를 설득하기 위해 많은 노력을 기울였다. 그의 증언을 들어보자.

> 신라 통일 전부터 시작하는 조선사의 편수 담당자였던 이마니시는 교토제대 강사였다가 총독부의 후광을 업고 경성제대 사학과 교수로 취직했던 참으로 맹랑하고 나쁜 자였다. 학문은 보잘것없는 자가 일제의 하수인으로 나서 편찬자가 된 것을 기화로 천하 대담한 짓을 했다. 이병도는 그런 이마니시와 배짱이 맞아 끝까지 실제 일을 담당함으로써 조선인 정신 빼는 역할을 맡아 천추에 욕먹을 짓을 했다. (중략) 이마니시, 이 깜찍한 자가 1932년 경성제대 교수로 재직 중 급사한 것은 속이 시원하지만 제 맘대로 써낸 『조선사』는 이미 다 만들어진 뒤였다. 총독부가 데려온 하수인이었던 그자는 경성제대 사학과 선생까지 되어, 두고두고 한국사학에 해악을 남겼다. 이후 '단군이 실증사학의 조건에 맞지 않으니 단군은 실존인물 아닌 신화다'라며 단군과 고조선을 묵살한 역사를 우리 학계 일부가 받아들이고 외국에까지 단군 없는 우리 역사가 소개되었다. 과거 조선 사람들이 배운 조선의 교과서에 단군의 고조선 개국이 분명히 언급돼 있는 데도 그

깃을 부인하는 것이다. 나는 고조선을 부정하는 학자들이
고대사에 대한 연구와 지식이 있어 단군과 광역국가 고조선
을 부인한다고는 생각지 않는다. 실증주의의 이름으로 일제
가 던져준 자료만을 취해 역사의 큰 줄기에서 그처럼 분명한
단군의 광역국가를 부인하고 가장 개명한 듯 하는 것이 학
문의 전부는 아니다. 이들이 내세우는 실증사학으로 '단군의
광역국가는 없다'고 증명된 것도 아니다. (중략) 한국인이라
면 일본이 조선 망치려고 만든 그 책을 당연히 제쳐놓을 줄
알았는데, 다른 사람도 아닌 대학 강단에서 그 조선사를 대
단하게 받든다.

– 같은 책, 58~59쪽

고조선 건국사화를 조선사편수회가 허구적인 신화로 변조했다.
최태영은 한국인이라면 당연히 제쳐놓을 줄 알았던 일제가 던져
준 자료를 대학 강단에서 대단하게 받들고 있다고 비판했다. 그
가 분석한 역사학계의 실증사학은 '일제가 던져준 자료만을 취해
정설화'하는 것이었다. 조선총독부가 정치적 목적으로 자행한 역
사 왜곡을 '실증주의'로 포장한 것이다. 랑케의 실증주의가 서구
제국주의의 도구로 활용된 것은 주지의 사실이다. 그런데 일제는
랑케의 역사학을 도입하지도 않았다. 고대 한일관계사 연구의 권
위자인 **최재석**(고려대 명예교수)의 말이다.

| 하타다 다카시에 의하면, 랑케의 제자인 루트비히 리스(Ludwig

Riess)가 19세기 말에 도쿄대학에 초빙된 것은 사실이다. 그러나 우리들이 생각하고 있는 것과는 달리 리스는 오로지 서양사학만을 가르쳤다고 밝히고 있다. 하타다는 또 일본은 메이지 말기에 이르러 한국사의 독자성·자주성을 부인하고, 한국은 태고 때부터 만주와의 불가분의 관련 속에서 존재해옴과 동시에 신대(神代. 귀신시대)부터 일본이 한국을 일본의 본토와 마찬가지로 지배했다는 주장을 하게 되었다고 밝히고 있다. 따라서 메이지시대 일본인의 한국 사학이 랑케 사학의 방법론에 의해 이루어졌다는 주장은 매우 회의적이다. 랑케의 제자인 루트비히 리스의 도쿄대학에서의 강의는 서양사에 한정되었으며, 또 근대적 고증학적인 방법에 의거한 강의였다 하더라도 일본인들의 한국고대사 왜곡은 랑케 사학과는 아무런 관계가 없으며, 일본인들의 한국사 왜곡은 일본의 한국 침략과 밀접한 관계가 있는 것이다.

– 최재석, 『고대한일관계사연구』, 경인문화사, 2010, 208∼209쪽

일본의 한국사 왜곡은 랑케 사학과는 아무런 관계가 없고, 한국 침략과 밀접한 관계라는 것이다. 일제의 실증주의는 침략 의도에 부합하는 것에 한해 실증으로 포장하는 방식이었다. "위안부는 강제 연행되었다는 기록이 없어 사실로 인정할 수 없다."는 일본 정부의 발표가 이 같은 '실증주의'다. 황국사관에 따라 사실을 취사선택하고, 이를 "믿을 수 없다", "후대의 조작이다", "말도 안 된다" 등으로 매도하는 방식이다.

그러나 일본사학계에 실증사학을 도입한 독일학자 랑케(1795~1886)의 제자 리스마저 "일본 학자들은 과학을 가장, 역사를 제멋대로 조작한다."고 비난하고 도쿄제국대학 사학과를 서양사·동양사·국사(일본사)학과로 분리(1910년), 그 자신은 서양사학과만 맡았던 것은 세계 학계에 널리 알려진 유명한 이야기다. 실증사학을 신줏단지처럼 떠받드는 학자들은 일본 국사학과 및 동양사학과 출신들이다. 『조선사』편찬에 참가했던 이마니시 류, 스에마쓰 야스카즈, 이나바 이와키치를 비롯, 『삼국사기』초기 기록을 허위라고 부정하거나 전설로 몰아붙인 쓰다 소키치, 마에마 교사쿠(前間恭作), 오타 아키라(太田亮), 이케우치 히로시(池內宏), 이노우에 히데오(井上秀雄), 미시나 쇼에이(三品彰英) 등이 모두 실증사학을 내건 일본학자들이다. 이들은 『조선사』를 편찬하며 한국고대사 부정에 필요한 자료만 남기고 나머지는 소각·인멸했다. 그리고 『삼국사기』와 『삼국유사』의 신빙성을 부정하는 논문을 써, 우리의 상고사를 파괴했다. 이마니시 류는 「단군고」를 써서 그 실체를 부정했고, 미시나 쇼에이는 신라 지증왕까지 21대 왕을 전설로 만든 장본인이다.

- 서희건 엮음, 『잃어버린 역사를 찾아서』 3, 고려원, 1986, 159~160쪽

일본에 실증주의를 전한 것으로 알려진 랑케학파의 리스가 "일본 학자들이 과학을 가장해 역사를 제멋대로 조작한다."고 비난했던 사실을 일본은 감추고 있다. 일본 국사학과·동양사학과의 대

표적인 학자들은 한국사를 파괴하는 데 주력했다. 일제는 단군왕검이 세운 고조선의 역사를 부정하고 한국사는 타율성과 정체성의 역사라고 했다. 역사 교과서가 한국의 독자적인 문명은 없는 것으로 지도를 만들고 청동기 사용 이후를 문명시대로 보면서 우리나라는 철기시대 이후에야 역사가 시작되었다고 서술한 것은 '메이드인 재팬 한국사'에 연원을 두고 있는 것이다.

우리 역사는 언제 시작하는가

'위만의 집권'이라는 제목의 비밀

역사 교과서의 선사와 역사 개념을 전제한다면 역사학계는 우리 역사의 시작을 언제로 보고 있을까? 대단히 중요한 부분인데, 거의 대부분의 한국 통사와 역사 교과서는 그 내용과 맥락을 알수 없게 서술하고 있다. 이를 파헤치면 역사 교과서의 핵심적인 흐름과 체계가 명료하게 드러난다. 역사 교과서를 파헤쳐보자.

국정 『고등학교 국사』는 "우리나라는 철기시대 이후부터 문자를 사용했을 것으로 추정된다."고 서술했다. 역사 교과서는 문자 사용을 역사시대의 시작으로 보는데 우리나라는 철기시대 이후부터 문자를 사용했을 것으로 추정한다고 한다. 역사가 청동기시대가 아니라 철기시대 이후에야 비로소 시작되었다는 말이다. 다른 나

라들의 일반적인 경우와 다르다는 주장인데 그럼 역사 교과서가
보는 우리나라의 철기시대는 언제일까?

| 우리나라에서는 기원전 5세기경부터 철기시대로 접어들었다.

— 국정 「고등학교 국사」, 28쪽

철기시대가 서기전 5세기경부터니까 그때부터 우리 역사가 시
작되었다는 말일까?

| 기원전 5세기경부터 철기가 보급되었고, 그 후 만주와 한반
도 각지에서는 부여, 고구려, 옥저, 동예, 삼한 등 여러 나라
가 성립되었다.

— 같은 책, 28쪽

어딘지는 모르겠지만 아무튼 어딘가에서 철기가 보급되었고,
그 후 여러 나라가 성립되었다고 한다. 서기전 24세기경에 건국한
고조선의 2,000여 년 역사는 흐지부지되어버렸다. 서기전 5세기경
부터 철기가 보급되고 비로소 우리 역사에 부여, 고구려, 옥저, 동
예, 삼한 등의 여러 나라가 성립되었다고 한다. 우리 역사에서 국
가는 철기가 보급된 서기전 5세기 이후이고, 그 후 부여, 고구려
등 여러 국가가 등장했다는 말인데, 이 서술의 맥락을 잘 봐야
한다.
철기는 어디에서 보급되었을까?

철기가 중국에서 보급되었다는 설명이다. 고조선이 서기전 13세기 무렵부터 철기를 사용했고, 중국은 고조선으로부터 철기를 도입해 서기전 8세기경부터 사용했다는 고고학 자료는 연기처럼 사라져버린 것이다. 명도전은 고조선의 강역에서 출토되는 대표적인 화폐인데 역사 교과서는 이를 중국 연나라 화폐로 본다. 일본과 중국의 주장일 뿐이다. 명도전에 대해서는 아직 의견이 분분하다. 서기전 323년부터 서기전 222년까지 존재한 연나라 화폐가 적대적 관계에 있었던 고조선에서 연나라 멸망 이후에도 사용되었다는 것은 상식적으로 이해하기 힘들다.

명도전을 만들었다는 연나라는 서기전 222년에 멸망했다. 위만국은 그 후 오랜 시간이 지난 서기전 195~180년 사이에 건국했다. 연나라와 위만국은 동시대에 존재하지도 않았다. 명도전이 연나라 화폐라는 주장은 연나라 강역이 압록강까지 걸쳐 있었다고 전제한다. 그러나 연나라의 중심부였던 오늘날의 북경 부근에서는 명도전이 소량 출토되고, 현재의 난하 동쪽에서 압록강에 이르는 고조선의 강역에서 명도전이 다량으로 출토되고 있다는 점에 주목해야 한다.

『한서』「지리지」가 전하는 고조선의 〈범금8조〉에는 "도적질한 자 중 남자는 가노(家奴)로 삼고, 여자는 비(婢)로 삼는다. 재물을 바

치고 죄를 면하고자 하는 자는 각자 50만을 내야 한다."는 내용이 있다. 고조선에서는 화폐가 널리 통용되었던 것이다.

하지만 고고학계는 역사학계의 근거 없는 주장을 앵무새처럼 따라한다.

> 한국고고학에서 초기 철기시대라 부르는 시기는 대체로 기원전 300년 무렵부터 기원전 100년경까지를 말한다. 이 시기에는 연(燕)나라의 영향으로 주조철기가 보급되면서 철기문화가 시작되지만 아직은 철 소재와 철기의 대량 생산이 본격적으로 이루어지지 못한 단계이다. 초기 철기시대 이후 기원전 1세기 무렵부터 기원후 3세기 중엽까지의 시기는 원삼국시대에 해당된다.
>
> — 한국고고학회 엮음, 『한국고고학 강의』, 사회평론, 2010, 123쪽

우리나라는 철기를 중국 연나라에서 보급받았고, 본격적인 철기 사용은 서기전 1세기 무렵이라는 주장이다. 서기전 1세기 무렵부터 서기 3세기 중엽까지의 시기를 원삼국시대(原三國時代)라고 말한다. '원(原)'은 '프로토(proto)'를 번역한 말로 '원시의', '원형의'라는 뜻이다. 고조선에서 나온 여러 나라들이 이 시기에 존재했다. 부여, 고구려, 백제, 신라, 가야 등의 열국(列國)이 고조선을 이어서 독립국으로 성장했다. 열국시대를 원시적인 삼국시대로 규정하는 것은 이런 열국의 역사를 부정하는 것이다. 이는 서기 4~6세기에 일본이 한반도 남부를 지배했다는 임나일본부설에 따라 삼국의

초기 역사를 부정하기 위해 만들어진 개념이다. 백제와 신리의 유물·유적들이 발굴되면 이는 백제·신라의 것이 아니라 실체도 없는 원삼국시대의 유물과 유적으로 규정된다. 위만 이전에 있었던 국가로서의 고조선 역사를 부정하듯 고조선을 계승한 열국의 역사를 부정하는 주장이다.

그렇다면 우리 역사는 과연 서기전 5세기에 중국에서 보급된 철기로 시작되었을까?

> 중국이 전국시대 이후로 혼란에 휩싸이면서 유이민이 대거 고조선으로 넘어왔다. 고조선은 그들을 받아들여 서쪽 지역에 살게 하였다. 그 뒤, 진·한 교체기에 또 한 차례의 유이민 집단이 이주해왔다. 그중에서 위만은 1,000여 명의 무리를 이끌고 고조선으로 들어왔다. 위만은 준왕의 신임을 받아 서쪽 변경을 수비하는 임무를 맡았다. 그는 그곳에 거주하는 이주민 세력을 통솔하면서 자신의 세력을 점차 확대하여 나갔다. 그 후, 위만은 수도인 왕검성에 쳐들어가 준왕을 몰아내고 스스로 왕이 되었다(기원전 194). 위만 왕조의 고조선은 철기문화를 본격적으로 수용하였다. 철기의 사용은 농업과 무기 생산을 중심으로 한 수공업을 더욱 융성하게 하였고, 그에 따라 상업과 무역도 발달하였다. 이 무렵, 고조선은 사회와 경제의 발전을 기반으로 중앙정치 조직을 갖춘 강력한 국가로 성장하였다.

— 국정 「고등학교 국사」, 34쪽

이 글의 제목은 '위만의 집권'인데, 여기에는 중요한 의미가 함축되어 있다. 한국사의 주체가 중국에서 온 사람이다. 중국의 영향과 지배로 한국사를 보는 역사관이다. "중국이 전국시대 이후로 혼란에 휩싸이면서 유이민이 대거 고조선으로 넘어왔다." 중국에서 어떤 변화가 있어야만 그 파동으로 한국에 변화가 일어나게 된다. "진·한 교체기에 또 한 차례의 유이민 집단이 이주해왔다." 이때 위만이 등장한다. 준왕은 서기전 12세기 은·주 교체기에 고조선의 서쪽 지역으로 망명한 기자의 후예다. 『삼국지』 「위지동이전」 '예전'은 준이 기자의 40여 세 후손이라고 기록했다. 『삼국지』 「위지동이전」 '한전' 주석에 실린 『위략』은 준을 부(否)의 아들이라고 서술했다. 고대 문헌사료는 부와 준을 기자의 후손으로 기록했다. 이 사실을 반증할 증거, 그러니까 부왕과 준왕이 고조선의 왕이었다고 기록한 1차 사료는 없다.

그런데 역사 교과서는 아무런 사료적 근거 없이 부왕과 준왕을 고조선의 왕으로 서술했다. 위만 이전의 고조선 역사를 한국사에서 제외하기 위해 한국사의 맥락과 체계를 뒤흔들어놓은 것이다. 앞서 살폈듯이 고조선이라는 명칭은 『삼국유사』에 처음 등장한다. 『삼국유사』는 단군왕검이 건국해 단군들이 통치한 국가를 옛 조선이라고 표현했다. 여기에 기자도 언급됐다. 위만은 옛 조선과 구분해 별도로 서술했다. 부왕과 준왕은 단군왕검 계통이 아니라 고조선의 거수국(중국의 제후국)의 거수(제후)였다.

단재 신채호는 『독사신론(讀史新論)』에서 기자가 무왕의 힘을 빌려 단군 왕조를 대신하였다는 것은 시골 농부의 입에 오르내리는 설화에 지나지 않는다면서 기자가 단군의 후예를 대신하지도 않았고, 기자를 나라 사람들이 받들어 세우지도 않았으며, 기자가 주나라 무왕의 힘을 빈 것도 아니라고 했다. 단재는 기자가 조선에 왔을 때 받은 봉토는 100리에 지나지 않았고 직위는 일개 군수나 도위(都尉)에 지나지 않은 신하라고 했다. 당시 고조선과 연의 경계는 패수였는데 현재 중국의 난하(灤河)로 밝혀졌다. 이보다 더 서쪽 지역에 있었던 강으로 추정하기도 한다. 연암 박지원은 『도강록(渡江錄)』에서 다음과 같이 말했다.

> 그런데 한대(漢代) 이후로, 중국에서 말하는 패수가 어딘지 일정하지 못하고, 또 우리나라 선비들은 반드시 지금의 평양으로 표준을 삼아서 이러쿵저러쿵 패수의 자리를 찾는다. 이는 다름 아니라 옛날 중국 사람들은 무릇 요동 이쪽의 강을 죄다 '패수'라 하였으므로, 그 이수가 서로 맞지 않아 사실이 어긋나는 것이다. 그러므로 옛 조선과 고구려의 지경을 알려면, 먼저 여진을 우리 국경 안으로 치고, 다음에는 패수를 요동에 가서 찾아야 할 것이다. 그리하여 패수가 일정해져야만 강역이 밝혀지고, 강역이 밝혀져야만 고금의 사실이 부합될 것이다.
>
> — 박지원, 『도강록』

고조선의 패수는 요동에서 찾아야 한다. 박지원은 패수를 압록강, 청천강, 대동강으로 함부로 비정하여 "조선의 강토는 싸우지도 않고 저절로 줄어들었다."고 한탄했다.

위만국과 낙랑군이 평양 일대에 있었다는 유일한 근거였던 유물과 유적은 일제의 조작이었음이 밝혀졌다. 이후 이 일대에서 위만국의 실체를 뒷받침하는 고고학 자료는 하나도 나오지 않았다. 위만국은 고조선의 거수국이었는데 역사 교과서는 '위만 왕조의 고조선'이라고 썼다. 사실(fact) 왜곡이다. 고조선을 한반도 서북부에 있던 소국으로 보는 조선총독부의 황국사관이 이 같은 결과를 초래했다. 역사 교과서는 위만이 서쪽 변경을 수비하는 임무를 맡았다면서, 그곳이 어딘지도 밝히지 않았다. 2,000여 년의 고조선 역사는 사라지고 위만이 출현한다. "위만 왕조의 고조선은 철기문화를 본격적으로 수용하였다." 이것이 역사 교과서가 서술한 타율성의 역사다.

위만 이후 고조선은 철기문화를 본격적으로 수용하고, 상업과 무역도 비로소 발달하고, 사회·경제의 발전을 기반으로 중앙 정치 조직을 갖춘 강력한 국가로 성장했다고 한다. 위만은 중국의 『사기』, 『한서』, 『삼국지』에서 인용한 『위략』 등에 등장하는데 그가 철기를 갖고 왔다는 기록은 없다. 고고학적 근거도 없다. 『삼국유사』에도 관련 기사가 없다. 위만 이후 중앙 정치 조직을 갖춘 강력한 국가로 성장했다는 설명 역시 아무런 근거가 없다. 이때 한국사 최초의 국가가 형성되었다고 '설정'한 것에 불과하다. 모두 조선총독부가 내린 결론들이다. 역사학계·고고학계의 정설은 다음과 같다.

"철기시대 전기, 즉 기원전 400년에서 기원전 1년까지의 400년
의 기간은 한국고고학과 고대사에 있어서 매우 복잡하고 중요한
시기이다." 이때가 중요한 시기인 것은 중국에서 철기와 한문이
들어오고, 서기전 2세기에 드디어 위만에 의해 국가가 형성돼 역
사시대로 들어갔는데, 곧 한나라에 의해 멸망되고 한사군이 설치
되었기 때문이다. 철기시대 전기를 서기전 400~서기전 1년으로 보
면서 그동안 발굴된 고고학적 성과들을 무시했다.

우리 역사에서 철기가 사용된 시기는 서기전 13세기 무렵부터
다. 고고학적 자료는 유동적이어서 앞으로 그 시기는 더 앞당겨질

것이다. 중국의 철기 사용은 서기전 8세기로 고조선의 영향을 받았음이 이미 밝혀졌다. 고조선이 서기전 24세기 무렵에 건국됐다는 기록이 『삼국유사』 등에 명백히 나와 있다. 사료에 기록된 고조선의 역사를 뒷받침하는 유적과 유물도 계속 발굴되어왔다. 이를 부정할 만한 근거는 아직까지 아무것도 없다. 그리고 앞으로도 나오지 않을 것이다.

평양 vs 요동, 위만국은 어디에?

역사학계와 고고학계는 중국으로부터 철기와 한자가 도입되면서 우리 역사가 시작되었다고 한다. 구체적으로는 중국에서 온 위만이 서기전 2세기 무렵 고조선을 접수하면서 본격적인 역사시대로 접어들었다고 주장한다.

> 평양 근처 왕검성에 자리했던 위만조선은 문헌상에 뚜렷이 나타나는 한국 최초의 고대국가이다.
>
> – 같은 책, 48쪽

평양 근처에 위만조선이 있었고, 위만조선은 문헌상에 뚜렷이 나타나는 한국 최초의 고대국가라는 것이 역사학계의 정설이다. 고조선이 평양 일대에 존재했다고 전제하고, 『삼국유사』, 『제왕운기』 등에 기록된 단군왕검의 고조선을 부인한다.

이 같은 역사학계의 정설에 따라서 역사 교과서는 한국사의 주체를 중국으로 설정한다. 역사는 어느 때 어느 공간에서 펼쳐진 사람들의 자취다. 공간 없이는 역사도 없다. 위만국은 어디에 있었을까? 위만국의 위치를 밝히지 않고 위만국을 논할 수 없다. 위만국의 위치는 1차 사료에 의해 실증해야 한다.

1차 사료란 위만국이 있었던 시기나 그와 가장 가까운 때 기록된 사료들을 가리킨다. 역사학계는 평양 일대에 위만조선이 있었다고 비정한다. 그러나 평양 일대에 위만조선이 있었다는 1차 사료가 없다. 일본 학자들의 주장뿐이다. 위만조선의 위치는 일본 학자들의 주장이 아니라 1차 사료에서 찾아야 한다. '위만조선'이 아니라 위만이 세운 나라인 '위만국'이 사료에 의거한 적합한 명칭이다.

위만국의 위치를 알기 위해 먼저 위만국의 수도 위치를 찾아보자. 동서고금을 막론하고 수도는 한 나라의 중심부에 자리하는 것이 상식적이므로, 수도의 위치를 알면 위만국의 위치를 가늠할 수 있다. 위만국의 수도는 험독현(險瀆縣)이었다. 험독현의 위치를 1차 사료에 의거해 살펴보자. 중국 최초의 체계적인 지리서인 『한서』「지리지」에는 험독현이 요동군 소속이라고 기록되어 있다. 요동군 험독현 주석을 보자.

| 요동군 험독현 : 응소(應劭)가, '조선왕 위만의 도읍이다. 물이 험한 데 의지했으므로 험독(險瀆)이라고 불렀다'고 했다. 신찬(臣瓚)은 '왕험성(王險城)은 낙랑군의 패수 동쪽에 있다, 이로부

터 험독이라고 했다'고 했다. 안사고(顏師古)는 '신찬의 설이 옳
다'고 했다.

– 『한서』 「지리지」 '요동군 험독현'

신찬은 왕험성이 낙랑군의 패수 동쪽에 있다고 했고, 안사고는
신찬의 설을 지지했다. 그렇다면 패수 위치가 중요해진다. 중국의
고대 역사지리서인 『수경(水經)』을 보자.

| 패수는 낙랑군 누방현에서 나와서 동남쪽으로 임패현을 지
나 동쪽으로 흘러 바다로 들어간다(浿水出樂浪鏤方縣, 東南過臨浿縣,
東入于海).

– 『수경』 권14, 「패수」

중국 고대 역사지리서의 원문은 패수가 동남쪽을 지나 동쪽으
로 흘러 바다로 들어간다고 했다. 그런데 일제는 한반도에 있는
압록강, 청천강, 대동강이 패수라고 주장했다. 이 강들은 모두 동
쪽에서 서쪽으로 흘러 바다로 들어간다. 일제는 고조선의 유구한
역사와 대륙에 걸친 강역을 축소하기 위해 『수경』이 아니라 후대
에 이를 잘못 주석한 사료인 역도원의 『수경주』를 견강부회해, 흐
르는 방향이 정반대인 대륙의 강들을 한반도에 있는 것으로 확정
했다. 역사학자 이도상은 『고조선, 끝나지 않은 논쟁』(들메나무, 2015)에
서 패수를 기준으로 고조선을 98쪽 지도와 같이 표현했다.
사마천의 『사기』 「조선열전」에는 한사군에 관한 최초의 기록이

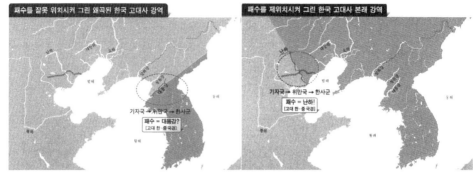

왼쪽부터 〈패수를 잘못 위치시켜 그린 왜곡된 한국 고대사 강역〉과 〈패수를 제위치시켜 그린 한국고대사 본래 강역〉(이도상, 『고조선, 끝나지 않은 논쟁』에서 인용). 패수의 위치를 잘못 비정하면 한국고대사의 공간과 체계가 바뀐다.

있다. 『사기』「조선열전」은 단군이 건국한 고조선이 아니라 위만국을 기록했다. 『사기』「조선열전」에 "(위만이) 왕험성에 도읍했다(都王險)."는 기록이 있다. 남송의 배인은 『사기집해(史記集解)』[3] 에서 왕험성의 위치를 현재의 하북성에 있는 창려현으로 서술했다. 당나라 때 인물인 사마정이 지은 『사기색은(史記索隱)』[4] 을 보자.

| 『사기색은』: 위소(韋昭)가, '옛 읍의 이름이다'라고 말했다. 서광(徐廣)은 '창려군에 험독현이 있다'고 말했다. 응소(應劭)가 주석하기를, 「지리지」에는 요동군에 험독현이 있는데, 조선왕 위만의 도읍이다'라고 말했다. 신찬(臣瓚)은 '왕험성은 낙랑군 패

---

3   『사기집해』는 『사기』가 기록된 때로부터 배인이 살던 5세기까지 『사기』에 대해 주석한 문헌들을 모은 책이다.

4   『사기색은』은 『사기』 이후 8세기 초까지 전해진 『사기』에 대한 주석들을 사마정이 모은 것이다.

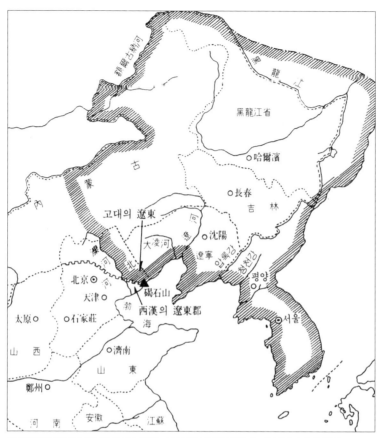

문헌사료와 고고학 자료에 따라 복원한 고조선의 강역(윤내현, 『고조선연구』에서 인용).

수의 동쪽에 있다'고 말했다.

위만의 도읍이었던 험독현이 요동군에 있다는 기록이다. 응소
는 서기 2세기 무렵에 살았던 후한 때의 인물이다. 위만국이 무너
지고 한나라가 그 자리에 설치했다는 낙랑군의 위치를 중국 고대
사서들은 모두 '요동'으로 기록했다.

| 『한서』「설선열전」 : 안사고가 말하기를 "낙랑은 유주에 속해
있다."

『후한서』「최인열전」 : 장잠현은 낙랑군에 속해 있는데 그 땅은
요동에 있다.

『후한서』「광무제본기」 : 낙랑군은 옛 조선국이다. 요동에 있다.

『사기』「하본기」 주석 : 『태강지리지』에 전하기를 낙랑 수성현에
는 갈석산이 있으며, (만리)장성의 기점이다.

서한 때 편찬된 『염철론(鹽鐵論)』 「험고(險固)」편은 전국시대 연나
라 국경이 갈석산과 요수(오늘날 난하)에 있다고 기록했다. 고조선 후
기를 기록한 『사기』「진시황본기」는 진제국의 동북부 국경이 조선
에 닿았고 요동에 이르렀다고 했다. 진제국과 고조선이 국경을 맞
댔는데 그 지역이 요동이라는 기록이다. 『사기』「진시황본기」는 갈
석산 일대를 요동이라고 했다. 갈석산은 북경에서 가까운 난하 하
류에 있다. 『사기』「효무본기」에 서한의 무제가 갈석산에 이르렀다
는 기록이 나온다. 서한은 15년 만에 망한 진제국에 이어 등장한
나라다. 『사기』의 저자 사마천은 서한 무제 때 사람이다. 당대의 1
차 사료는 후대의 2, 3차 사료보다 우선적인 가치가 있다. 서한의
유안(劉安)이 편찬한 『회남자(淮南子)』에도 고대의 요동이 난하 유역이
었음이 나온다. 『회남자』에 요수가 나오는데 서한의 학자 고유(高誘)
는 이 요수가 갈석산에서 나와 요동의 서남에서 바다로 들어간다
고 했다. 갈석산 근처를 흐르는 큰 강은 난하다.

우리 민족의 고대사 체계에 대한 윤내현의 주장이다.

단군조선의 뒤를 이은 세력은 기자조선이나 위만조선 또는 한사군이 아니라 단군조선 내부의 지방 세력이었다가 독립한 동부여, 고구려, 읍루, 동옥저, 동예, 최씨낙랑, 한(삼한) 등 여러 나라였던 것이다. 그러므로, 우리 역사의 흐름은 고조선(단군조선)─열국시대(여러 나라)─사국시대(고구려, 백제, 신라, 가야)─남북국시대(신라, 발해)─고려 등으로 체계화해야 하고, 기자국, 위만조선, 한사군은 단군조선과 중국의 국경지대에서 일어났던 사건으로 취급되어야 하는 것이다.

우리 고대사 체계의 잘못은 매우 중요한 문제를 낳는다. 그것은 우리를 주체적인 역사 전개의 능력이 없는 민족으로 전락시키고 있다. 우리 민족이 세운 단군조선은 중국에서 망명한 기자로 말미암아 교체되고, 기자의 후손인 준왕은 중국에서 망명한 위만에게 정권을 빼앗기고 말았으며, 그 뒤 위만조선을 멸망시킨 중국은 그 땅을 자신들의 영토로 만들어 그곳에 그들의 행정구역인 낙랑군, 임둔군, 진번군, 현도군 등 네 개의 군을 설치하였다는 것이 된다. 그렇다면 우리 민족은 기자가 망명해온 서기전 1100년 무렵부터 낙랑군이 축출된 서기 313~315년 무렵까지 무려 1,400년 동안 중국인들의 지배를 받았다는 것이 된다.

― 윤내현, 『우리 고대사─상상에서 현실로』, 지식산업사, 2006, 212쪽

우리 고대사 체계는 1차 사료와 고고학적인 연구에 의해 충분히 복원이 가능하다. 고조선─준왕(기자조선)─위만조선─한사군─

여러나라 시대(열국시대) – 삼국시대 – 통일신라시대로 그려진 고대사 체계는 잘못이다. 기자국과 위만국은 고조선의 서쪽 경계인 요서 지역에 있던 고조선의 거수국(제후국)에 불과했다.

한사군 위치 역시 당연히 위만국이 있었던 곳에서 찾아야 한다. 위만국을 무너뜨리고 한사군을 세웠을 것이기 때문이다. 하지만 역사 교과서와 대부분의 한국 통사는 고조선을 다음과 같이 서술한다.

> 문헌에 나타나는 고조선은 단군조선 – 기자조선 – 위만조선으로 정치적 변화를 거친다.
>
> – 국정 「중학교 국사」, 19쪽

> 위만은 고조선으로 들어올 때에 상투를 틀고 조선인의 옷을 입고 있었다. 그리고 왕이 된 뒤에도 나라 이름을 그대로 조선이라 하였고, 그의 정권에는 토착민 출신으로 높은 지위에 오른 자가 많았다. 따라서 위만의 고조선은 단군의 고조선을 계승한 것으로 볼 수 있다.
>
> – 국정 「고등학교 국사」, 34쪽

고조선의 실재 역사가 왜곡된 개념 설명이다. 삼국시대도 일제가 임나일본부설을 위해 가야 등 열국의 역사를 부정하려는 의도로 악용한 개념이다. 고구려를 이어 바로 발해가 건국되었는데, 이를 통일신라시대로 통칭하는 것도 잘못된 개념이다. 이는 뒤에서 다룬다. 이제 고조선 — 열국시대(동부여, 읍루, 고구려, 동옥저, 동예, 최씨낙랑, 신라, 백제, 가야) — 사국시대(고구려, 백제, 신라, 가야) — 남북국시대(신라, 발해)로 체계를 바꿀 때가 되었다.

'위만의 집권' 항목 나머지 부분을 보자.

| 그리고 우세한 무력을 바탕으로 활발한 정복 사업을 전개하여 광대한 영토를 차지하였다. 또, 지리적인 이점을 이용하여 동방의 예나 남방의 진이 직접 중국의 한과 교역하는 것을 막고, 중계무역의 이득을 독점하려 하였다. 이러한 경제적, 군사적 발전을 기반으로 고조선은 중국의 한과 대립하였다. 이에 불안을 느낀 한의 무제는 수륙 양면으로 대규모 침략을 감행하였다. 고조선은 1차의 접전(패수)에서 대승을 거두었고, 이후 약 1년에 걸쳐 한의 군대에 맞서 완강하게 대항하였다. 그러나 장기간의 전쟁으로 지배층의 내분이 일어나 왕검성이 함락되어 멸망하였다(기원전 108). 고조선이 멸망하자 한은 고조선의 일부 지역에 군현을 설치하여 지배하고자 하였으나, 토착민의 강력한 반발에 부딪혔다. 그리하여 그 세력은 점차 약화되었고, 결국 고구려의 공격을 받아 소멸되었다.

- 같은 책, 34쪽

역사 교과서는 '예', '진'이 직접 중국의 한과 교역하는 것을 막고, 중계무역의 이득을 독점하려고 했다고 한다. 사실일까? 1차 사료를 보자.

| 원삭(元朔) 원년(서기전 128)에 예군(濊君) 남려(南閭) 등이 우거왕을
배반하고 28만 명을 이끌고 요동(遼東)에 귀속하자 한 무제는
그 지역에 창해군(蒼海郡)을 만들었으나, 수년 후에 곧 폐지하
였다.

— 『후한서』 「위지동이전」 '예조'

예군 남려가 우거왕을 배신하고 요동에 귀속한 데에서 예가 고
조선의 거수국(중국에서는 제후국)이었다는 사실을 엿볼 수 있다. 요동
에 귀속한 인원이 무려 28만이다. 이 인원이 일거에 한반도 북부
에서 요동으로 이동해온 것도 아니고, 요동 경계에 있었음을 추론
할 수 있다.

| 일찍이 우거왕이 (한나라에게) 격파되기 전에, 조선상(朝鮮相)
역계경(歷谿卿)이 우거왕에게 간했으나 받아들여지지 않자 동
쪽의 진국(辰國)으로 갔다. 그때 백성으로서 그를 따라가 그곳
에 산 사람이 2천여 호(戶)나 되었는데, 그들도 역시 조선(朝鮮)
에 조공하는 번국과는 서로 왕래하지 않았다.

— 『삼국지』 「위지동이전」 '한조'

고조선은 여러 번국들을 거느리고 있었다. 모두 중국의 1차 사
료가 기록하고 있는 내용들이다. 사마천은 1대 황제(黃帝), 2대 전
욱(顓頊), 3대 제곡(帝嚳), 4대 요(堯), 5대 순(舜)으로 이어진 오제시대
부터를 역사로 보았다. 『사기』는 황제족과 치우족의 대결로 시작

한다. 황제는 한족의 시조고, 치우는 동이족의 일파인 구려족(句麗族)의 시조다. 구려족은 현재의 산동성, 하남성, 하북성에 거주했다. 동이족 거주 지역과 같다. 황제족과 치우족이 싸운 탁록(涿鹿)은 북경 근처에 있다. 현재 황제성과 치우성 유적이 남아 있다.

한나라는 왜 고조선의 존재를 불안해하고 수륙 양면에서 대규모 침략을 했음에도 첫 전쟁에서 패배했을까? 1년 간 팽팽하게 전개된 전쟁은 무엇을 의미할까? 중국인은 예로부터 한나라에 커다란 자부심을 갖고 있다. 한 무제는 중국의 영웅이며 중국인을 한족(漢族)이라 한다. 『사기』는 한 무제가 고조선에 5만 7,000명의 대군을 보냈고 고조선의 태자가 사신 위산(衛山)을 만나러 패수를 건널 때 1만 명의 군사를 인솔했다고 기록했다. 전쟁이 끝난 뒤 전쟁을 수행한 중국의 두 장군, 순체(荀彘)와 양복(楊僕)은 어찌 되었을까? 순체는 사형을 당했다. 무제가 총애한 일등공신 순체는 목이 잘려 길거리에 버려지는 최고형을 받았다. 또 한 명의 장군 양복은 사형을 받았다가 속전(贖錢)을 받고 서인(庶人)으로 강등되었다. 한 무제가 목표한 성과를 이루지 못한 결과였다. 위만국은 고조선의 제후국으로 한나라는 고조선을 멸망시키지 못했다.

고조선이 중국으로부터 문명의 세례를 받기 시작한지 겨우 80여 년 만에 이 같은 상황이 벌어질 수는 없다. 고조선이 오래전부터 강성한 국가였기에 벌어진 일들이다. 고조선이 평양 일대의 한반도 서북부에 있었다면 흉노와 대립하고 있던 한나라가 고조선과 1년간 대대적인 전쟁을 벌일 이유도 없었을 것이다.

고조선의 국가적 상황이 어떠했는지 문헌사료를 보자.

| 그 뒤에 (조선 임금의) 자손이 점점 교만하고 포악해지자, 연
나라는 장군 진개를 파견하여 (조선의) 서쪽 지역을 침공하
고 2천여 리의 땅을 빼앗아 만번한에 이르는 지역을 경계로
삼았고, 조선은 마침내 약화되었다.

– 『삼국지』 「위지동이전」 '한조'

중국의 사서는 중화사관에 따라 다른 민족의 역사를 폄하해
서술한다. 조선의 자손이 점점 교만하고 포악해졌다는 것은 고조
선이 강성했다는 맥락에서 해석해야 한다. 고조선이 서쪽 지역 2
천여 리를 빼앗긴 상황에서도 대륙에 있었던 만번한을 경계로 연
과 대치한 것은 고조선의 강역이 넓고 융성했다는 사실을 보여준
다. 만번한은 북경에서 멀지 않은 지금의 난하 유역에 있었다. 고
조선은 당시 일시적으로 연나라에 밀렸지만 원래의 국경을 되돌
려놓았다.

서한시대에 기록된 1차 사료인 『염철론』은 고조선이 곧 진개를
후퇴시키고 옛 강역을 회복했다고 기록했다. 고조선은 전국시대
에 많은 전쟁을 치른 연나라를 상대로 한 전쟁에서 승리했다. 위
만이 고조선으로 건너오기 훨씬 이전의 상황이다. 기자의 후손인
부왕과 준왕이 역사에 출현하기도 전이었다.

위만이 고조선으로 넘어 오기 전 서기전 12세기 무렵에도 중국
의 기자가 고조선으로 넘어왔다. 『사기』 「송미자세가(宋微子世家)」는
주나라 무왕이 기자를 조선에 봉했으나 신하는 아니었다고 기록
했다. 기자를 '조선에 봉했다'는 것은 중화주의에 따른 중국식 표

현이다. 기자가 건너와 기자조선을 세운 것이 아니라 당시 자신의 고향에서 가까운 고조선의 서쪽 지역으로 망명한 것이다. 기자와 위만이 고조선으로 망명한 사실은 그만큼 고조선이 살기 좋았다는 뜻이다. 공자도 "구이(九夷, 고조선)에 가서 살고 싶다."고 했다. 중국의 기록인 『관자』를 보면 서기전 7세기에 고조선의 특산물들을 중국인들이 알고 있었다. 고조선의 특산물이 우수하고 교역이 활발했던 것이다.

| 고조선은 요령 지방과 대동강 유역을 중심으로 독자적인 문
화를 이룩하면서 발전하였다. 기원전 3세기경에는 부왕, 준
왕 같은 강력한 왕이 등장하여 왕위를 세습하였으며, 그 밑
에 상, 대부, 장군 등의 관직도 두었다. 또, 요서 지방을 경계
로 하여 연나라와 대립할 만큼 강성하였다.

– 국정 『고등학교 국사』. 33쪽

서기전 24세기에 건국한 고조선이 서기전 6~3세기에 있었던 연과 대립할 만큼 강성했다는 설명은 고조선의 2,000년 역사를 훼손한 것이다. 고조선에 대한 역사학계의 정설과 다른 견해에 대해서는 이렇게 말한다.

| 북한 학계의 견해를 그대로 따르면서 단군신화를 역사적
사실로 인정하는 윤내현의 주장은 많은 문제점을 안고 있
다……. 역사 발전 단계에 대한 고민을 전혀 하지 않은 결과

라 할 수 있다.

– 송호정, 『한국 고대사 속의 고조선사』, 푸른역사, 2002, 30~31쪽

단군이 건국한 고조선 역사를 인정하면 '북한 학계의 견해를 그대로 따른 것'으로 매도한다. 한국에서 가공할 위력을 갖고 있는 매카시즘으로 진실을 덮어버린다. 이 글이 말하는 역사 발전 단계는 고조선이 국가 형성과 동시에 곧바로 멸망에 이른 단계를 말한다. 과학자 이종호의 글이다.

| 기원전 4세기경에 만든 다뉴세문경은 우리 청동기 기술의 우수성을 상징적으로 보여주는 유물이라고 할 수 있다. 그 후에도 우리 민족은 실생활에 사용하는 그릇을 모두 청동으로 만들어 쓸 만큼 청동기문화가 발달했고, 중국에 고려 동을 수출한 기록도 남아 있다. 무엇보다 금속활자를 세계 최초로 발명한 민족이다. 이 모든 청동기 제조 기술과 관련한 역사적 사실들을 고려할 때 우리의 청동기문명 수준이 중국보다 떨어진다고는 상상하기 힘들다. 그동안 북한에서는 한민족의 청동기시대 연원과 관련하여 남한 학계의 통설보다 훨씬 빠른 연대를 발표해왔다. 그러나 이에 대하여 우리 남한 학계에서는 주체사상 운운하며 '과학'으로는 믿을 수 없는 조작된 결과쯤으로 치부해왔다. 하지만 그 후에 남한에서 이루어진 연대측정 결과도 기존의 통설보다 훨씬 시기를 올려 잡아야 한다는 사실을 보여주는 동시에, 북한의 주장에 타당성

이 있음을 뒷받침하고 있다. 더 이상 북한의 연구 결과를 폄훼하기만 할 것은 아니며, 필요하다면 그들에게 공동 연구를 제안할 수도 있을 것이다. 남한 자체석으로도 청동기 유 문에 대한 대대적인 연구가 필요하다. 그 연구 결과는 세계의 문명사를 다시 쓰게 할 수도 있을 것이다.

－ 이종호, 『한국 7대 불가사의』, 역사의 아침, 2007, 158~159쪽

"모든 청동기 제조 기술과 관련한 역사적 사실들을 고려할 때 우리의 청동기문명 수준이 중국보다 떨어진다고는 상상하기 힘들다." 중국에서 청동기와 철기가 도입되었다는 선입관을 제거하면 이 같은 사실이 남는다. 1960년대에 발굴된 다뉴세문경(多紐細紋鏡, 잔무늬거울)은 지름 21.2센티미터에 0.3밀리미터 간격으로 1만 3,000개가 넘는 정교한 선이 새겨져 있다. 아름다운 기하학 무늬로 이루어진 선과 골의 굵기는 약 0.22밀리미터, 골의 깊이는 0.07밀리미터로 한 치의 어긋남도 없이 정교하다. 구리와 주석의 합금으로 이루어진 청동에 아연을 섞은 비율도 절묘해서 거울의 탄성과 빛의 반사도를 높였다. 21세기에 한국과학기술원이 다뉴세문경을 복원하려다 실패한 바 있다. 다뉴세문경의 모든 것이 아직 불가사의로 남아 있다. 이 주물품을 만든 거푸집은 어떻게 만들었을까? 비파형동검과 다뉴세문경이 구현한 고도의 과학과 기술은 오랜 청동기 사용의 역사에서 나왔다. 북한의 연구 결과들은 고고학적 발굴에 따라 그 사실성이 입증되었다. 하지만 국사편찬위원회는 요지부동이다.

| 우리나라의 철기문화는 그러한 중국 선국시대 철기의 영향
을 받아 성립되어 초기에는 중국과 마찬가지로 주조철부(鑄造
鐵斧)를 위시한 농공구류가 우세하였다. 초기에 전국계 철기의
영향을 받았던 우리나라 철기문화가 본격적으로 자체 생산
이 가능하고 원재료를 수출할 정도의 단계에 이르는 것은 기
원전 1세기에서 기원을 전후한 무렵부터인데, 이때부터는 단
조철기(鍛造鐵器)가 제작되기 시작하였다. 철기 생산의 본격화
와 현지화 및 제조 기술의 발전은 다른 부분에까지 영향을
끼쳐 새로운 토기문화를 출현시켰으며 나아가 생산력의 증
대를 가져왔다. 이를 바탕으로 사회통합이 가속화되니 그 결
과 우리나라 최초의 고대국가인 위만조선(기원전 194~기원전 108)
이 등장하게 되었다. 다시 말하여 위만조선이라는 국가는 철
기시대 전기(초기 철기시대)에 성립된 것이다.

– 국사편찬위원회, 『한국사』 1, 탐구당, 2003, 4쪽

우리나라의 철기문화는 중국 전국시대 철기의 영향을 받았고,
서기전 1세기에 자체 생산이 가능해졌다고 한다. 이를 바탕으로
사회통합이 가속화되어 그 결과 우리나라 최초의 국가 위만조선
이 등장했다는 것이다. 요컨대 역사 교과서의 시나리오는 이렇다.

| ① 중국에서 온 위만이 역사시대에 접어들지 못하고 있던 고
조선을 접수하고 철기문화를 본격적으로 수용한 서기전
194년 이후에 한국사는 발전하기 시작한다.

② 위만은 고조선을 일으켜 세워 우세한 무력을 바탕으로 활발한 정복 사업을 벌이고 광대한 영토를 차지한다.

③ 급격하게 성장한 고조선은 다른 나라들이 중국의 한과 교역하는 것을 막고, 중계무역의 이득을 독점한다.

④ 마침내 막강해진 고조선은 한나라를 불편하게 한다.

⑤ 결국 한의 무제는 대규모 군대를 동원해 수륙 양면에서 고조선을 공략한다.

⑥ 그러나 고조선은 1차 접전에서 대승을 거둔다.

⑦ 이후 약 1년 동안 한의 군대에 완강하게 맞선다.

⑧ 그러나 지배층의 내분으로 서기전 108년에 망한다.

한국사에 한국이 없다

신채호는 "영국의 역사를 쓰면 영국사가 되어야 하고, 러시아 역사를 쓰면 러시아사가 되어야 하며, 조선의 역사를 쓰면 조선사가 되어야 하는데, 조선사가 중국사가 된다."고 탄식했다. 그는 중국 사서의 특징에 대해 이렇게 지적했다.

| 조선은 특수한 문화를 가지고 특수하게 발달해왔음에도 불구하고, 문화 발달의 공을 언제나 기자나 진의 유민(遺民)에게 돌리기 위하여 수많은 위증들을 하고 있다. 그러므로 사마천이 『사기』를 지을 때에는 연(燕)이 멸망한지 그리 오래되지 않

아서 연과 삼조선(三朝鮮)이 관계된 사실들에 대하여 참고할 재료가 적지 않았을 것이고, 또 한(漢) 무제(武帝)가 조선의 일부분이자 삼경(三京)의 하나인 「아리티」의 문화 고도(故都)를 점령하여 예부터 전해오는 전설과 기록이 적지 않았을 터인데도 불구하고, 『사기』의 조선전은 조선의 문화적·정치적 사실을 하나도 쓰지 않고 오직 위만이 동으로 달려온 사실과 한군(漢軍)의 동침(東侵)에 관한 것만 썼을 뿐이니, 이는 조선전이 아니라 위만의 소전이며, 한의 동방 침략의 약사이며,『위략』,『삼국지』등의 책들은 관구검이 실어간 고구려의 서적을 재료로 삼았으나 또한 그 폐습(弊習)의 심리(心理)를 가지고 쓴 책들임에는 마찬가지이다.

– 신채호,『조선상고사』, 박기봉 옮김, 비봉출판사, 2006, 121쪽

그런데 역사 교과서는 중국 사서도 아니다. 중국은 중화사관에 따른다 해도 한국의 역사 교과서는 중국사 교과서가 아니다. 중학교 역사 교과서에서 이 시나리오를 확인해보자.

| 고조선은 청동기문화의 발전에 따라 점차 정치·문화의 중심 역할을 하면서 세력을 확장해갔다. 그리하여 기원전 4세기경에는 요령 지방을 중심으로 만주와 한반도 북부를 잇는 넓은 지역을 통치하는 국가로 발전하였다. 기원전 2세기경, 서쪽 지방에서 세력을 키운 위만이 준왕을 몰아내고 고조선의 왕이 되었다(기원전 194). 이 시기에 철기문화가 확산되면서 고

조선은 이를 바탕으로 주위의 여러 부족을 통합하여 세력을 크게 확장하였다. 또, 한반도 남부 지방에 위치한 진의 여러 나라와 중국의 한 사이에서 중계무역을 하면서 경제적인 이익을 얻어 부강해졌다.

– 국정 「중학교 국사」, 19쪽

서기전 4세기경 고조선이 요령 지방을 중심으로 만주와 한반도 북부를 잇는 넓은 지역을 통치하는 국가로 발전했다. 고조선은 위만이 등장하면서 철기문화가 확산되고 부강해지기 시작했다. 고조선의 2,000여 년 역사는 없고, 위만 이후에 고조선이라는 국가가 형성된다.

> 우리나라에 철기가 보급되기 시작한 것은 기원전 5세기경이었다. 처음에는 청동기도 함께 사용되었으나, 기원전 1세기경부터는 철기가 널리 보급되었다.

– 같은 책, 21쪽

서기전 5세기경에 철기가 보급되었으나 서기전 1세기경부터 철기가 널리 보급되었다고 한다. 앞서 본 대로 역사 교과서는 역사 시대를 문자 사용 이후로 보고 우리나라는 철기시대부터 문자를 사용한 것으로 추정하고 있다. 결국 우리나라의 역사시대는 서기전 1세기경부터 시작한 것이 된다.

> 고조선이 상성해지면서 한에 대항하는 세력으로 커가자, 한은 대군을 보내어 수도인 왕검성을 포위, 공격하였다. 위만의 손자인 우거왕은 막강한 한의 대군을 맞아 1년 동안 버티면서 잘 싸웠으나, 결국 왕검성이 함락되고 고조선은 멸망하였다(기원전 108).
>
> - 같은 책, 19쪽

그런데 역사시대의 초입에서 고조선은 멸망했다. 위만정권이 무너진 것을 고조선의 멸망이라고 했다.

> 우리 민족 최초의 국가인 고조선이 만주와 한반도 북부 지방을 중심으로 세력을 펼치다가 사라질 무렵, 그 주변 지역에서는 한민족의 또 다른 집단들이 부족 단위로 세력을 키워가고 있었다. 각 세력은 다른 부족과의 연합 또는 전쟁을 통해 세력을 확대하여 마침내 국가로 발전해나갔다. 만주 지방에는 부여와 고구려가 자리 잡고, 한반도 북부 동해안 지방에는 옥저와 동예가 자리를 잡았다.
>
> - 같은 책, 23쪽

고조선은 위만이 등장해 본격적인 역사를 펼치려다가 사라졌다? 고조선이 망할 무렵 그 주변에서 부여, 고구려 등의 국가가 등장했다? 천만의 말씀이다. 부여와 고구려는 원래 고조선의 거수국들이었다. 부여와 고구려는 고조선에 속해 있었고, 고조선을

계승한 나라들이다. 역사 교과서는 부여와 고구려 등을 고조선에
서 분리하고 있다. 그리고 위의 설명처럼 이때에 이르러서야 부여
와 고구려가 만주 지역에 자리를 잡는 것으로 서술했다. 국사편
찬위원회의 『한국사』를 보자.

> 특히 고조선이 중국과의 대립으로 일찍 소멸된 것에 비하여
> 부여는 비교적 오랜 기간 유지되어 후속하는 여러 정치체의
> 하나의 연원이 되었다. 즉 고구려와 백제는 부여의 별종으
> 로 기록될 정도이며 실질적으로 고구려와 백제의 왕실이 모
> 두 부여 계통임을 천명하고 있다. 또한 동명으로 대표되는
> 부여의 건국신화는 고구려와 백제가 모두 이를 공유하고 있
> 다. 그리고 부여는 주변의 동옥저와 읍루 등을 신속(臣屬)시켜
> 동북 지역 역사 전개의 중요한 축으로서 기능하였다. 부여는
> 급성장한 고구려 등 주변 정치세력의 영향으로 비록 중앙집
> 권적 국가로 성장하지는 못하였지만 우리 역사에 등장하는
> 여러 초기 국가의 성립과 성장에 큰 영향을 끼쳤던 것이다.
>
> ― 국사편찬위원회, 『한국사』 4, 탐구당, 2003, 6쪽

　이 글은 김정배(현 국사편찬위원장)가 썼는데 그 맥락을 잘 읽어야 한
다. 고조선은 국가로 성장하려다 일찍 소멸됐고, 부여가 우리 역
사에 등장하는 여러 초기 국가의 성립과 성장에 큰 영향을 끼쳤
다는 것이다. 부여가 우리 민족의 역사에 커다란 영향을 미친 것
은 사실이다. 그러나 그것은 부여가 고조선이라는 유구한 역사에

서 나왔기 때문에 가능했다. 부여는 고조선에 속하고 고조선을 계승한 나라였다. 그런데 국사편찬위원회의 『한국사』는 이러한 역사적 맥락을 사실대로 기록하지 않았다. 부여에 대한 송호정의 글이다.

| 이렇듯 부여의 세력이 커지면서 그곳에서 떨어져 나온 세력 집단이 고구려와 백제, 나아가 발해를 세웠다는 점에서 부여의 역사는 우리 고대국가의 출발점에서 중요한 디딤돌이었고, 부여족은 우리 겨레를 형성한 주요 종족의 하나가 되었다. 이것이 부여사를 주목해 보아야 하는 하나의 이유이다.
　　　　　　　　－ 한국고대사학회, 『한국고대사 연구의 새 동향』, 서경문화사, 2007, 17쪽

　부여의 역사는 "우리 고대국가의 출발점에서 중요한 디딤돌"임은 분명하지만, 고조선이 그 출발점임을 잊어서는 안 된다. 한편 부여, 고구려가 등장하며 우리 역사가 시작한 것일까? 역사 교과서의 시나리오는 절정을 향해 치닫는다. 더욱 충격적인 역사 교과서의 비밀들이 우리를 기다리고 있다.

　우리는 지금 자국사를 주변사로, 역사 없는 문명사로 시작하는 역사 교과서를 살피고 있다. 역사 교과서를 보면 한국은 뒤로 빠지고, 중국과 일본이 주체로 등장한다. 국사편찬위원회의 『한국사』를 보자.

| 철기시대 전기(기원전 300~기원전 1)는 위만조선(기원전 194~기원전 108)

의 국가 형성과 낙랑군의 설치(기원전 108~서기 313)가 중복되어 있어 한국에 있어 사실상 역사고고학의 시작 단계이다. 이 세기에는 토광묘, 한지와 칠기문화기 들이오며 후일 칠기시대 후기(서기 1~300)에 속하는 서기 372년(고구려 소수림왕 2년) 불교의 유입과 함께 한국의 문화는 조선시대 한일합방(1910) 때까지 거의 전역이 중국권으로 접어들게 된다.

- 국사편찬위원회, 『한국사』 1, 탐구당, 2003, 105쪽

고고학자 최몽룡이 쓴 글이다. 역사학계와 고고학계는 서기전 2세기경의 '위만조선'을 우리 민족 최초의 국가라고 한다. 그리고 이때부터 1910년 한일병합 때까지 한국의 문화는 거의 전역이 중국권에 접어들었다고 한다. 중국 황하문명의 영향을 받는 주변부로 우리 역사를 그린 역사 교과서의 첫 지도를 떠올려보자(22쪽 지도 참조). 앞서 그 지도가 "역사 교과서의 역사관과 서술의 방향을 상징적으로 표현하고 있다."고 했다. 1910년 이후는 일제 강점기에 들어가므로 한국사의 주체는 중국과 일본인 것이다. 엄청난 규모의 예산과 인력이 역사 교과서 편찬에 투입되었다. 역사 교과서에 수록된 모든 지도는 결코 우연히 들어간 것이 아니다.

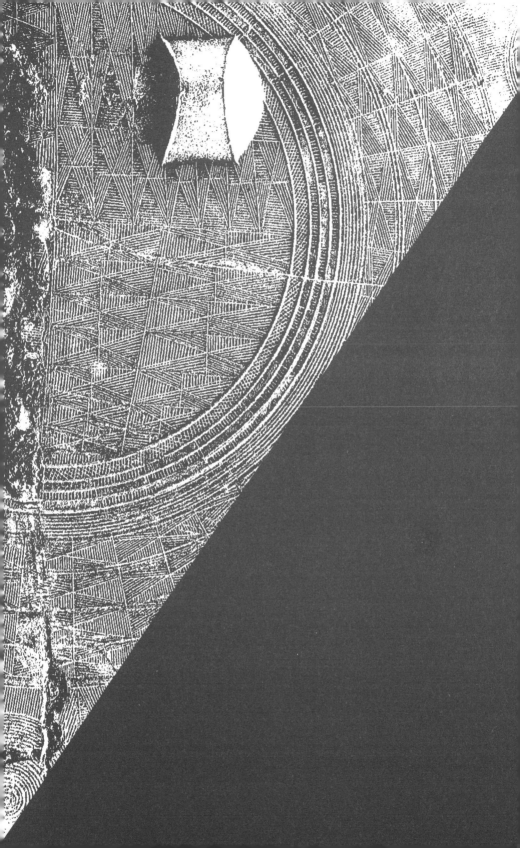

2장.

중국사로 둔갑한
한국사가 위험하다

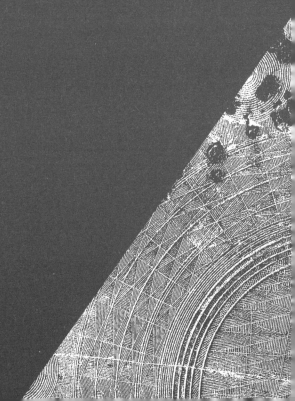

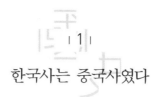

| 1 |
한국사는 중국사였다

한국사가 중국 변방사라는 국사편찬위원회

우리는 우리 역사를 한국사로 생각한다. 그러나 한국 역사학계
와 역사 교과서는 우리 역사를 중국사로 본다. 앞서 우리는 한국
사의 모든 것이 중국의 영향과 지배로 이루어진 역사라는 역사
교과서를 확인했다. 2장에서는 우리 역사가 '중국의, 중국에 의한,
중국을 위한' 역사였음을 자세히 살펴본다. 그리고 이것이 궁극적
으로 도달하는 곳이 일본이라는 사실을 끝까지 추적해보겠다. 국
사편찬위원회가 온라인을 통해 세계에 서비스하고 있는 『한국사』
를 보자.

| 한민족문화의 원류를 논하면서 동아시아에서 가장 선진한

중국문명의 요소를 논하지 않는다면 상식적이 아닐 것이다. 한사군의 설치에 의한 본격적인 중국문명의 보급은 일단 차치하더라도 진한(辰韓)의 주민이 진말(秦末)의 전란을 피하여 온 중국의 유민이었다든가 위만이 연(燕)의 유민 집단을 이끌어 조선으로 들어왔다는 것도 중국문화가 한민족문화를 형성한 중요한 일부였음을 말해준다. 한민족의 문명적 발전에 가장 영향을 준 것은 역시 중국문명일 것이다. 기자조선은 바로 그 초기 중국문명의 수용 내지 이식을 강조하기 위하여 주장된 것이었다. 그러나 은말 주초 조선이란 국호 또는 지명이 존재하였는지도 의문이지만, 주초 대릉하 유역에 나타난 기족(箕族)의 일지(一支)도 은주 문명을 체계적으로 대거 이식하는 역할은 하지 못하였고, 이것은 역시 한사군의 설치 이후에 속하는 것 같다. 그 결과 예맥족은 중국 문명의 외곽에서 또 다른 문명권에 참여하면서 발전하였다. 새로운 위씨 왕조는 유이민 집단과 토착 고조선인 세력을 함께 지배 체제에 참여시켜 양측 간의 갈등을 줄이고 정치적 안정을 도모했다. 그리고 유이민 집단과 함께 전래된 중국 문물을 수용하며 그 군사력을 강화해 나갔다. 한편으로는 한반도 남부 여러 소국 및 부족들의 한(漢)나라와의 교역을 통제하면서 중계무역의 이득을 취했다. 이렇게 하여 강화된 힘을 바탕으로 인근의 진번·임둔 등의 집단들을 복속시키며 신흥국가로서의 활기찬 모습을 나타냈다.

- 국사편찬위원회, 『신편 한국사』, 한국사데이터베이스

이 글은 이성규(서울대 명예교수)가 썼다. 국사편찬위원회가 발간한 『한국사』를 인터넷으로 서비스하는 것이 한국사데이터베이스이다. "한민족의 문명적 발전에 가장 영향을 준 것은 역시 중국문명일 것이다." 중국이 한국사의 주체다. 단순히 문명의 교류를 말하는 것이 아니다. "한사군의 설치에 의한 본격적인 중국문명의 보급은 일단 차치하더라도" 중국의 식민정책으로 한국의 문명이 본격적으로 시작되었다는 조선총독부 논리 그대로다. 국사편찬위원회 주장에 의하면 한국사는 중국이 통치한 한사군에서 출발한다. 이 글에 '우리' 자를 넣어보겠다.

> 한민족문화의 원류를 논하면서 동아시아에서 가장 선진한 (우리) 중국 문명의 요소를 논하지 않는다면 상식적이 아닐 것이다. 한사군의 설치에 의한 본격적인 (우리) 중국 문명의 보급은 일단 차치하더라도 진한(辰韓)의 주민이 진말(秦末)의 전란을 피하여 온 (우리) 중국의 유민이었다든가, 위만이 연(燕)의 유민집단을 이끌어 조선으로 들어왔다는 것도 (우리) 중국 문화가 한민족문화를 형성한 중요한 일부였음을 말해 준다. 한민족의 문명적 발전에 가장 영향을 준 것은 역시 (우리) 중국 문명일 것이다. 기자조선은 바로 그 초기 (우리) 중국 문명의 수용 내지 이식을 강조하기 위하여 주장된 것이었다. 그러나 은말 주초 조선이란 국호 또는 지명이 존재하였는지도 의문이지만, 주초 대릉하 유역에 나타난 기족(箕族)의 일지(一호)도 은주 문명을 체계적으로 대거 이식하는 역할

은 하지 못하였고, 이것은 역시 (우리) 한사군의 설치 이후에 속하는 것 같다. 그 결과 예맥족은 (우리) 중국문명의 외각에서 또 다른 문명권에 참여하면서 발전하였다. 새로운 위씨 왕조는 유이민 집단과 토착 고조선인 세력을 함께 지배체제에 참여시켜 양측 간의 갈등을 줄이고 정치적 안정을 도모했다. 그리고 유이민 집단과 함께 전래된 (우리) 중국 문물을 수용하며 그 군사력을 강화해 나갔다. 한편으로는 한반도 남부 여러 소국 및 부족들의 (우리) 한(漢)나라와의 교역을 통제하면서 중계무역의 이득을 취했다. 이렇게 하여 강화된 힘을 바탕으로 인근의 진번·임둔 등의 집단들을 복속시키며 신흥 국가로서의 활기찬 모습을 나타냈다.

중국의 유이민이 한국의 문명을 일으키고, 중국의 식민통치로 한국은 신흥국가로서 활기찬 모습을 나타내게 된다. 고조선, 부여, 고구려, 발해가 중국사라는 '중국사편찬위원회'의 글이라 해도 무방할 정도다.

역사 교과서는 국사편찬위원회에서 편찬해왔고, 지금은 역사 교과서를 검정 심사한다. 문제는 국사편찬위원회의 주장이 1차 사료나 고고학적 자료에 근거한 사실이 아니라는 점이다. '해석'은 사실을 전제했을 때에만 의미가 있다. 사실을 임의적으로 설정하고, 그에 따른 해석을 하는 것은 역사가 아니다. 역사 교과서를 보고 한국사를 탐험하면 종착지가 중국이나 일본으로 귀결된다. 중화주의와 황국사관의 뿌리가 그만큼 깊다.

앞서 본 노태돈의 최근작 『한국고대사』다. 여기에도 '우리' 자를 넣어 보겠다.

| 위만 집단 등 (우리) 중국계 유이민은 이미 철기문화와 (우리) 한나라의 발달한 문물제도를 경험한 바 있으므로, 일단 (우리) 한과의 안정된 관계가 맺어진 뒤 (우리) 한의 철제 무기를 지원받아 이를 활용하여 주변 지역으로 팽창을 도모하였다. 임둔, 진번 등의 집단을 병합하였으며, 동해안의 옥저를 압박하고 압록강 중류 지역 주민 집단에 영향력을 확대하였다. 아울러 서북으로 세를 뻗쳐 몽골고원의 흉노와 교류를 도모했던 것 같다. 남으로는 한강 이남의 토착 집단과 (우리) 한을 중개하는 무역 활동을 통해 이를 취하였다. 신흥 위만조선의 성립과 발전은 (우리) 북중국을 중심으로 한 철기문명이 사방으로 그 영향력을 확대해 나가면서 일으킨 파동과 깊은 연관성을 지닌다.

— 노태돈, 『한국고대사』, 경세원, 2014, 41~42쪽

중국 문명이 사방으로 영향력을 확대해 나가면서 일으킨 파동으로 한국사가 시작된다는 것이다. 역사 교과서의 맥락과 일치한다. 물론 이런 추론을 뒷받침하는 1차 사료와 고고학 자료는 없다. 위만은 『사기』 「조선열전」에 등장은 하지만, 그를 통해 철기문화와 선진 문물이 들어왔다는 근거는 없다. 위만과 관련한 고고학적 유물이나 유적도 발견된 것이 없다. 1차 문헌사료에 의하면

연나라에서 온 위만이 있었던 곳은 대륙이지 한반도 평양 일대가 아니었다. 앞으로도 위만의 유물·유적이 한반도에서 나오기는 힘들 것이다. 낙랑문화를 연구해온 오영찬(이화여대 교수)의 글이다.

| 고조선의 마지막 단계인 위만조선 시기의 중심지는 어디인가? 위만조선 단계가 되면 『사기』 「조선열전」을 통하여 정치 체제 등 앞 시기에 비해 상대적으로 훨씬 많은 정보를 접할 수 있다. 그러나 문헌에서 위만조선의 실체는 명료하게 기술되어 있지만 고고학적으로는 여전히 불분명한 점이 많다. 즉 위만조선의 국가적 실체를 증명해줄 만한 기원전 2세기대의 고고학적 증거들을 충분히 찾지 못하고 있는 형편이다. 기원전 1세기대 이후 평양 일대 낙랑군 관련 유적을 통하여 위만조선의 실체를 역으로 추정하는 것이 일반적이다. 위만조선이 멸망할 당시 수도는 왕검성임이 분명하며, 그 자리에 낙랑군 조선현이 설치되었으므로, 평양 일대에서 발굴 조사된 낙랑군 관련 유적으로 통해 볼 때, '왕검성=낙랑군 조선현=평양'이 자연스럽게 인정된다는 것이다. 바로 이러한 입론이 평양설이나 이동설의 근간이 되는 것이다.

− 한국고대사학회, 『한국고대사 연구의 새 동향』, 서경문화사, 2007, 187〜188쪽

위만국의 실체를 증명하는 고고학적 발굴이 없어서 낙랑군을 통해 이를 역추적하는데, 조선총독부가 조작한 대로 낙랑군이 평양 일대에 있었다고 전제한다. 원점에서 맴돌고 있는 것이다. 우

주를 거북이가 떠받치고 있다는 결론을 벗어나지 않는 것이다. 위만국과 낙랑군의 유물이 제대로 연구될 수가 없다.

조선총독부는 위만정권보다는 한사군 중심지인 낙랑군에 관심을 집중했다. 조선총독부는 위만정권을 중국의 식민지로 봤지만, 일제가 본 식민지의 정점은 낙랑군이었다. 그럼 역사학계는 어떤 근거에서 이 같은 주장을 할까? 노태돈에 앞서 한국고대사 학계를 상징했던 이기백의 『한국사신론』을 보자. 이기백은 한국 역사학계의 태두로 불리는 이병도의 수제자로 서울대 사학과를 졸업하고 서강대와 한림대 한림과학원 교수를 역임했다. 그는 수십 년간 역사학계의 수장 노릇을 했다. 『한국사신론』은 1960년대 이후 한국 통사의 대명사였다. 이 책은 역사 교과서의 원전이고 공무원 시험의 필독서로 한국 통사 사상 최다판매 기록을 보유한 것으로 알려졌다.

> 이 B. C. 4세기경에는 중국의 철기문화를 받아들이게 되었으므로, 고조선은 더 한층 국가적인 발전을 이룩하였다고 생각된다.
>
> — 이기백, 『한국사신론』, 일조각, 2001, 31쪽

그러나 고조선이 B. C. 4세기경에 중국의 철기문화를 받아들였다는 문헌사료와 고고학적 자료는 없다. 고조선이 이때 더 한층 국가적 발전을 이룩하였다는 전거도 없다. '그렇게 생각된다'는 것이 이기백이 제시한 근거의 전부다.

| B. C. 4세기에서 3세기로 바뀔 무렵에 행해진 연의 침략에
서 비롯하여 중국의 정치적·군사적·경제적 세력은 쉬지 않
고 침투해 들어오고 있었다. 이러한 대세의 추이가 드디어는
위만으로 하여금 중국인 유망민 세력을 배경으로 하는 새로
운 왕조를 건설케 한 것이다. 그러나 위만은 중국으로부터의
망명인이었을 뿐이므로 그의 왕조는 중국의 식민 정권은 아
니었다. 그는 자기의 허약한 왕권을 유지하기 위하여 고조선
의 토착세력과 결합할 필요가 있었다. '상(相)'이라는 직명으로
나오는 인물들이 바로 그러한 토착세력가였던 것으로 생각된
다. 그러므로 위만조선은 비록 철기문화에 보다 친숙한 중국
인 유망민의 세력을 배경으로 했다고 하더라도 중국인의 식
민정권일 수는 없다. 오히려 고조선인의 세력을 바탕으로 한
연맹왕국인 정권이었다.

- 같은 책, 34쪽

"B. C. 4세기에서 3세기로 바뀔 무렵에 행해진 연의 침략에서
비롯하여 중국의 정치적·군사적·경제적 세력은 쉬지 않고 침투
해 들어오고 있었다. 이러한 대세의 추이가 드디어는 위만으로 하
여금 중국인 유망민 세력을 배경으로 하는 새로운 왕조를 건설
케 한 것이다." 도대체 이 문장을 쓸 때 어떤 사료를 근거로 삼았
는지 궁금하다. 이 같은 사료는 아직까지 발견된 바가 없다. 반면
사실이 아니라는 문헌사료와 고고학적 증거는 속속 발견되고 있
다. 위만이 오기 전의 고조선은 연과 대립하고 있던 강성한 나라

였다. 위만이라는 유망민이 새로운 왕조를 건설한 배경이 결코 아니었다, 위만정권의 성격이 식민정권인가 연합정권인가는 마음대로 추정할 문제가 아니라 사료에 근거해서 판단할 문제다. 일어나지도 않은 살인사건을 두고 그것이 우발적인 사건이었는지, 치밀한 계획에 따른 살인이었는지 심각하게 논하는 꼴과 같다.

위만이 고조선에 올 때 상투를 틀고 조선인의 옷을 입었다는 것을 어떻게 볼 것인가 이전에, 한국사에서 차지하는 위만정권의 성격과 위상, 시각을 우선 1차 사료에 근거해서 살펴야 한다. 위만이 오기 전에 고조선의 역사는 어떠했는가. 과연 위만은 고조선을 계승한 권력자였는가 하는 점이 무엇보다 중요하다. 『한국사신론』에는 고조선 지도가 없다. 단군조선을 역사적 사실로 보지않기 때문이다. 다만 130쪽과 같은 지도가 있을 뿐이다.

'크롬웰의 초상'과 '한의 알렉산드리아'

이기백이 보기에는 위만조선이 우리 역사 최초의 국가인 것이다. 한편 위만정권이 식민정권이 아니라고 주장한 이기백은 한사군을 어떻게 봤을까?

| 한의 군현이 그들의 식민정책을 수행한 중심지는 낙랑군이었다. 그 낙랑군에는 군태수 이하의 관리와 상인 등 한인이와 살면서 일종의 식민도시를 건설하고 있었다. 그들의 생

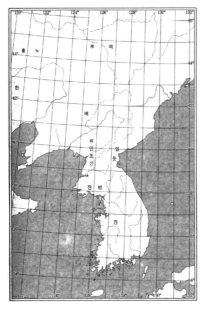

수십 년 간 한국 역사학계의 수장 노릇을 했던 이기백이 쓴 「한국사신론」에 실린 〈위만조선 시대도〉. 이 책에는 단군왕검이 세운 고조선 지도가 없다.

활상의 대략은 낙랑군치로 생각되는 평양 서남쪽 강 맞은편의 토성리 유적이 발굴 조사된 결과 짐작할 수 있게 되었다. 또, 그 부근에 있는 그들의 목곽분과 전축분에서 나오는 각종 부장품을 통하여 식민도시에서 번영한 한인 관리나 상인들의 생활이 호화로운 것이었음을 알 수 있게 되었다. 이러한 유물 중에는 군치에서 만들어진 것도 있었지만 오히려 중국에서 가져온 것이 대부분이었다. 그러므로 이 낙랑문화는 한인에 의한 문화였으며, 만일 그 제작 과정이나 사용자만을 문제로 한다면 고조선인과는 아무런 관계도 없는 것이었다. 호화로운 식민도시의 건설에도 불구하고, 한의 식민정책은 심한 정치적 압박을 수반하는 것은 아니었던 듯하다. 그들은

고조선인의 거주지와는 따로 떨어져 살면서 어느 정도의 통
제를 가할 뿐, 비교적 관대한 정치적 자유를 고조선인은 누
리고 있었다고 생각된다

– 같은 책, 37쪽

평양에 있었던 식민통치기관 낙랑군, 호화로운 생활, 한인에 의
한 낙랑문화, 호화로운 식민도시 건설, 정치적 자유…….

이 가운데 사실로 밝혀진 것은 하나도 없다. 그렇다면 이 주장
의 전거는 뭘까? 이기백의 스승인 이병도의 『국사대관』이다. 이기
백의 『한국사신론』 이전에 역사 교과서의 교본이었던 책이다.

| 낙랑·대방 2군은 서해안지대에 위치하여 한(漢) 본토와의 연
속관계가 가장 밀접하고 그중에도 낙랑은 동방군현의 중추
로 가장 오랜 역사를 가졌던 만큼 한의 관리, 상인, 기타 지
식분자, 부호, 농민군이 연속 내주(來住)하였으니 한의 물질문
명 내지 정신문명은 자연 물 흐르듯 들어와 특히 도시를 중
심으로 일개의 문화를 형성하였다. 그래서 낙랑의 수부(首府.
지금의 대동강 남안의 토성리 일대―원저자주)는 마치 한의 알렉산드리아
라고 말할 수 있었다. 당시 도시의 번영과 도민생활의 화사(華
奢)한 풍과 미술 공예의 진보가 어떠하였는가는 근래 발견되
는 그 시대의 유물을 통하여 알 수 있다.

– 이병도, 『신수 국사대관』, 보문각, 1961, 41쪽

'한나라'를 '일본 제국'으로, '낙랑'을 조선총독부가 있었던 '경성' 등으로 바꿔보겠다.

| 경성과 인천은 서해안지대에 위치하여 일본 제국 본토와의 연속관계가 가장 밀접하고, 그중에도 경성은 조선총독부의 중추로 가장 오랜 역사를 가졌던 만큼 일본 제국의 관리, 상인, 기타 지식분자, 부호, 농민군이 연속 내주(來住)하였으니 일본 제국의 물질문명 내지 정신문명은 자연 물 흐르듯 들어와 특히 도시를 중심으로 일개의 문화를 형성하였다. 그래서 경성의 수부(首府)는 마치 일본 제국의 알렉산드리아라고 말할 수 있었다. 당시 도시의 번영과 도민생활의 화사(華奢)한 풍과 미술 공예의 진보가 어떠하였는가는 근래 발견되는 그 시대의 유물을 통하여 알 수 있다.

이병도의 『국사대관』은 역사 교과서의 원전이다. 이병도는 고대에 중국이 한국에 문명을 전해주었듯이 일본 제국이 조선에 선진 문명을 전해줬다고 말하고 싶은 것이다. 『국사대관』에 의하면 한사군은 조선총독부와 같은 존재였다. 오른쪽 지도는 『국사대관』에 실린 첫 번째와 두 번째 지도다.

『국사대관』에 의하면 한국의 역사는 위씨조선으로부터, 본격적인 역사의 전개는 한사군으로부터 시작한다. 이병도는 아직도 역사 교과서와 거의 대부분의 한국 통사의 나침반이다. 역사학회에서 발간한 책에 이기백의 역사학에 대한 평가가 있다.

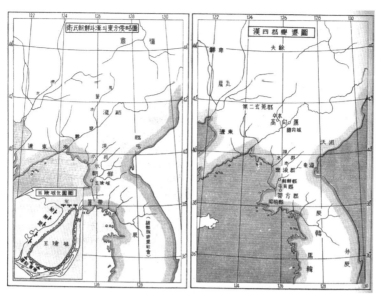

이병도가 쓴 『국사대관』에 실린 〈동방 위씨조선과 한의 동방침략도〉(왼쪽)와 한사군 지도(오른쪽). 위씨조선과 한사군을 우리 역사의 출발로 보고 있다. '동방'이란 단어도 한나라를 주체로 표현한 것이다.

한국사에 있어서 사관의 확립이 중요하고 또 시급한 것이며 아울러 사학사의 정리 또한 시급한 요소들이다. 선학들의 사관을 부분적으로는 언급한 것이 있지만 전체적으로는 아직도 확실한 체계를 세운 것이 없었던 바, 이번에 이기백 씨는 『Historical View of Nationalism in Korea under Japanese Occupation』(*Journal of Social Sciences and Humanities No. 27*)에서 근대 특히 일제 침략 하에서의 한국사학가들의 민족주의사관을 종람하였다. 일제하에 있어서 한국의 근대적인 사상의 정상적인 발전이란 이민족의 침략으로 인해서 불가능하였다고 보았다. 그렇지만 민족주의사상은 20세기 한국사상의 주류로서 과거에 대한 반성을 나타내고 있다는 것이다. 그런 점에서 민족주의자들이 갖고 있는 한국사관을 분류하여 첫째 국수주의사관에는 신채호를 들고, 고유사상을 강조하는 신채호의 배타적 민족주의사관은 정치적 독립을 최대의 목표로 하던 당시의 민족적 현실에 말미암은 것이라 했다. 그러나 이 국수주의사관은 민족의 일원으로서 지니는 보편성을 외면하는 결과를 가져왔으며 보편성의 인식이 민족적인 신념을 더 굳게 할 수 있는 점을 알지 못했다고 지적, 발전적인 사관을 이해하지 못했다고 지적했다.

– 역사학회, 「한국사 회고와 전망」 1, 국학자료원, 1996, 95쪽

이기백은 신채호를 국수주의자, 배타적 민족주의자로 몰았다. 신채호를 완전히 왜곡한 것이다. 신채호는 아나키스트였다. 그렇기 때문에 일제에 철저하게 맞서 싸웠다. 그의 역사학은 일제의 어용사가들과는 비교할 수 없는 경지에 있었다. "세계 철갑선의 비조는 1592년경 조선 해군대장 이순신"이라는 영국 해군성 보고서에 대해 신채호는 이렇게 말했다.

| 그리고 조선의 집필자들은 이를 과장하기 위하여 그 보고서를 그대로 인용함으로써 조선과 일본 중 어느 나라가 먼저 철갑선을 만들었는가 하는 것이 암암리에 논쟁거리가 되었다. 일본인의 말은 아무런 분명한 증거도 없는 거짓 주장인지라 반박할 가치조차 못 되거니와, 이충무공전서에서 설

명한 거북선의 제도를 보면, 배를 목판으로 덮었지 철판으로 덮었던 것은 아닌 듯하므로, 이순신을 장갑선의 비조라고 할 수는 있어도 철갑선의 비조라고 할 수는 없을 것이다. 철갑선의 창제자라고 하는 것이 장갑선의 창제자라고 하는 것보다 더 명예로운 것이기는 하지만, 창제하지 않은 것을 창제하였다고 하면, 이것은 진화의 단계를 어지럽힐 뿐이다.

– 신채호, 『조선상고사』, 박기봉 옮김, 비봉출판사, 2006, 73쪽

단재는 이토록 사실과 진실에 철저했다. 이순신은 민족 최고의 영웅이고, 당시는 일제와 맞서 싸우던 때였는데도 사료에 근거해 '이순신은 철갑선을 창제하지 않았다'고 사료 비판했다.

> 크롬웰은 화가가 자기의 초상화를 그릴 때 왼쪽 눈 위에 있는 혹을 빼고 그리려고 하자 이를 허락하지 않으며 말하기를, "나를 그리려면 나의 본래 모습대로 그려라."고 하였다. 이 말은 화가가 그에게 잘 뵈려고 아첨하는 것만 야단친 것이 아니라 곧 자기의 진상을 잃어버리게 될까 봐 염려한 것이다. 그러나 조선사를 쓴 이전의 조선의 사가들은 언제나 조선의 혹을 빼어버리고 조선사를 쓰려고 하였다.
>
> – 같은 책, 33~34쪽

혹을 떼고 그리면 진정한 모습이 아니듯, 조선사도 진실 그대로 써야 한다는 것이 신채호의 확고한 신념이었다. 진실을 잃으면 모

든 것을 잃게 된다는 것을 그는 누구보다 정확하게 알고 있었다. 윤내현이 신채호, 정인보, 장도빈 등 독립혁명가들의 역사학에 대해 한 말이다.

| 학계에서 만주 지역을 언급한 분은 신채호, 정인보, 장도빈 등 소위 민족주의 사학자들인데, 해방 후 우리 사학계는 그분들의 연구를 인정하지 않았어요. 그냥 독립운동 하던 분들이 애국심, 애족심에서 만들어낸 이야기쯤으로 취급했죠. 물론 그분들의 연구에는 각주가 없기 때문에 무슨 근거로 그런 주장을 했는지 알 턱이 없습니다. 예를 들어 정인보 선생의 『조선사연구』에는 '고조선의 국경은 고려하다'라고 되어 있는데 문헌에는 도대체 '고려하'란 지명이 나오질 않아요. 신채호 선생의 『조선상고사』에도 고조선의 서쪽 끝이 '헌우락'이라고 하는데 헌우락이 어딘지 알 길이 없으니 아예 무시한 겁니다. 그런데 중국 문헌을 찾다보니 『요사(遼史)』에 헌우락이 나오더군요. 또 옌칭에서 중국 고지도를 뒤지다가 '고려하'라는 강명을 발견했습니다. 대릉하에서 북경으로 조금 가면 '고려하'가 있고, 상류에 고려성터가 있었다고 합니다. 일제시대 만주에 살던 분들께 물어보니 고려성터가 있고 일본이 세운 팻말도 있었다고 하더군요. 신채호, 정인보 선생은 현지답사도 하고 문헌도 보았던 겁니다. 우리가 거들떠보지 않는 동안 북한이 그 학설을 이어받았습니다.

ㅡ 「신동아」 2003년 12월 인터뷰 기사 중에서

단재는 모든 사료를 섭렵하기 위해 노력했고 현지답사에 치열했다. 하나의 사실을 확인하기 위해 사료를 수천 번씩 읽던 그는 "당지에 가서 집안현을 한 번 본 것이 김부식의 고구려사를 만 번 읽는 것보다 낫다."면서 현장을 확인했다.

> 위씨가 망하자 한이 그 땅을 나누어 진번·임둔·현도·낙랑 등 사군을 설치하였다고 하였는바, 사군의 위치 문제는 삼한의 연혁 문제에 대한 논쟁 못지않은 조선사상 논쟁거리가 되어 왔다. 만번한·패수·왕검성 등 위씨의 근거지가 지금의 만주 해성·개평 등지일 뿐만 아니라(이에 대하여는 제2편 제2장에서 이미 상술하였음-원저자주), 당시에 지금의 개원 이북은 북부여국이었고, 지금의 흥경 이동은 고구려국이었으며, 지금의 압록강 이남은 낙랑국이었고, 지금의 함경도 내지 강원도는 동부여국이었으니, 위의 4개 나라 이외에서 한사군을 찾아야 할 것인즉, 사군(四郡)의 위치는 지금의 요동반도 이내에서 구할 수 있을 뿐이다.
>
> — 신채호, 『조선상고사』, 박기봉 옮김, 비봉출판사, 2006, 192쪽

단재는 현지를 답사하고, 1차 사료를 분석하며 역사를 연구했다. 한사군의 위치는 한반도에 있을 수가 없고 요동에서만 구할 수 있는 것이었다. 위만국이 평양 일대에 있었다는 근거 제시 없는 주장을 그는 결코 인정하지 않았다. 고조선의 강역이 넓고 위대했다는 바람으로 이 같은 주장을 한 것이 아니었다. 그가 추구

한 것은 역사의 진상이었다.

> 근일 일본인이 낙랑 고분에서 간혹 한대의 연호가 새겨진 기
> 물과 그릇을 발견하고, 지금의 대동강 남안을 위씨의 고도,
> 곧 후에 와서 낙랑군의 치소라고 주장하나, 이따위 기물이나
> 그릇들은 혹시 남낙랑이 한과 교통할 때에 수입한 기물 또
> 는 그릇이거나, 그렇지 않으면 고구려가 한과의 전쟁에서 이
> 겨서 노획한 것들일 것이다. 이런 것으로써 지금의 대동강
> 연안이 낙랑군의 치소였다고 단언할 수는 없는 것이다.
>
> — 같은 책, 199쪽

일제는 유물을 조작해 위만국과 낙랑군이 평양 일대에 있었다
고 확정했다. 그러나 허무맹랑한 조작과 논리는 단재에게 통하지
않았다. 단재의 주장은 일찍이 북한학계에 의해 객관적으로 입증
되었고, 남한에서도 그 사실성이 다각도로 확인되었다. 단재가 사
료 비판하는 예를 하나 보겠다. 고구려와 한의 전쟁에 대한 중국
문헌에 대한 사료 비판이다.

> 이와 같이 9년 간 양국 사이에 혈전이 있었다면, 사마천은 왜
> 『사기』「조선열전」에 이 사실을 기록해놓지 않았을까? 이는 다
> 름이 아니라 '爲中國諱恥'(위중국휘치, 중국에게 수치스런 일은 감춤)가 공
> 자의 춘추 이래 중국 사가들이 떠받드는 유일한 원칙, 곧 종
> 지(宗旨)가 되었을 뿐만 아니라, 『삼국지』「왕숙전」에 의하면,

"사마천이 『사기』에 경제와 무제의 잘잘못을 있는 그대로 썼
더니, 무제가 이를 보고 대로하므로, 「효경본기」와 「금상본기
(今上本紀:즉 武帝本紀-원저자주)」 두 편을 삭제하였으나, 이로 말미암
아 그 뒤에 사마천은 불알을 까는 궁형에 처해졌다."고 하였
다. 고구려에 대한 전쟁 패배는 한 무제처럼 무력을 숭상하
는 자[尚武者]에게는 유일하게 치욕으로 여기는 일이므로 스스
로 감추는 것이었는데, 만일 이 일을 있는 그대로 썼더라면
불알 까이는 궁형뿐 아니라 목이 달아나는 참형까지 당하였
을 것이니, 그것을 뺀 것은 고의일 것이다. 그리고 『사기』「평
준서(平準書)」에서 그 사실을 언뜻 비추었으나 "彭吳, 賈滅朝鮮
(팽오, 가멸조선)"이라 하여 조선을 멸망시킨 것처럼 쓴 것 또한 그
당시의 권력자가 싫어하는 바를 피하기 위해서였을 것이다.
그리고 『한서』「식화지」에서는 그 사실이 너무 진실과 동떨어
진 것이라고 하여 '滅(멸)' 자를 '穿(천)' 자로 고쳤으나, 그 전부
를 사실대로 기록하지 못한 것은 사마천과 마찬가지이다.

— 같은 책, 187쪽

중국의 사서는 공자의 춘추 이래 '위중국휘치(爲中國諱恥)'의 원칙에
서 기록했기 때문에 행간의 맥락과 이면을 읽어야 한다. 고구려와
한의 전쟁을 볼 때도 이런 사료 비판이 있어야 한다. 그리고 사마
천을 알아야 하는 것처럼 사서의 기록자를 살펴야 한다.

이기백은 스승 이병도를 따라 신채호의 과학적인 역사학을 '신
념에 찬 관념주의', '국수주의', '배타적인 민족사관'으로 매도했다.

역사학계·고고학계는 이 시각을 유지하고 있다. 그러나 이기백의 평가는 오히려 이병도에게 부합한다. 그가 따른 스승들이야말로 황국사관에 입각한 '신념에 찬 관념주의', '국수주의', '배타적인 민족사관'에 빠진 이들이었다.

학생들은 대학에 가서도 초·중·고 시절에 배운 내용을 반복해 익힌다. 위만이 원시 상태에 있던 고조선에 중국 문물을 들여와 한국사는 신흥국가로 활기찬 모습을 나타내기 시작했다고(122쪽 참조) 학생들은 또 암기한다. "과연 누구를 위한 누구의 역사인가?" 역사 교과서와 한국의 대표적인 통사들을 읽을 때마다 떠오르는 생각이다.

| 2 |
주변부 반도사로 시작하는 역사 교과서

육교에는 사람이 살지 않는다, 다만 거쳐갈 뿐이다

무심코 보지만 평생을 통해 의식을 지배하는 표현들이 있다. 142쪽 지도를 보고 어떤 생각이 드는가?

1978년 국정교과서주식회사에서 발간한 고등학교 『역사부도』에 나오는 지도들이다. 세계의 중심은 유럽이고 한국은 변방에 있다. 학생들은 이 지도를 보고 자신을 역사의 주체로 보지 않을 것이다. 가운데 지도는 유럽이 다른 나라를 식민지 지배한 역사를 '지리상의 발견'이라고 했다. 맨 아래 지도는 황하문명을 강조했다. 우리나라 역사 교과서는 학생들에게 '객체가 되라'고 주입하고 있다. 이 시각이 지금까지 이어지고 있다.

143쪽 지도는 7차 교육과정에 따른 국정 『고등학교 국사』의 두

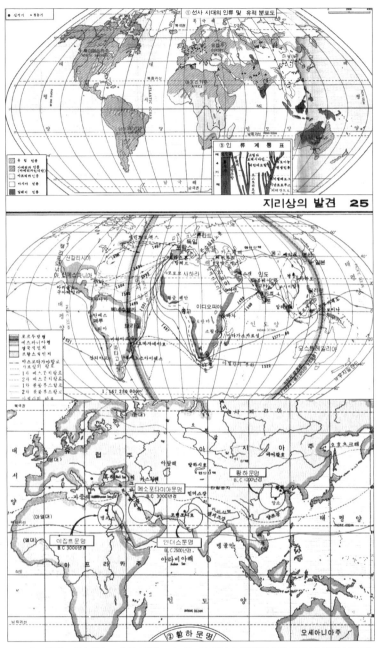

1978년 고등학교 『역사부도』에 등장하는 지도들. 맨 위부터 〈선사시대의 인류 및 유적 분포도〉, 〈지리상의 발견〉, 〈4대 문명 발생지〉.

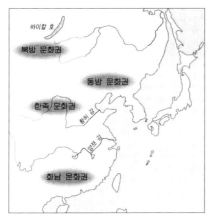

국정 『고등학교 국사』에 실린 〈선사시대의 문화권〉 지도. 한족 문화권을 중심으로 표현했다.

번째 지도다. '우리 민족의 기원' 항목에 실린 이 지도 역시 중국을 중심으로 표현했다. 한족 문화권을 기준으로 '북방'과 '동방', '화남' 문화권을 설정했다.

지도는 전체 역사를 한눈에 보여주는 강력한 힘이 있다. 지도가 표현한 공간이 현실을 규정하고, 새로운 개념을 형성한다. 지도는 복잡한 세계를 단순하게 표상하는 결정적인 프레임이다. 실물 그대로인 지도는 없다. 실물과 같은 크기의 지도는 불가능하고 필요치도 않다. 한 사람을 그대로 재현할 수 없듯이 지도 역시 마찬가지다. 모든 존재가 그런 것처럼 모든 지도도 고유한 가치와 목적이 있다. 지도는 목적에 따른 다양한 정보를 제공하며, 특정한 세계관과 역사관, 우주관을 표상한다.

지도에는 만든 사람의 목적과 의도, 그가 속한 사회의 시각이 담겨 있다. 아프리카가 밑에 있고, 유럽이 위에 있는 지도는 유럽의 시각에서 본 지도다. 지구는 둥글다. 위아래와 좌우가 따로 있지 않다. 모든 존재는 자신을 중심으로 세상을 본다. 그런데 역사 교과서 지도(143쪽 지도 참조)는 중국이 중심이고 중화문명을 중심으로 문화권을 표현했다. 게다가 자세히 보면 한국사는 동방문화권에서도 벗어나 있다. 이 지도는 무슨 말을 하고 있을까? 좌도우사(左圖右史), 지도를 보며 역사를 살펴보자.

22쪽 지도와 143쪽 지도와 함께 실려 있는 역사 교과서 본문은 다음과 같다.

> 우리나라에 사람이 살기 시작한 것은 구석기시대부터이며, 신석기시대에서 청동기시대를 거치면서 민족의 기틀이 이루어졌다. 어느 나라 역사에 있어서나 모든 종족은 인근에 사는 종족과 교류하면서 문화를 발전시키고 민족을 형성해왔다. 동아시아에서는 선사시대에 여러 민족이 문화를 일으켰는데, 그중에서도 우리 민족은 독특한 문화를 이루고 있었다.
>
> – 국정 「고등학교 국사」, 19쪽

인류문명은 자생과 모방, 전파와 수용으로 흘러왔다. 하나의 선진문명이 일방적으로 다른 곳에 전이되었다는 문명일원론은 2차 세계대전 이후 점차 학문의 무대에서 사라졌다. 그러나 교과서에 실린 첫 번째, 두 번째 지도는 우리 역사가 교류의 중심이나 주체가 아니라고 함축해 표현했다. 한 장의 지도는 수많은 설명을 압도한다. 그래서 "어느 나라 역사에 있어서나 모든 종족은 인근에 사는 종족과 교류하면서 문화를 발전시키고 민족을 형성해왔다."

는 서술의 맥락을 비판적으로 곱씹어봐야 한다. "우리 민족은 독특한 문화를 이루고 있었다."는 서술도 그냥 무심코 넘길 일이 아니다. 교과서 서술의 맥락을 꿰뚫어볼 수 있는 사례 몇 가지를 소개한다. 국사편찬위원회의 『한국사』 1권 1장에 나오는 말이다.

| 한반도는 아시아 대륙과 일본 열도를 잇는 육교의 구실을 해왔다. 이와 같은 위치의 특수성으로 인해 한민족은 일찍부터 중국에서 각종 문물을 받아들이고 또 그것을 일본으로 전할 수 있었다. 그러나 다른 한편으로는 양쪽에서 압력과 도전을 끊임없이 받았다. 한민족은 역사적으로 많은 수난을 겪는 가운데서도 정체성을 확고하게 지켜왔다. 한반도는 중원에서 멀리 떨어져 있으며 산이 많다. 한민족이 정체성을 잃지 않고 지켜올 수 있었던 까닭은 일찍이 이러한 한반도를 차지했다는 것과 무관하지 않다. 사실 한민족의 정체성과 잠재력은 한반도에서 형성되었다.

— 국사편찬위원회, 『신편 한국사』, 한국사데이터베이스

한민족의 정체성은 한반도에서 나왔는데, 한반도는 중국의 문물을 받아서 일본에 전하는 육교의 구실을 해왔다는 주장이다. 육교에는 사람이 살지 않는다. 일제는 '한반도 경유론'을 내세우며 한국사의 성격을 타율성과 정체성의 역사로 정립했다. 조선총독부의 대표적인 어용학자 이마니시 류는 "일본의 문화가 반도에서 왔다고 하지만 그것은 반도의 문화가 아니라 중국의 문화가 반도

를 경유한 데 지나지 않는다."고 한국사를 폄훼했다. "사실 한민족의 정체성과 잠재력은 한반도에서 형성되었다."는 말도 사실이 아니다. 한민족의 정체성은 대륙과 해양, 한반도에서 형성되었다. 현재 국사편찬위원회는 '한국사데이터베이스'를 통해 이 같은 내용을 세계에 전파하고 있다.

| 한반도는 압록강과 두만강을 경계로 아시아 대륙과 접해 있으며, 일본 열도와 아시아 대륙 사이에서 육교의 구실을 해왔다. 이러한 위치의 특수성으로 인해 한민족은 양쪽에서 압력과 도전을 끊임없이 받았다. 그러나 벌판이 넓은 만주와는 달리 산이 많은 한반도를 차지하여 정체성을 지켜올 수 있었다.

– 국사편찬위원회, 『신편 한국사』, 한국사데이터베이스

고조선 이전부터 우리 역사는 대륙과 한반도에서 전개되었다. 공간이 한반도로 좁혀진 시기와 비교할 수 없는 장구한 역사였다. 한국사의 정체성을 근본적으로 부정하는 것이다.

| 자연환경은 인류생활에 중대한 영향을 미친다. 반면에 인류는 자연환경을 이용하고 거기에 적응하면서 사회를 이루고 문화를 창조한다. 이런 점에서 자연환경과 인류생활은 서로 밀접한 관계를 맺고 있다. 한반도의 육지, 해양, 기후, 식생 등을 포함한 우리나라의 자연환경은 한국인, 한국사회, 한국문화와 불가분의 관계를 가지고 있다. 실제로 한반도의 지정

학적 위치와 자연환경은 선사시대부터 현재에 이르기까지 한민족의 역사에 중요한 요인으로 작용하였다. 한반도는 유라시아 대륙 동쪽에 위치하고 있기 때문에 한민족은 일찍부터 러시아·중국·일본 등의 이웃 나라들과 다양한 국제관계를 유지해왔다.

― 같은 곳

선사시대부터 우리 역사의 영역은 한반도였다고 한다. 한반도를 벗어난 지역은 러시아·중국·일본 등 이웃 나라들의 역사가 되었다. 『한국사』 총설의 첫 문장이다.

> 우리나라는 유라시아 대륙의 동쪽 주변에 자리 잡고 있는 반도이다.

― 국사편찬위원회, 『한국사』 1, 탐구당, 2013, 13쪽

> 고고학상으로 본 한국 문화계통은 매우 복잡하고 파악하기 힘들다. 그것은 한반도의 지정학적인 여건과도 관계가 있다. 이의 해결을 위해서는 고고학 조사가 많이 행해져 유물을 통한 비교 해석이 이루어져야 한다.

― 같은 책, 89쪽

고고학상으로 본 한국 문화계통은 매우 복잡하고 파악하기 힘든데, 그것이 한반도의 지정학적인 여건 때문이라니? 지정학적 여

건은 어느 곳에나 해당하는 문제다. 고고학의 대상을 한반도로 국한한 방법론이 한민족의 기원에 대한 접근을 어렵게 만드는 것이다. 『한국사』를 계속 보자. 임효재(서울대 명예교수)의 글이다.

> 기원전 10세기에 이르면 쌀을 중심으로 하는 원시농업경제를 배경으로 청동기시대가 시작되며, 이전 시대와 비교하여 문화에 전반적인 큰 변화가 일어난다. 일반적으로 청동기시대의 특징이라고 하면 지배계층의 확립, 문자의 발명, 도시의 발생, 교역과 분업, 청동기의 출현 등의 요소를 들 수 있다. 한반도의 경우에는 반드시 그와 같은 여러 조건을 전제로 하여 청동기시대로 시대구분 되지는 않는다.
>
> — 같은 책, 173~174쪽

우리 역사의 공간을 한반도로 전제했다. 그리고 서기전 10세기에 청동기시대가 시작되는데, 한반도의 경우는 일반적인 청동기시대의 특징과 다르다고 한다.

> 청동기시대의 규정 요소로 가장 중요한 것은 청동기의 사용이라 할 수 있다. 한반도에서 청동기가 출현하는 시기는 기원전 10세기경이나, 주동(鑄銅)이 본격적으로 시작된 증거는 그보다 약간 더 늦은 시기부터 나타난다.
>
> — 같은 책, 174쪽

일반적으로 청동기시대의 특징이라고 하면 지배계층의 확립, 문자의 발명, 도시의 발생, 교역과 분업, 청동기의 출현 등인데, 우리 역사는 청동기 사용만 있었고 나머지는 없었던 특징이 있다는 것이다. 청동기의 본격적인 사용도 서기전 10세기가 아니라 더 늦었다고 한다.

> 　　청동기의 생산이 본격화되면서 그 형태와 기능이 점차 세련되고 다양해지는 과정을 겪게 되고 기원전 3세기경에는 새로이 철기의 도입이 이루어진다. 철기의 출현 시기는 대체로 청동기의 극성기와 일치하기 때문에 청동기시대와 철기시대의 분기점을 설정하는 데에는 여러 문제가 있지만, 그 시기는 어디까지나 청동기시대의 문화전통이 지속되던 것으로 보아야 하므로 본격적으로 철기가 보급되는 서력 기원전후를 분기로 하여 그 이전은 청동기시대, 이후는 원삼국시대로 구분하기도 한다.
>
> 　　　　　　　　　　　　　　　　　　　　　　　　－ 같은 책, 174쪽

　　서기전 3세기경에 철기가 도입되는데, 본격적인 청동기 사용이 늦었기에 본격적인 철기 보급도 서력 기원 전후라고 한다. 서기전 1세기에는 삼국이 있었는데 삼국시대도 아니고 원삼국시대로 들어간다.

> 　　철기의 보급과 농업 생산을 기반으로 하여 비약적인 발전을

이룩하게 되는 원삼국문화는 4세기를 전후하여 왕권의 성립과 함께 거대한 무덤을 축조하는 삼국시대로 접어든다.

– 같은 책, 174쪽

서기 4세기를 전후하여 삼국의 왕권이 성립한다고 한다.

| 한국의 선사문화는 이상과 같이 전기 구석기시대부터 본격적인 삼국시대 개시 이전까지 한반도 선주민이 남긴 일체의 문화라 할 수 있다.

– 같은 책, 174쪽

이 글에 따르면 우리 역사는 서기 4세기까지 선사시대였다. 한국의 역사시대는 4세기 이후 성립된다. 원삼국시대에 대한 설명을 보자.

| 서력 기원전후에 이르면 의기화된 청동기는 소멸하고, 일반적인 생활용구로서의 기능은 철기가 완전히 대체하게 된다. 이전에는 이 시기를 단순히 도구의 재질에 초점을 두어 철기시대라 불렀으나 현재는 사회정치적 개념을 고려하여 다음에 올 삼국시대의 기반이 형성되는 시기라는 점에서 원삼국시대라 부르고 있다. 역사적으로 이 시기는 대동강 유역에 한의 낙랑군이 설치되고 남한 지역에는 경기도·충청도·전라도 지역에 마한, 낙동강 이동의 경상도 지역에 진한, 김해를 비롯

한 낙동강 유역에 변한 등 삼한이 성립되어 있었다. 따라서 원삼국시대의 상한은 대체로 낙랑군의 직접적인 영향이 나타나기 시작한 서력 기원전후가 되며 하한은 고구려·백제·신라의 삼국이 실질적으로 고대국가를 형성하게 되는 기원후 3세기가 된다. (중략) 이상과 같이 원삼국문화는 농경의 확산과 철기의 발달 등 발전된 경제력을 기반으로 인구가 증가하고, 그에 따라 정치구조가 점차 확립되게 된다. 그 결과 각 지역에 산재되어 있던 족장사회들이 하나의 중심 세력에 의해 통합되는 과정을 겪게 되어 고구려·신라·백제 등 삼국이 완전한 왕권을 갖추고 고대국가로서의 면모를 확립하게 됨으로써 3세기 전후에 이르러 본격적인 역사시대로 넘어가게 된다.

– 같은 책, 183~184쪽

철기시대라는 개념을 대체해 원삼국시대라는 개념을 쓴다. 서기전 1세기 낙랑군 설치 후 농경의 확산과 철기의 발달 등 발전된 경제력을 기반으로 인구가 증가하고, 그에 따라 정치구조가 점차 확립되었다고 한다. 앞에서 "원삼국 문화는 4세기를 전후하여 왕권의 성립과 함께 거대한 무덤을 축조하는 삼국시대로 접어든다."고 했는데, 여기서는 3세기 전후에 이르러 본격적인 역사시대로 넘어가게 되었다고 한다.

2013년까지 국사편찬위원장을 역임한 이태진(서울대 명예교수)이 2012년에 발간한 『새한국사』 서문에서 한 말이다.

|　광복 후 60여 년의 세월이 흐르면서 한국 역사학계의 역량
이 많이 커진 것은 사실이다. 국사편찬위원회가 학계의 힘을
모아 1970년대와 1990년대 두 차례에 걸친 거질(巨帙)의 전사
(全史)로서 한국사를 낼 수 있었던 것이 이를 단적으로 말해준
다. 중국, 일본 그리고 현재의 만주 지방과 중앙아시아의 유
목민족의 역사에 대한 연구 성과도 괄목할 정도로 많아졌다.
주변 역사가 밝혀지면 한국사의 위치와 위상이 더 명료해지
기 마련이다. 저자가 감히 새로운 스타일의 통사를 쓸 욕심
을 낼 수 있었던 것은 전적으로 이러한 학계의 성과에 힘입
어서였다.

– 이태진, 『새한국사』, 까치, 2012, 5~6쪽

이태진이 통사를 쓸 수 있었던 학계의 성과, "거질의 전사"가 바
로 지금까지 살펴본 『한국사』다. 이태진의 서문을 조금 더 보자.

|　한반도라는 좁은 지역에서 진행된 한민족의 살아남기는 역
경의 극복 바로 그것이었으며, 그것이 오늘날 '역동'의 한국을
있게 한 근원이라는 점도 발견하게 될 것이다.

– 같은 책, 8쪽

해석은 역사관에 따라 얼마든지 다양하게 펼칠 수 있다. 일제
의 반도사관도 그중 하나이다. 문제는 "한반도라는 좁은 지역에서
진행된 한민족의 살아남기"가 과연 사실(fact)인가 하는 점이다. 이

주장을 뒷받침하는 1차 사료는 아무것도 없다. 그가 선택한 역사관이 없는 사실을 만들어냈다. 한국고고학회가 2010년에 개정판을 낸 『한국고고학 강의』를 보자.

> 기원전 1천년기 전반기에 요동에서 한반도 북서부에 걸친 지역은 국가 단계이거나 그 직전의 단계에 이르렀지만, 한반도 남부는 아직 국가와는 거리가 먼 사회발전 단계에 머무르고 있었다. 세계 4대 문명 중 하나의 주변에 위치한 한반도는 황하문명 권역의 확장과 더불어 좋건 싫건 그 영향을 받지 않을 수 없었으며, 연의 고조선 침입은 이 피할 수 없는 거대한 고대문명 세력과의 첫 충돌을 의미하는 역사적 사건이었다. 그 결과 늦어도 기원전 3세기에는 한반도 북부에 철기가 들어왔으나, 한반도 중부 이남 지역에 충돌의 파급이 미처 철기가 보급된 것은 아마도 이로부터 100년 이상의 긴 시간이 흐른 뒤의 일이라 보인다.
>
> – 한국고고학회, 『한국고고학 강의』, 사회평론아카데미, 2010, 21~22쪽

한국사의 주체가 중국이다. 모든 글은 그 맥락과 행간의 의미가 중요하다. '우리' 자를 넣어서 보겠다.

> 기원전 1천년기 전반기에 요동에서 한반도 북서부에 걸친 지역은 국가 단계이거나 그 직전의 단계에 이르렀지만, 한반도 남부는 아직 국가와는 거리가 먼 사회발전 단계에 머무르고

있었다. 세계 4대 문명 중 하나의 주변에 위치한 한반도는 (우리) 황하문명 권역의 확장과 더불어 좋건 싫건 그 영향을 받지 않을 수 없었으며, (우리) 연의 고조선 침입은 이 피할 수 없는 거대한 고대문명 세력과의 첫 충돌을 의미하는 역사적 사건이었다. 그 결과 늦어도 기원전 3세기에는 한반도 북부에 철기가 들어왔으나, 한반도 중부 이남 지역에 충돌의 파급이 미쳐 철기가 보급된 것은 아마도 이로부터 100년 이상의 긴 시간이 흐른 뒤의 일이라 보인다.

『삼국유사』, 『제왕운기』, 『동국통감』 등 우리 사서에 기록된 고조선의 건국 사실은 사라지고, 중국 주변부에 위치한 고조선은 중국 문명의 확장에 따라 좋건 싫건 그 영향을 받아야 했고, 위만에 의해 발전하기 시작했다. '중국의 침입'은 고대문명 세력과의 첫 충돌을 의미하는 '역사적 사건'이었다. 그 결과 철기가 들어왔고, "아마도" 100년 이상의 긴 시간이 흐른 뒤 한반도 중부 이남 지역에 "철기가 보급되었을 것으로 보인다." "아마도, 보인다"로 한국은 타율성과 정체성의 역사로 깔끔하게 정리되었다. 이 주장의 1차 사료 근거는 없다. 다시 『고등학교 국사』로 돌아와 1단원 '한국사의 바른 이해'를 보자.

> 선사시대에는 아시아의 북방문화와 연계되는 문화를 이룩하였고, 그 후 중국문화와 깊은 연관을 맺으면서 독자적인 고대문화를 발전시켰다. 고려시대에는 불교를 정신적 이념으로

채택하였으며, 조선시대에는 유교적 가치를 중요시하는 문화
활동을 하였다.

- 국정 「고등학교 국사」, 13쪽

선사시대에 이어 고려, 조선시대에도 외래문화의 수용으로 한
국문화가 발전했다는 설명이다. 이 서술의 맥락을 이해할 수 있는
논문이 있다.

| 이처럼 전통문화의 특성을 한마디로 정의하기 어려운 것과는
  대조적으로 한국 역사상 문화가 크게 일어날 때에는 예외 없
  이 외래의 선문화가 큰 영향을 끼쳤던 점을 지적하지 않을
  수 없다. 바꿔 말하면 오늘날 우리가 자랑하는 전통문화의
  형성에는 언제나 외래문화의 자극이 있었던 것이다.

- 「한국사 시민강좌」 40, 일조각, 2007, 25쪽

| 한국의 전통문화가 초기국가 형성 이래 특히 중국과 끊임없
  이 교섭하면서 거의 전방위적으로 그 문화의 영향을 받은 것
  은 다 아는 사실이다. 중국문화의 수용은 한자를 비롯하여
  유교사상, 한문으로 번역된 불교 경전, 율령제도, 각종 기술
  등 정치 · 사상 · 문화 전반에 걸쳐 19세기까지 2000년 이상
  중단 없이 계속되었다. 그러나 중국문화의 유입이 흔히 생각
  하는 것처럼 순조로웠던 것만은 아니다. 이를테면 한 제국이
  고조선을 멸망시킨 뒤 그 핵심부인 평양 지방에 설치한 낙

랑군은 그 뒤 여러 왕조를 거치면서도 400년 이상 존속하여 한반도에 중국문화가 유입되는 창구 역할을 했다고 평가되고 있으나, 실제로 문명화의 강한 억제와 압박이 가해졌던 흔적이 엿보인다. 4세기 초 요동 지방의 고구려가 남진하여 낙랑군을 없애버린 뒤부터 비로소 중국의 고급 물질문화가 한반도 전역에 확산된 것은 그 움직일 수 없는 증거이다.

– 같은 책, 27쪽

우리나라의 전통문화는 예외 없이, 언제나, 전방위적으로 외래 선진문화의 자극과 영향으로 형성되었다는 주장이다. 낙랑군이라는 중국 한나라의 식민통치 기관도 예외일 수 없다. 그야말로 일제 식민사학의 정수다. 이는 역사학계에서 커다란 권위를 갖고 있는 이기동(동국대 명예교수)이 『한국사 시민강좌』에서 한 말들이다. 이 주장 또한 문헌이나 고고학적 사료에 근거하지 않았음은 물론이다. 『한국사 시민강좌』는 이기백이 창간을 주도했는데, 역사학계가 발간하는 대표적인 잡지였다. 중국 앞에 '우리'를 넣어보겠다.

| 한국의 전통문화가 초기국가 형성 이래 특히 (우리) 중국과 끊임없이 교섭하면서 거의 전방위적으로 그 문화의 영향을 받은 것은 다 아는 사실이다. (우리) 중국문화의 수용은 한자를 비롯하여 유교사상, 한문으로 번역된 불교 경전, 율령제도, 각종 기술 등 정치·사상·문화 전반에 걸쳐 19세기까지 2000년 이상 중단 없이 계속되었다. 그러나 (우리) 중국문화

의 유입이 흔히 생각하는 것처럼 순조로웠던 것만은 아니다. 이를테면 (우리) 한 제국이 고조선을 멸망시킨 뒤 그 핵심부인 평양 지방에 설치한 낙랑군은 그 뒤 여러 왕조를 거치면서도 400년 이상 존속하여 한반도에 (우리) 중국문화가 유입되는 창구 역할을 했다고 평가되고 있으나, 실제로 문명화의 강한 억제와 압박이 가해졌던 흔적이 엿보인다. 4세기 초 요동 지방의 고구려가 남진하여 낙랑군을 없애버린 뒤부터 비로소 (우리) 중국의 고급 물질문화가 한반도 전역에 확산된 것은 그 움직일 수 없는 증거이다.

중국이 한국사의 주체인 것이 명확히 드러난다. "한반도는 아시아 대륙과 일본 열도를 잇는 육교의 구실을 해왔다."는 국사편찬위원회의 한국사를 상기해보자. 육교를 건너는 주체는 중국이다. 이런 주장들을 한국의 학생들이 사활을 걸고 달달 외우고 있다.

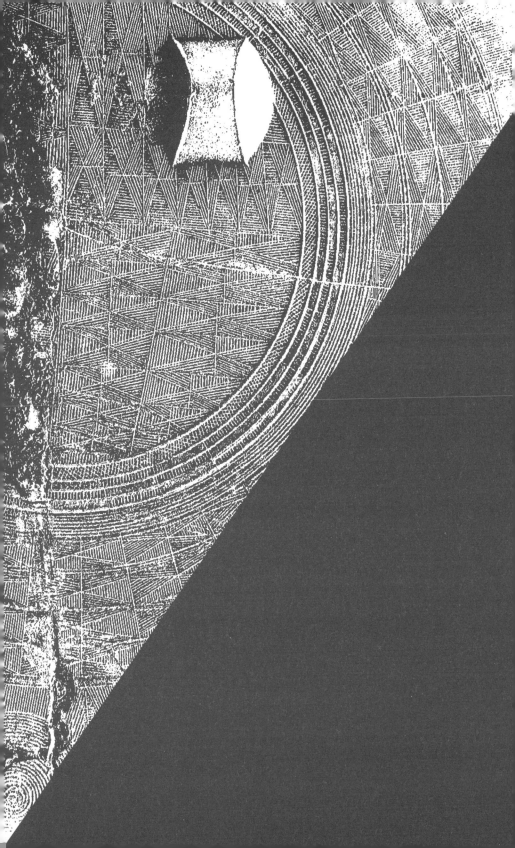

3장.

한없이 작아지는
반도사관이 위험하다

반도 안에 구겨 넣어진 민족의 공간

정한론(征韓論)이 일어나던 19세기에 한국은 일본을 향해 돌출한 흉기이고 대륙으로 진출할 전진기지인 동시에 정복 대상이었다. 세계의 교과서를 분석한 이길상(한국학중앙연구원 교수)은 일본의 중학교 지리 교과서에 한국은 없고 중국만 있다고 비판했다. 도쿄대 교수였던 가바야마 고이치(樺山紘一, 1941~)는 일본의 검인정 고등학교 세계사인 『세계의 역사』를 모체로 『세계사의 재발견 88』을 발간했다. 이 책은 '중국 세력 하의 나라들'이라는 제목으로 다음과 같이 서술했다.

| 광대한 중국은 많은 민족과 국경을 접하고 그들에게 커다란 영향을 주었다. 동쪽에 위치한 한반도의 경우에 한 무제는 반도의 대부분에 세력을 뻗쳤다. 중서부의 낙랑 등 4개의 군

이 설치되고, 중국의 통치를 받았다.

- 가바야마 고이치, 『세계사의 재발견 88』, 박윤명 옮김, 새길, 1997, 55쪽

한국은 한반도에 있었고, 중국의 영향과 통치를 받은 대상일 뿐이다. 가바야마 고이치는 이 책에서 다음과 같이 말한다.

> 중국사에서는 종종 '주변 여러 민족'이라고 부른다. 중국문명을 어떤 형태로든 받아들인 민족들의 총칭이다. 그렇지만, 이들 민족의 입장에서는 주변이라는 수식어는 받아들이기 어렵다. 우리의 역사를 결코 '중국 주변 민족의 역사'라고 할 수는 없기 때문이다.
>
> - 같은 책, 57쪽

어느 나라나 주체적인 입장에서 자신의 역사를 본다. 가바야마 고이치는 일본은 중국의 주변 민족으로 보지 않지만 한국은 중국의 주변국도 아닌, 중국의 일부로 본다.

미국의 교과서인 『지평선 : 세계사』 명청시대 지도는 한반도를 청나라 영토로 소개했다.

> 미국 세계사 교과서에서 병자호란 이후 250년 간 한국은 흔적도 없다. 미국의 교과서는 일본이 청일전쟁을 일으키지 않았다면 한국은 계속 청의 속국이었을 것이라고 가르치고 있다.
>
> - 이길상, 『세계의 교과서 한국을 말하다』, 푸른숲, 2009, 56쪽

미국의 한 교과서는 1850~1910년에 제국주의에 분할된 중국 영토 지도에서 한국과 대만을 일본의 식민지로 표시했다.

타이완 교과서는 한국을 어떻게 보고 있을까?

| 타이완 교과서가 한국사를 서술하는 시각은 이렇다. 고조선은 기자가 세웠고, 기원 전후 진나라와 한나라가 한반도를 오랫동안 통치했으며, 한민족이 나라를 세운 것은 4세기경 한사군이 물러간 후였다. 그것도 잠시였을 뿐 당나라가 고구려와 백제를 멸망시키고 한반도 일부를 통치했다. 통일신라가 반도를 통일했지만 이때도 당나라의 영향력이 절대적이었다. 고려시대에 관한 언급은 건너뛰고, 조선시대에 한반도는 또다시 명과 청의 지배하에 놓인다.

타이완의 사회과 교과서가 한국 관련 부분에서 가장 많이 사용하는 단어는 '속국(屬國)', '번국(藩國)', '번속(藩俗)', '종주국(宗主國)' 등이다. 즉 한국은 고대부터 중국의 속국이었고, 중국은 한국의 종주국이었다는 말이다. 더 심각한 것은 한국이 중국의 속국 상태에서 벗어난 것은 1895년 청일전쟁에서 일본이 중국에 승리를 거두면서 얻어다준 선물이라는 내용이다. 청의 속국에서 벗어난 것은 일본의 덕이고, 일본 식민지에서 벗어난 것은 미국의 덕이라면 한국인은 아무런 주체적 역량도 없다는 얘기가 된다. 지긋지긋하게 들어온 일본 식민사관의 흔적이다.

— 같은 책, 231쪽

중국의 속국이었던 한국이 일본 덕분에 중국으로부터 독립했다는 설명이다. 타이완 교과서들은 단 한 권도 예외 없이 동해를 일본해로 표기하고 있다고 한다. 홍콩의 교과서도 한국에 대한 기술은 거의 전무한 반면 일본은 비중 있게 다루고 있다고 한다.

> 한마디로 말해서 홍콩의 역사 교과서에서는 차라리 한국 관련 서술을 완전히 삭제하는 편이 한국의 이미지에 도움이 될 것 같다.
>
> — 같은 책, 250쪽

어떻게 이런 일들이 가능할까? 간단하다. 우리 교과서가 그렇게 서술했기 때문이다. 교과서는 한 나라의 역사관과 역사학을 대표한다. 우리 학생들이 사용하고 있는 교과서를 살펴보자. 국정 『고등학교 국사』의 세 번째, 네 번째 지도다(오른쪽 지도 참조).

한국사와 관련해 미시적으로 표현한 첫 지도들이다. 한국사의 공간이 한반도 내로 그려졌다. 앞에 실린 지도의 '동방문화권'에서도 벗어나 있다. 교과서를 통해 역사를 접한 학생들은 어떤 생각을 할까? 당연히 한국사를 한반도에 국한해서, 그것도 고립된 반도사로 인식하게 돼 있다. 교과서는 구석기시대의 유물과 유적을 이렇게 소개했다.

> 우리나라 구석기시대의 대표적인 유적으로는 평남 상원 검은모루 동굴, 경기도 연천 전곡리, 충남 공주 석장리, 충북 청

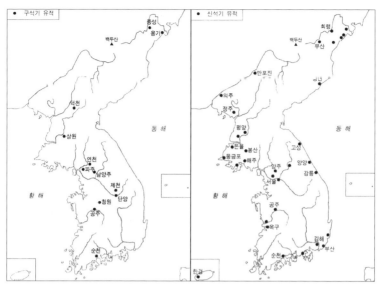

국정 「고등학교 국사」에 실린 〈구석기시대의 유적지〉(왼쪽), 〈신석기시대의 유적지〉(오른쪽).

원 만수리, 경기도 남양주 호평 등이 있다. 이들 유적에서는
석기와 함께 사람과 동물의 뼈 화석, 동물 뼈로 만든 도구
등이 출토되어 구석기시대의 생활상이 밝혀지게 되었다.

– 국정 「고등학교 국사」, 19쪽

우리나라의 구석기시대 유적을 한반도 내에서 설명했다. 신석기
시대의 유물과 유적에 대한 설명 역시 한반도에 국한해 서술했다.

| 우리나라 신석기시대의 대표적인 토기는 빗살무늬토기이지만
이보다 앞선 시기의 토기도 발견되고 있다. 이것들은 무늬가
없는 것, 토기 몸체에 덧띠를 붙인 것, 눌러 찍은 무늬가 있

국정 『중학교 국사』에 실린 〈빙기의 한반도와 그 주변〉. 우리 역사의 기원과 삶의 터전을 한반도로 제한했다.

는 것으로, 각각 이른 민무늬토기, 덧무늬토기, 눌러찍기무늬토기(압인문토기)라고 부른다. 이런 토기는 제주도 한경 고산리, 강원 고성 문암리, 강원 양양 오산리, 부산 동삼동 조개더미 등에서 발견되었다. 빗살무늬 토기가 나온 유적은 전국 각지에 널리 분포되어 있다. 대표적인 유적은 서울 암사동, 평양 남경, 김해 수가리 등으로, 대부분 바닷가나 강가에 자리 잡고 있다.

– 같은 책, 21~22쪽

위 지도는 2010년까지 사용한 국정 『중학교 국사』에 실렸다.

황하 일대의 구석기 유적지 표시는 황하문명을 나타낸 것이고, 우리 역사의 무대를 한반도로 표시했다. 제목부터가 '언제부터 한반도에 사람이 살았을까?'이다. 『중학교 국사』는 우리 민족의 기원과 삶의 터전을 이렇게 서술했다.

> 우리나라에 사람이 살기 시작한 것은 구석기시대였다. 구석
> 기시대에는 추운 빙기와 따뜻한 간빙기가 여러 차례 번갈아
> 나타났다. 이러한 자연환경의 변화는 인간 생활에도 많은 영
> 향을 주었다. 빙기에는 지구 북반구의 일부가 빙하로 덮여
> 있었기 때문에, 동아시아 지역의 해수면 높이는 지금보다 훨
> 씬 낮았다. 그러므로 당시에는 중국 대륙과 한반도, 일본 열
> 도, 타이완 등이 모두 육지로 연결되어 있었다. 빙기가 끝난
> 후, 해수면이 높아져 해안선이 변화되자, 한반도를 비롯한 동
> 아시아의 여러 지역은 오늘날과 비슷한 모습을 드러내게 되
> 었다. 이로써 한반도는 북쪽으로는 대륙과 연결되고, 동쪽과
> 서쪽으로는 바다와 접하게 되었다. 그리고 동남쪽으로는 대
> 한 해협을 건너 일본과 마주하게 되었다.
>
> — 국정 『중학교 국사』, 9~10쪽

우리 역사가 한반도에서 전개된 역사라는 설명이다. 『중학교 국
사』의 168쪽 지도와 설명을 보자. 『고등학교 국사』 지도와 같다.
설명도 마찬가지다.

> 구석기시대 유적은 함경북도 웅기군 굴포리와 충청남도 공주
> 시 석장리를 비롯하여 전국에 분포하고 있다. (중략) 신석기
> 시대 유적은 한반도 전 지역에 고루 퍼져 있으며, 주로 큰 강

국정 『중학교 국사』에 실린 〈구석기시대와 신석기시대 유적지〉 지도. 구석기 유적지를 한반도로 설명해 우리 역사의 공간을 제한했다.

유역이나 해안 지역에서 발견된다. 연대가 가장 이른 곳이 제주도 고산리 유적이다.

– 같은 책, 11쪽

역시 구석기, 신석기 유적을 한반도 내에만 국한시켜 서술했다.

70만 년 전의 그들은 모두 어디로 갔을까

위는 '국가의 형성' 단원에 실린 『고등학교 국사』의 '청동기시대 유적지' 지도다. 『고등학교 국사』 '국가의 형성' 단원은 이렇게 시작한다.

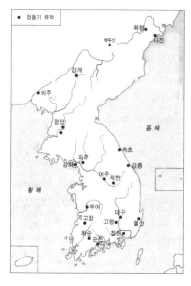

국정 『고등학교 국사』에 실린 〈청동기시대의 유적지 지도〉. 청동기시대에도 우리 역사의 공간에서 대륙을 제외했다.

| 농경의 발달로 잉여 생산물이 생기고 청동기가 사용되면서 사유재산제도와 계급이 발생하였다. 그 결과, 부와 권력을 가진 족장(군장)이 출현하였다. 족장은 세력을 키워 주변 지역을 아우르고, 마침내 국가를 이룩하였다. 이 시기에 성립된 우리나라 최초의 국가가 고조선이다. 이후, 고조선은 철기문화를 수용하면서 중국과 대결할 정도로 크게 발전하였다.

— 국정 『고등학교 국사』, 26쪽

청동기가 사용되면서 국가를 이룩해 우리나라 최초의 국가 고조선이 성립되었다고 한다. 청동기시대에 고조선이 건국했다면서 청동기 유적지는 한반도 내로 한정했다. 고조선이 철기문화를 수용하면서 중국과 대결할 정도로 크게 발전했다고 한다. 앞서 봤

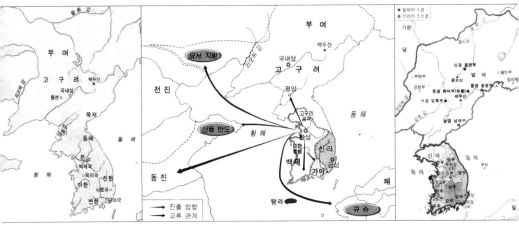

『고등학교 국사』에 실린 지도들. 왼쪽부터 〈여러 나라의 성장〉, 〈4세기 백제의 발전〉, 〈남북국의 형세〉. 역사 교과서에 따르면 고조선, 부여, 고구려, 발해의 역사는 중국의 주장대로 중화민족의 역사가 된다.

듯이 철기문화는 중국에서 보급되었다고 교과서는 설명했다. 중국과 대결할 정도로 크게 발전할 때까지 고조선은 족장이 지배하는 사회였다고 한다. 이런 설명들이 사실에 입각하지 않았음을 우리는 앞에서 확인했다. 만약 국사편찬위원회가 "대한민국의 영토는 한반도와 그 부속 도서로 한다."는 헌법 5조에 의거했다고 주장하려면 위 지도를 넣지 말아야 했다.

부여, 고구려, 백제, 발해 모두 현행 헌법에 따른 한반도와 그 부속도서에서 벗어나 있다. 구석기·신석기·청동기시대를 한반도에 국한해서 표현한 "현재의 중국 영토 내에서 전개된 모든 역사는 중화민족의 역사다."는 중국 동북공정의 논리는 우리나라 역사 교과서에 따르면 사실에 정확하게 부합한다. 그러나 고조선, 부여, 고구려, 발해는 한반도에서 건국한 후 대륙으로 이동한 나라가 아니었다. 이 나라들이 한국사인 것은 우리 민족의 역사가 애초부터 대륙과 해양에서 전개되었기 때문이다.

『고등학교 국사』를 보자.

> | 부여는 만주 길림시 일대를 중심으로 송화강 유역의 평야 지대를 중심으로 성장하였다.
>
> – 같은 책, 36쪽

> | 부여는 연맹 왕국의 단계에서 멸망하였지만, 역사적 의미는 매우 크다. 그 이유는, 고구려나 백제의 건국 세력이 부여의 한 계통임을 자처하였고, 또 이들의 건국 신화도 같은 원형을 바탕으로 하고 있기 때문이다.
>
> – 같은 책, 37쪽

부여는 만주에서 성장했고, 고구려와 백제의 건국 세력이 부여의 계통임을 밝혔다.

> | 『삼국사기』의 기록에 따르면 고구려는 부여에서 남쪽으로 내려온 주몽이 건국하였다(기원전 37). 주몽은 부여의 지배계급 내의 분열, 대립 과정에서 박해를 피해 남하하여 독자적으로 고구려를 건국하였다. 고구려는 압록강의 지류인 동가강 유역의 졸본(환인) 지방에 자리 잡았다.
>
> – 같은 책, 37쪽

부여에서 온 주몽이 대륙에서 고구려를 건국했다는 설명이다. 부여와 고구려의 건국지에 대한 면밀한 연구가 남아 있지만, 한반도가 아닌 대륙이었음은 사료를 통해 분명하게 확인된 사실이다. 북부여에서 나와 고구려를 건국한 추모대왕을 '주몽'이라고도 한다. 주몽은 부여말로 '활을 잘 쏘는 사람'이라고 『삼국사기』는 기록하고 있다.

『삼국사기』에는 고구려 건국 직후인 서기전 36년에 옛 땅을 회복한다는 뜻의 "다물(多勿)"이 나온다. 고구려는 건국하자마자 고조선 고토를 다시 찾겠다고 선언한 것이다. 『삼국유사』「왕력」편은 추모왕을 동명왕으로 기록하며 "성은 고(高), 이름은 주몽(朱蒙)인데, 추몽이라고도 한다. 단군의 아들이다."고 기록했다. 『삼국사기』「신라본기」 '혁거세조'를 보면 혁거세가 나라를 세웠는데 조선의 유민(遺民)이 모인 나라라고 나와 있다. 여기서 유민은 흘러들어온 사람들[流民]이 아니라 남아 있는 이들[遺民]이다. 『세종실록지리지』기록을 보자.

| 『단군고기(檀君古記)』에 이르기를, "상제(上帝) 환인(桓因)이 서자(庶子)가 있으니, 이름이 웅(雄)인데, 세상에 내려가서 사람이 되고자 하여 천부인(天符印) 3개를 받아 가지고 태백산(太白山) 신단수(神檀樹) 아래에 강림하였으니, 이가 곧 단웅천왕(檀雄天王)이 되었다. 손녀(孫女)로 하여금 약(藥)을 마시고 인신(人身)이 되게 하여, 단수(檀樹)의 신(神)과 더불어 혼인해서 아들을 낳으니, 이름이 단군(檀君)이다. 나라를 세우고 이름을 조선(朝鮮)이

라 하니, 조선(朝鮮), 시라(尸羅), 고례(高禮), 남·북 옥저(南北沃沮), 동·북 부여(東北扶餘), 예(濊)와 맥(貊)이 모두 단군의 다스림이 되었다.

세계기록문화유산인 『조선왕조실록』은 부여, 신라, 고구려, 옥저가 모두 고조선에서 나왔다고 기록했다.

| 정복 활동을 통하여 축적한 군사력과 경제력을 바탕으로 백제는 수군을 정비하여 중국의 요서 지방으로 진출하였고, 이어서 산동 지방과 일본의 규슈 지방에까지 진출하는 등 활발한 대외 활동을 벌였다.

— 같은 책, 49쪽

4세기경에 백제가 중국의 요서 지방과 산동 지방, 일본의 규슈 지방에 진출한 사실을 소개했다. 백제는 오래전부터 한반도뿐 아니라 대륙에도 있었다. 이는 중국의 1차 사료들을 통해 입증된 사실들이다.

| 고구려 멸망 이후 대동강 이북과 요동 지방의 고구려 땅은 당의 안동 도호부가 지배하고 있었다. 고구려 유민은 요동 지방을 중심으로 당에 계속 저항하였다. 7세기 말에 이르러 당의 지방에 대한 통제력이 약화되자, 고구려 장군 출신인 대조영을 중심으로 한 고구려 유민과 말갈 집단들은 전쟁의

피해를 거의 받지 않았던 만주 동부 지역으로 이동하여 길림성의 돈화시 동모산 기슭에 발해를 세웠다(698). 발해의 건국으로 이제 남쪽의 신라와 북쪽의 발해가 공존하는 남북국의 형세를 이루었다. 발해는 영역을 확대하여 옛 고구려의 영토를 대부분 차지하였다. 비록 그 영역에 말갈족이 다수 거주하고 있었지만, 발해는 일본에 보낸 국서에 고려 또는 고려국왕이라는 명칭을 사용한 사실이라든지, 문화의 유사성으로 보아 고구려를 계승한 국가였다. 대조영의 뒤를 이은 무왕 때에는 영토 확장에 힘을 기울여 동북방의 여러 세력을 복속하고 북만주 일대를 장악하였다.

– 같은 책, 56~57쪽

대조영을 중심으로 한 고구려 유민이 만주에서 발해를 건국했고, 영역을 확대해 옛 고구려의 영토를 대부분 차지했다. 고구려를 계승한 발해는 일본에 보낸 국서에 고려라는 명칭을 썼고, 북만주 일대를 장악했다. 발해 멸망 후 고려는 발해 유민들을 고구려의 후예들이라며 받아들였다. 고려는 고구려에서 이름을 가져왔고, 개경과 서경[평양]을 양대 축으로 삼은 고구려를 계승한 국가였다.

이처럼 고등학교 역사 교과서는 한반도를 벗어난 대륙과 해양을 우리 역사의 공간으로 서술했다. 원시시대부터 해로는 육로보다 유리한 교통로였다.

> 선사시대에 해로는 육로에 비해 매우 유리한 교통로였다. 육
> 로는 숲과 해충, 맹수와 적대적인 이민족, 그리고 지형 장애
> 물들에 의해 가로막혀 있다. 그러나 해로에는 이러한 장애물
> 들이 없으며, 대량으로 수송하고 최단거리로 손쉽게 목적지
> 에 도달할 수 있다는 이점이 있다. 그렇기 때문에 선박의 출
> 현이 수레보다도 빨랐다고 할 수 있다.
>
> — 정신술, 「한국 해양사」, 경인문화사, 2009, 26쪽

인류문명은 강과 바다를 끼고 전개되었다. 수평선 너머가 궁금
했던 인류는 바다에 대한 도전을 멈춘 적이 없다. 우리 역사도 해
양의 비중이 높았다. 역사학자 윤명철(동국대 교수)의 글이다.

> 동방문명은 지금의 한반도와 만주 일대, 그리고 바다를 무대
> 로 열매 맺은 문명이다. (原)조선과 고구려·발해는 만주와
> 한반도, 바다, 즉 해류를 하나의 통일된 영역으로 인식하였
> 고, 활동하였다. 특히 고구려는 더욱 그러한 특성이 나타나
> 며, 백제·신라·가야·왜와 맺은 관계를 중국 지역과 북방국
> 가들과는 다른 관계로 여겼다. 특히 우리와 일본은 7세기 이
> 전에는 구분되는 부분이 적었다.
>
> — 임재해 외, 「고대에도 한류가 있었다」, 지식산업사, 2007, 387쪽

우리 민족과 중국, 북방, 왜열도의 인적·물적·문화적 교류는
해양을 통해 연결되었다. 중국의 배가 왜로 가기 위해서는 가야

를 경유해야 했다. 가야는 해상권을 장악하고 있었다. 대륙과 해양은 한국사의 공간이었다. 거기에 서기전 24세기경에 건국한 고조선과 그 이전에 펼쳐졌던 우리 민족의 역사가 있었다. 고등학교 역사 교과서는 앞서 본 대륙을 제외하고 한반도에 국한한 지도와 달리 이렇게 서술했다.

| 우리 조상들은 대체로 중국 요령성, 길림성을 포함하는 만주 지역과 한반도를 중심으로 한 동북아시아에 넓게 분포하여 살고 있었다. 우리나라에 사람이 살기 시작한 것은 구석기시대부터이며, 신석기시대에서 청동기시대를 거치면서 민족의 기틀이 이루어졌다.

– 국정 「고등학교 국사」, 19쪽

대륙의 만주 지역을 한국사의 공간으로 서술했으나 고고학적 발굴에 따라 고조선의 강역으로 밝혀진 요서 지역은 제외했다. 『고등학교 국사』는 2007년 이후 "『삼국유사』와 『동국통감』의 기록에 따르면 단군왕검이 고조선을 건국하였다(기원전 2333)."고 서술했다. 또 "고조선은 요령 지방을 중심으로 성장하여 점차 인접한 족장 사회를 통합하면서 한반도까지 발전하였는데, 이와 같은 사실은 비파형동검과 고인돌의 출토 분포로써 알 수 있다.

고조선의 세력 범위는 청동기시대를 특징짓는 유물의 하나인 비파형동검과 고인돌이 나오는 지역과 깊은 관계가 있다."고 서술했다. 비록 고조선의 강역으로 밝혀진 요서 지역이 빠졌고, 요령 지방에서 한반도로 발전했다는 것이 불명료한 한계가 있지만 고조선의 영역이 대륙에 걸쳐 있었다고 했다.

우리가 부여와 고구려를 한국사로 보는 것은 부여, 고구려가 고조선 역사에서 나왔다는 사실에 근거한 것이다. 그런데 교과서는 부여와 고구려, 백제, 발해의 계통은 밝혔지만, 고조선과 부여, 고구려의 계통에 대해서는 일체 언급하지 않았다. 부여와 고구려는 고조선의 거수국(渠帥國. 중국에서는 제후국)들이었다.

문헌사료와 고고학 자료에서 확인된 이 같은 사실들을 뺀 것은 고조선 역사와 한국사의 계통을 사실 그대로 서술하지 못한 것이다. 구석기시대와 신석기시대에 우리 민족이 만주와 한반도에 살았다고 하면서도, 민족의 기틀이 신석기시대와 청동기시대를 거치면서 형성되었다고 보는 것도 이치에 맞지 않다. "민족의 기틀" 개념이 불분명한데, 민족의 원류를 외부에서 찾거나 늦추는 시각이 그렇게 만들었다.

또 앞서 본 '여러 나라의 성장' 지도(170쪽 참조)를 유심히 살펴보면 백제와 신라, 가야의 영역이 없고, 거기에 마한, 진한, 변한이 있다. 어느 시기인지도 밝히지 않았다. 역사는 시간과 공간에서 펼쳐진다. 백제와 신라, 가야의 시간과 공간은 왜 여기에 밝혀놓지 않았을까? 고조선에 이어진 '여러 나라의 성장' 단원에서는 부여, 고구려, 옥저와 동예, 삼한(한)에 대해서만 서술했다.

부여, 고구려, 백제, 신라, 가야가 함께 그려진 첫 지도가 170쪽의 '4세기 백제의 발전' 지도다. 4세기 이전에는 고구려, 백제, 신라, 가야 등의 발전 수준이 낮았다는 시각을 반영한 것이다. 외부의 선진적인 영향이 여기에 있어야 하기 때문이다. 4장 '불멸의 임나일본부설이 위험하다'에서 상세히 살펴보겠다. 『중학교 국사』에는 청동기시대 유적지 지도가 아예 없다.

| 2 |

뒷걸음질 치는 역사 교과서

검정, 국정보다 못하다

중·고등학교 역사 교과서는 2011년부터 검정(檢定)으로 바뀌었다. 그러나 검정 교과서도 국정 교과서의 시각과 맥락, 서술 체제가 거의 같다. 교육부가 세세하게 내용을 규정하고 국사편찬위원회가 교과서를 검정하기 때문이다. 역사를 국가가 통제하는 것은 시대를 역행하는 것이다. 오히려 검정 제도를 완화해 교과서를 다양하게 만들어야 한다. 그것이 역사 왜곡을 바로잡는 계기가 될 것이다. 그런데 검정 교과서들이 국정보다 못한 내용으로 후퇴하고 있다. 국정 교과서는 그나마 많은 비판을 받아왔지만 검정 교과서는 대중적 검증을 받지 못했기 때문이다. 현재 중·고등학교 역사 검정 교과서는 중학교 9종(금성, 지학사, 미래엔, 천재교육, 리베르스쿨, 두산

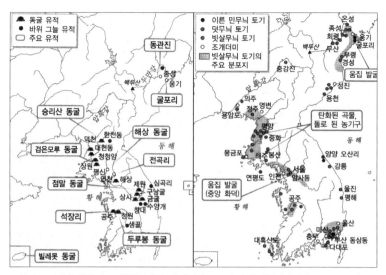

교학사 교과서에 실린 지도. 왼쪽부터 〈구석기시대 주요 유적지〉, 〈신석기시대 주요 유적지〉.

동아, 비상교육, 천재교과서, 교학사), **고등학교 8종**(금성, 지학사, 미래엔, 천재교육, 리베르스쿨, 두산동아, 비상교육, 교학사)**이다.** 2013년 일본 극우파의 시각으로 한국사를 서술해 국민적 지탄을 받았던 교학사의 『고등학교 한국사』부터 살펴보자. 위의 교학사 교과서 지도는 앞서 본 국정 교과서 지도와 같다. 이 지도 뒤에는 국정 교과서와 똑같은 지도를 썼다. 서술한 내용도 같다.

> 한반도에서 발굴된 구석기시대의 대표적인 유적은 평남 상원 검은모루 동굴, 경기 연천 전곡리, 충남 공주 석장리, 전남 순천 월평, 경남 밀양 고례리, 대구 월성동, 제주 애월읍 등 전국 곳곳에서 발견되고 있다.
>
> — 권희영 외, 『고등학교 한국사』, 교학사, 2014, 12쪽

그런데 교학사 교과서가 민족의 기원을 설명하는 부분에는 특기할 만한 점이 있다.

| 한반도는 구석기시대 말 이래 호모 사피엔스가 계속 거주하던 곳으로 이와 같은 주민 집단은 신석기시대에도 계속 유지되고 있었다. 그러나 4~5천 년 동안 지속된 신석기시대 동안 한반도의 신석기문화가 연해주, 중국 동북 지방, 일본의 서부 지방과 교류를 하는 과정에서 제한된 규모나마 주민의 유입과 이주가 있었다. 이러한 문화 교류와 주민 구성의 변화는 이후 청동기시대를 거치면서 더욱 활발해졌다. 한반도와 중국 동북 지방에 거주하던 여러 집단이 공동체로 조직화되고 황하문명권의 확장에 따른 문화가 형성되는 과정에서, 기원전 1천 년 동안 한반도와 그 주변 지역에서 민족의 원형이 성립되기 시작하였다. 이후 긴 시간이 흐르면서 민족의 정체성과 자기 인식이 완성되어 나갔을 것이다.

— 같은 책, 15쪽

국정 교과서에 없던 '새로운' 서술들이 나온다. 신석기시대 일본 서부 지방과의 교류, 황하문명권의 확장에 따른 문화의 형성, 기원전 1천 년 동안 민족의 원형이 성립되기 시작, 이후 긴 시간이 흐르면서 민족의 정체성과 자기 인식의 완성 등등. 외부와의 교류나 황하문명권의 확장에 따라 문화가 형성되면서 민족의 원형이 성립되기 시작했다고 한다. 국정 교과서가 신석기시대에서 청동기시대를 거치면서 민족의 기틀이 이루어지고, 그 시기를 서기전 2000년경에서 서기전 1500년경으로 본 반면 교학사 교과서는 서기전 1천 년 동안에 민족의 원형이 형성되고, 이후 긴 시간이 흐르면서 민족 정체성이 완성돼 갔다고 했다. 민족 원형의 형성을 500~1,000년 늦춰 설정한 것이다.

저명한 인류학자인 하버드대 교수 장광직(張光直)은 1986년에 만주 지역의 빗살무늬토기가 서쪽으로는 난하 유역, 동쪽은 연해주까지 분포한다는 연구 결과를 발표했다. 만주 지역의 빗살무늬토기는 한반도의 그것과 동일한 계통이다. 이처럼 고조선 건국 훨씬 이전의 신석기시대부터 한반도와 만주, 연해주 지역은 같은 문화권을 형성하고 있었다. 이후 비파형동검의 분포 현황이 이를 확증하고 있다. 비파형동검은 만주와 한반도 전역에서 출토되었다(한민족학회, 『한민족』 제3집, 교문사, 51~52쪽). 이런 배경에서 고조선 건국의 역사가 전개되었다.

교학사 교과서의 특이한 점은 또 있다.

> | 우리 민족 최초의 국가는 고조선으로, 『삼국유사』에는 기원전 2333년 단군왕검이 고조선을 건국하였다는 기록이 신화의 형태로 나온다.
>
> — 같은 책, 20쪽

2007년 이후 국정 『고등학교 국사』는 고조선이 서기전 2333년에 건국했다고 명시했다. 그런데 교학사 교과서는 이를 "신화의 형태"

로 나온다고 서술했다. 『삼국유사』가 기록한 고조선 건국 사실을 부정하는 시각이다.

이른바 '좌편향 교과서'라는 비판을 받아온 금성출판사의 『고등학교 한국사』를 살펴보자. 금성출판사의 교과서는 동아시아 시각으로 한국사를 본다면서, 한국사를 보다 분명하게 반도사로 표현했다. 구석기에 이어서 신석기 유적을 한반도 내로 설정하고, 우리 역사의 뿌리로 밝혀진 홍산문화(紅山文化)를 '중국의 신석기문화'로 서술했다. 홍산문화, 용산문화(龍山文化), 양저문화(良渚文化), 앙소문화(仰韶文化), 조몬문화(繩文文化)는 있는데, 한국은 어떤 문화였는지 밝히지 않았다.

> 중국에서는 기원전 20세기를 전후하여 청동기를 사용하기
> 시작하였다. 만주 지역은 기원전 20~15세기경에 청동기문화
> 단계로 진입하였고, 한반도에서는 기원전 10세기 이후 청동기
> 가 널리 사용되었다.
>
> - 김종수 외, 『고등학교 한국사』, 금성출판사, 2014, 23쪽

청동기문화는 중국에서 서기전 20~15세기경 전파되었다고 했다. 한반도에서는 기원전 10세기 이후 청동기가 널리 사용되었다고 했다. '청동기문화를 바탕으로 고조선이 성립하다'의 설명이다.

> 청동기문화의 발달과 함께 만주와 한반도 곳곳에 우세한 경
> 제력과 무력을 가진 정치세력이 등장하였는데, 요동 지역에

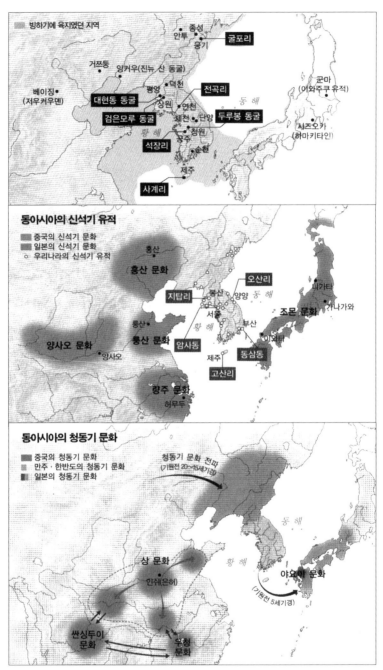

금성출판사의 교과서에 실린 지도들. 왼쪽부터 〈동아시아의 구석기 유적〉, 〈동아시아의 신석기 유적〉, 〈동아시아의 청동기 유적〉.

서 한반도 서북부에 집중 분포하였다. 고조선은 이러한 정치 세력들을 통합하여 성립하였는데, 『삼국유사』에는 기원전 24세기에 단군왕검이 고조선을 건국하였다고 전하고 있다. 단군신화의 건국 이야기는 신화적 요소가 강하고 후대에 첨가된 내용도 일부 있지만, 청동기문화를 바탕으로 고조선이 성립하던 모습을 잘 전해준다. (중략) 중국 기록에 따르면, 고조선은 기원전 7세기에 산동반도의 제와 교역을 하였다고 한다. 이를 통해 고조선이 중국의 나라들과 활발하게 교류하였고, 그와 인접한 요동, 한반도 서북부 지역에 존재하였음을 알 수 있다.

– 같은 책, 29쪽

교학사 교과서와 마찬가지다. 고조선 건국 사실에 대해 "신화적 요소가 강하고, 후대에 첨가된 내용도 일부 있다."는 표현을 썼다. 역시 고조선 건국 사실에 대한 불신을 깔고 있는 시각이다. 이 시각을 위 서술 바로 아래에 있는 '더 알아보기'에 명확하게 서술했다.

| 『삼국유사』에 나오는 기원전 24세기라는 고조선의 건국 시기는 우리나라 역사의 유구성을 강조하려는 고려 사람들의 역사 인식이 반영된 것이다. 실제로 고조선은 청동기문화가 상당히 발달한 기원전 10세기 이후에 성립되었을 것이다.

– 같은 책, 29쪽

고조선이 서기전 24세기에 건국했다는 『삼국유사』의 기록은 역사적 사실이 아니라 고려시대에 만들어졌다는 설명이다. 고조선 건국 기사를 고려시대에 창작한 것으로 설명한 것이다.

> 기원전 5~4세기경 중국이 혼란에 빠지자 유·이민이 대거 고조선으로 이주하였다. 이와 함께 중국 대륙의 발달된 철기문화도 보급되어, 고조선은 연과 대등하게 교류하며 대결을 벌일 정도로 성장하였다.
>
> — 같은 책, 30쪽

중국의 변동으로 한국사가 발전한 것으로 본다. 연과 대립하기 전의 고조선 역사는 무시되었다. 고조선과 한의 전쟁이 갖는 역사적 의미에 대한 서술이다.

> 그 뒤 고조선 지역에 한의 군현이 설치됨에 따라 우리나라 고대사를 이끌어 갈 새로운 정치세력은 고조선 외부 지역에서 출현하게 된다. 한 군현 중 대동강 유역에 설치된 낙랑군은 장기간 존속하면서 중국의 선진 문물을 한반도 일대에 전해주는 창구 역할을 수행하기도 하였다.
>
> — 같은 책, 30쪽

한사군이 한반도 서북부에 있었고, 중국의 선진 문물을 한반도에 전해주는 창구였다고 한다. 한국사의 타율성을 강조한 것이다.

내동댕이쳐버린 구석기시대

지학사 교과서는 어떨까?

> 약 400만 년 전 최초의 인류인 오스트랄로피테쿠스가 아프리카 지역에 나타났고, 180만 년 전에는 호모 에렉투스가 출현하여 점차 세계 각지로 이동하였다. 중국 북경에서는 약 50만 년 전의 인골 화석이 발견되기도 하였다(북경 원인). 한반도 각 지역에서도 구석기시대 사람들의 화석과 동물 뼈, 각종 뗀석기 등이 발견되었다. 약 30만 년 이전부터 1만 년 전에 이르는 유적지가 여러 곳에서 확인되면서 구석기를 사용하는 사람들이 일찍부터 한반도에 들어와 살고 있었음을 알 수 있다.
>
> — 정재정 외, 『고등학교 한국사』, 지학사, 2014, 12쪽

7차 교육과정 국정 교과서는 "우리나라와 그 주변 지역에 구석기시대 사람들이 살기 시작한 것은 약 70만 년 전부터이다."라고 서술했다. 다른 교과서들도 '한반도와 그 주변', '한반도와 만주' 등으로 서술하는데, 지학사 교과서는 아예 한반도만 거론했다. 유적지도 약 30만 년 이전부터 1만 년 전에 이르는 것으로 제한해 설명했다. 청동기문화의 출현도 늦췄다.

> 기원전 1000년을 전후하여 중국 동북부와 한반도 지역에서

는 비파형동검을 바탕으로 한 청동기문화가 나타나기 시작하였다. 비파형동검은 중국의 요서 지방과 요동 지방에서 많이 발견되었다. 요서 지방에서는 목축의 발달을 보여주는 마구 등이 많이 출토되었고, 요동 지방에서는 농경문화와 관련된 유물이 주로 출토되었다. 이 중 요동 지방의 청동기문화는 고조선이 성립하는 데 바탕이 되었다.

– 같은 책, 18쪽

| 기원전 10세기경부터 요동 지방과 청천강 이북 지역에서 발전하기 시작한 청동기문화는 점차 한강 이남 지역으로 전파되었다.

– 같은 책, 19쪽

서기전 10세기경부터 중국 동북부와 한반도 지역에서 청동기문화가 나타났고, 한반도 남부 지역은 계급 사회로의 발전이 늦었다는 서술이다.

| 한반도에는 구석기시대부터 사람이 살았으나, 이들은 오늘날 한국인의 뿌리가 아니다. 신석기시대에 한반도에 들어온 주민들이 우리 민족의 토대를 이루었고, 그 뒤에 다른 주민이 새로 들어와 이전에 살던 사람들과 결합하면서 한국인이 형성되었다. 한국인은 동북아시아 북쪽 인종의 특징을 많이 지니고 있으며, 지역적으로는 중국의 동북부, 만주, 한반도 등

을 무대로 활동하였다.

– 같은 책, 19쪽

　시각이 한반도에 갇혀 한 문단에서 앞뒤가 모순되는 주장을 하고 있다. "한반도에는 구석기시대부터 사람이 살았으나, 이들은 오늘날 한국인의 뿌리가 아니다."고 했다. 그 이유는 신석기시대에 한반도에 들어온 주민들과 다른 주민들이 한반도에 있던 사람들이 결합했기 때문이라는 것이다. 그런데 바로 뒤에서 한국인은 중국의 동북부, 만주, 한반도 등을 무대로 활동했다고 한다. 그렇다면 구석기시대 이래 중국의 동북부와 만주, 한반도에서 펼쳐진 우리 민족의 역사는 한국사와 한국인의 뿌리가 되는 것이다. 국사편찬위원회는 한국사의 뿌리를 근거 없이 계속해서 뒤로 늦추고 있다. 지학사 교과서가 구석기 시대에 살았던 이들을 한국인의 뿌리가 아니라고 한 것은 역사학계의 정설을 따를 수밖에 없기 때문이다.

　세계에 순수하고 단일한 혈통이 전혀 없다고 단정할 수는 없고, 우리 역사도 생물학적으로 단일한 혈연관계로 흘러오지는 않았다. 민족은 순수한 피와 DNA의 일치가 아니라 고유한 생활양식, 사상, 세계관, 언어, 종교, 의식, 감정, 집단 체험 등 문화의 유사성과 공동체 의식이 중요한 기준이다. 혈연과 DNA는 민족의 계통을 추적하는 하나의 요소이지, 민족을 판별하는 결정적인 지표는 아니다.

　우리 역사에 비해 민족 간의 이동이 많았던 유럽의 경우 학계에서 어떻게 정리하는지 보자.

| 신석기문화의 담당자들은 아시아로부터 아프리카와 남부 유럽으로 밀려들어온 새롭고 다양한 현생 인류들이었다. 그들이 그 후 멸종하거나 모조리 다른 곳으로 이주했다는 증거가 없기 때문에, 이들은 오늘날 유럽에 살고 있는 사람들 대부분의 직계 조상으로 간주되어 마땅하다.

－ 에드워드 맥널 번즈 외, 『서양문명의 역사』 1, 박상익 옮김, 소나무, 2003, 16쪽

신석기문화 담당자들이 멸종하거나 모조리 다른 곳으로 이주했다는 뚜렷한 증거가 없는 한, 그들을 오늘날 살고 있는 이들의 직계 조상으로 본다. 상식적이고 합리적으로 접근한 시각이다. 이는 구석기시대에도 해당된다.

서기전 70만 년 전부터 대륙과 한반도에 사람이 살고 있었고, 그들이 멸종하거나 모조리 다른 곳으로 이주했다는 증거가 없는 한 그들은 현재 살고 있는 이들의 직계 조상으로 간주되는 것이 열린 학문적 태도다. 구석기시대가 길었고 기후변화가 있었다고 해서 구석기시대를 민족의 뿌리를 밝히는 계통에서 제외해서는 안 된다. 구석기시대는 앞으로 더욱 길어질 것이다. 과학전문지 「네이처」에 2011년부터 2012년 말까지 케냐 투르카나 호수 연안에서 발굴한 149개 석기에 대한 연구 성과가 발표되었다. 이 석기들은 약 330만 년 전의 것으로 판명되었다. 지금까지는 탄자니아에서 발굴된 올도완(Oldowan) 석기로 약 270만 년 전의 것이었다.

역사를 보는 커다란 눈이 필요하다. 역사 교과서가 "한반도에는 구석기시대부터 사람이 살았으나, 이들은 오늘날 한국인의 뿌리가 아니다."고 폐쇄적으로 단정하는 것은 역사학계의 시각에서 나왔다. 역사학계는 한국인의 기원을 구석기시대에서 찾지 않는다. 신석기시대부터 찾는 것처럼 말하면서 삼국시대 이후로 늦추다가 모호하게 얼버무린다. 국사편찬위원회의 『한국사』를 보자.

> 한국사에서 한국문화 내지 한민족의 출발점을 어느 때로부터 볼 것인가 하는 문제는 논쟁의 여지가 없지 않겠으나, 일단 신석기시대를 한국문화의 원점, 청동기시대를 한민족 및 한국문화의 진정한 출발점으로 볼 수 있다고 생각된다. 그리고 민족의식은 대체로 삼국시대부터 생성되기 시작했다고 보여지며, 신라에 의한 삼국 통일에 따라 국토가 한반도로 고정된 뒤로부터 사회의 급속한 동질화 현상이 진행되어 단일 민족의식이 대두할 수 있는 기반이 마련되었다고 보여진다. 그 뒤 고려 초에 귀부(歸附)해온 발해 유민을 흡수 통합하고 아울러 같은 시기에 정력적으로 추진된 북방 개척에 따라 고려에 편입된 국경지대의 여진인도 적지 않았던 것으로 짐작된다. 이로써 한민족 형성의 최종적 단계에 도달했다고 보는 것이 학계의 일반적인 견해이다.
>
> – 국사편찬위원회, 『한국사』 1, 2003, 탐구당, 111쪽

이 글은 이기동(동국대 명예교수)이 썼다. 우리 민족은 삼국시대부터

형성되기 시작해 삼국 통일에 의해 기반이 마련되고, 고려 때 최종적 단계에 도달했다고 보는 것이 역사학계의 견해다. 어떻게든 민족의 형성을 늦추는 것이다.

지학사 교과서는 '구석기인과 한국인' 팁(tip)을 이렇게 달았다.

> 현대 한국인의 두개골은 폭에 비해 앞뒤 길이가 짧고 아래위 높이는 높은 형태를 가지고 있다. 그에 비해 구석기시대에 한반도에 살던 사람들의 두개골은 앞뒤 길이가 긴 형태를 띠고 있어서 현대 한국인과 연관이 없는 것으로 보인다.
>
> ― 정재정 외, 「고등학교 한국사」, 지학사, 2014, 20쪽

오랜 역사, 변화, 연관. 연관은 DNA만이 아니다. 연관이 안 되었다고 단정해서는 안 된다. 한국인의 뿌리를 한반도로 설정한 점, 그리고 두개골의 형태가 구석기시대와 현대인이 다르다고 해서 구석기인이 한국인의 뿌리가 아니라고 하는 것은 과학적인 태도가 아니다.

> 『삼국유사』에는 하늘에서 내려온 환인의 아들 환웅이 곰에서 사람으로 변한 웅녀와 결혼하여 단군을 낳았고, 단군이 고조선을 건국하였다는 기록이 있다.
>
> ― 같은 책, 22쪽

『삼국유사』 기록을 신뢰할 수 없다는 시각이다. 이 책에는 고조

선이 언제 건국했다는 설명도 없다. 한국사 교과서가 한국 최초의 국가가 언제 건국했는지를 밝히지 않았다. 다만 이렇게 서술하고 있을 뿐이다.

> 고조선은 일찍이 독자적인 정치세력을 형성하고 중국 고대 국가들과 교류하거나 대적하면서 성장하였다. 기원전 7세기경에는 산동반도에 있던 제와 교역하였고, 기원전 4세기 이후에는 중국 북부 지역의 연과 대립하다가 침입을 받기도 하였다.
>
> – 같은 책, 22쪽

서기전 24세기경에 건국하였다는 『삼국유사』 기록은 쏙 빼버리고 서기전 7세기경 중국 고대국가들과의 교류를 언급하며 고조선을 다뤘다. 앞서 기원전 1000년을 전후하여 중국 동북부와 한반도 지역에 청동기문화가 나타나기 시작하고, 이것이 고조선이 성립하는 데 바탕이 되었다고 서술했으니, 고조선은 서기전 7세기경에 성립되었다고 보는 것이다.

서기전 4~3세기에 중국의 철기 문화가 유입돼 계급 사회의 발달이 촉진되었다면서 다음과 같이 설명한다.

> 위만은 한과 협력하여 국경을 안정시키고 주변 군장 세력들의 교역을 중계하는 한편, 중국의 우수한 철기문화를 받아들였다. 이를 바탕으로 위만조선은 진번과 임둔 등을 정복하여

한반도 북부 지역을 거의 다스리게 되었다.

− 같은 책, 24쪽

위만이 한과 협력해 국경을 안정시키고, 중국의 우수한 철기문
화를 받아들이고 한반도 북부 지역을 거의 다스렸다는 설명이다.

　│　기원전 1세기 이후 한반도 전역에 철기문화가 보급되었다. 이
　　　에 따라 세형동검을 비롯한 한국식동검문화가 쇠퇴하고 중국
　　　의 영향을 받은 청동기와 철기가 나타나게 되었다.

− 같은 책, 25쪽

서기전 1세기에 한반도 전역에 철기가 보급되었다고 한다.

　│　1세기에서 3세기 무렵 만주와 한반도에는 부여, 고구려, 옥
　　　저, 동예, 삼한 등 여러 나라가 있었는데, 정치가 발전한 정
　　　도는 서로 달랐다. 한과 가까운 곳에 자리 잡은 고구려와 부
　　　여는 일찍부터 중국의 선진 문화를 받아들여 왕권이 존재하
　　　는 초기 고대국가로 성장하였다. 마한, 진한, 변한의 삼한은
　　　낙랑 및 대방과 교류하는 과정에서 수십 개의 소국이 모여
　　　연맹체를 형성하였다.

− 같은 책, 26쪽

중국과 가까운 곳은 발달하고 멀면 발전이 더뎠다는 설명이다.

가장 높은 점수를 받은 역사 교과서

현재 사용되고 있는 고등학교 한국사 검정 교과서 가운데 국사 편찬위원회로부터 가장 높은 점수를 받고, 고등학교에서 채택률도 가장 높은 것으로 알려진 미래엔 교과서를 보자.

> | 주제 열기
>
> 구석기인의 만능 도구 주먹도끼! 인간이 손에 들린 이 돌덩이가 현대 문명의 산물인 휴대 전화로 바뀌기까지 얼마나 오랜 세월이 흘렀을까? 인류는 거대한 자연 앞에 비록 나약한 존재였지만 도구를 사용함으로써 이를 극복하고 나아가 문명을 창조하였다. 그러기까지 수백만 년이 흘렀다.
>
> – 한철호 외, 「고등학교 한국사」, 미래엔, 2015, 10쪽

역사 교과서 첫 문장의 주어가 도구다. 본문도 도구에 대한 설명으로 시작한다.

> | 인류는 나무나 동물의 뼈, 또는 돌을 다듬어 만든 석기를 도구로 이용하였다. 석기는 제작 방법에 따라 뗀석기와 간석기로 구분하는데, 구석기시대에는 뗀석기를 사용하였다.
>
> – 같은 책, 10쪽

미래엔 교과서에는 구석기·신석기시대의 유적지 지도가 아예

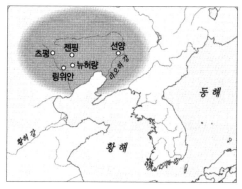

미래엔 교과서에 실린 홍산문화
영역.

없다. 우리 역사의 무대를 소개하지 않은 것이다. 구석기·신석기
시대를 서술하며 한반도로 한정한 지도를 넣은 교과서도 문제지
만 아예 지도를 다루지 않는 것도 잘못되었다. 공간이 없는 역사
는 없기 때문이다.

한편 미래엔 교과서는 다른 교과서와 달리 홍산문화를 지도와
함께 소개하고 있다(위 지도 참조).

> 중국 황하강 중류 지역에서 발굴된 신석기시대 양사오문
> 화는 황하문명의 원류로 여겨진다. 그런데 20세기 중반 이
> 후 만리장성 밖 중국 동북 지역에서 수준 높은 선사 유물
> 이 대거 발견되어 학계에 큰 충격을 주었다. 역사적으로 '동
> 이(東夷)'의 땅이었던 이 지역의 신석기문화가 황하강 지역보
> 다 시기적으로 훨씬 앞서거나 비슷하였기 때문이다. 이들 문
> 화 중 하나인 홍산문화가 크게 꽃을 피웠던 시기는 기원전
> 3500~3000년경으로 추정되고 있다. 또한, 우하량(牛河梁)의 홍

산문화 유적지에서는 대규모의 돌무지무덤과 제단이 발견되고 세련된 옥기들이 대량 출토되었는데, 황하강 지역의 중국 문화와는 구별되는 성격을 지녔다. 이 일대의 선사문화는 청동기시대까지 이어지며, 한반도 지역에서 많이 보이는 신석기시대의 빗살무늬토기, 청동기시대의 돌무지무덤, 고인돌, 비파형동검, 청동거울 등도 대량으로 발굴되었다. 이는 만주, 한반도 일대가 오랜 기간 동안 문화적으로 많은 관련을 가지고 발전해왔음을 보여준다.

– 같은 책, 12쪽

홍산문화는 고고학적으로 우리 역사의 원류로 밝혀졌지만, 고조선사의 뿌리임에도 제대로 알려지지 못했다. 그런 면에서 교과서에 이를 다룬 것은 의미 있는 일이다. 1차 사료와 고고학에 의해 밝혀진 사실들을 외면할 수 없다. 그런데 바로 뒤의 내용은 홍산문화 소개와 배치된다.

> 기원전 3000년경 큰 강 유역에서 이른바 세계 4대 문명이 출현하였다. 이들 큰 강 유역에서는 청동기가 사용되었고, 관개농업이 발달하였으며 계급의 분화가 이루어졌다. 또한, 도시국가가 출현하고 문자를 사용했는데, 이를 바탕으로 청동기문화가 크게 발달하였다. 기원전 2000년에서 1500년 무렵에는 만주, 한반도 일대에서도 청동기문화가 시작되었다.

– 같은 책, 13쪽

앞에서도 말했듯이 '세계 4대 문명'이라는 개념 자체가 인류문명사에 대한 왜곡이다. 교과서의 이 설명은 이른바 4대 문명 이외의 지역에서 전개된 다양한 역사의 진실을 훼손하는 것이다. 더군다나 자국사를 이렇게 폄훼해서는 안 된다. 바로 앞에서 황하문명보다 앞선 홍산문화를 서술한 것과 모순된다. 서기전 2000년에서 1500년 무렵에는 만주, 한반도 일대에서 청동기문화가 시작되었다는 서술도 내몽골 일대에서 발견된 서기전 25세기경의 청동기 유물의 발견을 도외시한 것이다.

미래엔 교과서는 "구석기시대에 이 땅에 살던 사람들은 한민족의 조상일까?"라는 질문에 이렇게 답한다.

| 구석기시대의 이른 시기에 살았던 사람들은 현생 인류가 아니기 때문에 직접 조상이라고 할 수 없다. 그렇다면 구석기시대의 가장 늦은 시기에 살았던 사람들은 한민족의 직접 조상일까? 그럴 가능성이 전혀 없지는 않겠지만, 이들이 한민족의 조상이라는 결정적 증거는 아직 발견되지 않고 있다. 다만, 이들 중에는 다른 곳으로 이동하지 않고 기온 상승에 따른 환경 변화에 적응하여 살아간 사람들도 있었을 것이다. 발굴된 사람의 머리털이나 턱뼈, 머리뼈 등을 조사한 결과, 현재 한국인과 체질상 큰 차이점을 찾아볼 수 없다는 견해도 있다. 하지만 이들이 한민족의 조상인지 여부를 확인하기 위해서는 좀 더 많은 증거와 연구가 필요하다.

— 같은 책, 15쪽

기존 국정 교과서나 다른 검정 교과서와 달리 우리 민족의 기원을 구석기시대까지 연결해보려는 시각이 있다. 역사의 유구함, 강역의 넓음이 중요한 것이 아니다. 역사를 객관적인 시각과 열린 자세로 보는 태도가 의미 있는 것이다.

미래엔 교과서는 "『삼국유사』에 따르면 단군왕검이 고조선을 건국하였다(기원전 2333)."고 서술했다. 그러나 나머지 내용은 여타 역사 교과서의 내용과 같다.

> 고조선은 국가 체제를 정비하고 철기문화를 수용하면서 더욱 발전하였다. 이에 중국의 전국 7웅 중 하나인 연(燕)과 대적할 만큼 성장하였다. 한편, 기원전 3세기에는 부왕, 준왕과 같은 강력한 왕이 등장하여 왕위를 세습했으며, 상(相), 대부(大夫), 장군(將軍) 등의 관직도 두었다.
>
> – 같은 책, 16쪽

서기전 24세기에 건국한 고조선이 무려 2,000년이 지나서야 국가 체제를 정비하고, 철기문화를 수용하고, 중국의 연과 대적할 만큼 성장했다고 한다. 어떤 근거로 이런 말을 하는지 궁금하다. 모두 역사적 사실과 무관한 설명이다. 서기전 3세기에 부왕, 준왕 같은 강력한 왕이 왕위를 세습했다는 것도 고조선의 역사를 부정하는 서술이다. 또한 부왕과 준왕은 단군왕검이 세운 고조선에 속한 제후국이었음이 문헌사료에 따라 실증되었음에도 이를 전혀 반영하지 않았다.

이른바 '종북 교과서'라는 비난을 받아온 천재교육의 『고등학교 한국사』를 살펴보자.

| 한반도와 만주 지역에 사람이 살기 시작한 것은 약 70만 년 전부터였다.

- 주진오 외, 『고등학교 한국사』, 천재교육, 2014, 11쪽

| 만주와 한반도에서는 기원전 2000년에서 기원전 1500년경 청동기가 보급되기 시작하였다.

- 같은 책, 15쪽

| 한민족의 형성

신석기시대에 농경이 시작되면서 만주와 한반도 일대에 많은 사람이 정착하여 살게 되었다. 주로 빗살무늬토기를 사용하는 이들에 의해 우리 민족의 형성 기반이 마련된 것으로 추정된다. 이후 이 지역에는 비파형동검으로 상징되는 청동기 문화권이 형성되었다. 한반도 곳곳에서 신석기인들이 사용한 빗살무늬토기가 출토되고 있으며, 청동기인들이 만든 비파형 동검 또한 한반도 전역에 분포하고 있다. 이를 통해 먼저 이 지역에 정착하여 생활하던 빗살무늬토기인들과 새로 유입해 온 청동기인들이 긴 세월을 거치면서 서로 융합되어 하나의 문화적 동질성을 갖게 된 것으로 보인다. 그리하여 신석기시대에서 청동기시대를 거치면서 농경문화와 청동기문화를 바

탕으로 우리 민족 고유의 독자적인 문화가 성립되었다. 중국인들은 이들을 자신들과 다른 문화를 가진 종족으로 구분하여 동이(東夷)라 부르기도 하고, 예(濊), 맥(貊), 한(韓) 등으로 부르기도 하였다. 이들은 고조선과 부여, 고구려, 삼한을 세운 중심 세력으로, 이후 우리 민족의 주류를 이루었다.

– 같은 책, 14쪽

역시 국정 교과서와 거의 같은 맥락에서 서술했다. 한민족의 형성을 설명하면서는 한반도에 국한된 신석기 유적지 지도를 실었다. 다만 동이(東夷)를 우리 민족의 주류와 관련해 언급한 것이 다소 특이한 점이다. 고조선의 건국에 대해서는 "『삼국유사』에는 고조선의 건국과 관련된 단군신화가 전해지고 있다."고 설명하며 건국 연도를 밝히지 않았다. 다만 '고조선의 성장과 발전'에서 이렇게 설명한다.

> 기원전 5세기 무렵 만주와 한반도에 철기가 보급되면서 더욱 세력을 확장한 고조선은 중국의 제와 교역하며 선진 문물을 수용하였다.

– 같은 책, 16쪽

서기전 5세기 무렵 만주와 한반도에 철기가 보급되면서 고조선이 세력을 확장하고 중국의 선진 문물을 수용했다는 것이다. 역시 중국의 영향으로 서기전 5세기경에 고조선이 발전했다고 보는 시각이다. 다른 중·고등학교 한국사 검정 교과서들도 대동소이하다. 역사 교과서를 국정 체제로 되돌려서는 안 될 일이지만 검정 교과서가 국정 교과서보다 더 한국사를 왜곡하는 현실은 시급히 시정돼야 한다.

"우리나라의 수구는 반민족적이고, 진보는 몰민족적이다."는 어느 역사학자의 말이 떠오른다. 우리 역사가 애초부터 한반도의 역사라면 그것은 그대로 우리 민족의 역사가 된다. 그 사실은 문제될 것이 없다. 이는 좋고 나쁨, 바람과 아쉬움, 자긍심과 열등감의 관점이 아니라 사실 여부의 문제다. 그러나 사실이 아니라면 하루빨리 바로잡아야 한다.

역사 교과서 내용이 사실이라면 고조선, 부여, 고구려, 한, 발해 등의 역사를 우리 역사로 봐서는 안 된다. 그것은 역사 왜곡이다. 사실에 근거하지 않은 역사는 허구일 뿐 역사가 아니다. 역사는 '사실'과 '해석'으로 이루어진다. 사실을 전제한 해석이 역사학의 출발점이다. 사실에서 추론하고 상상하며 진실을 찾는 것이 역사다. 한 사람의 경험이 중요하지만 그 경험을 어떻게 해석하는가가 결국 그의 삶을 좌우하는 것처럼.

『중학교 국사』는 머리말에서 "역사를 배우는 중요한 목표는 자신을 스스로 깨닫는 것, 오늘의 문제를 해결할 수 있는 지혜를 배우는 것"이라고 했다. 역사 교과서를 통해 학생들은 무엇을 생각할까? 자신을 깨닫고 문제 해결의 지혜를 배울 수 있을까? 역사학자 김용섭(연세대 명예교수)은 청소년 시절 선생님으로부터 들은 역사 이야기를 듣고 받은 감동을 이렇게 회고했다.

| 저는 조선의 역사에 관해서, 선생님을 졸라서 우리나라 현대사 현실에 관하여 이런저런 이야기를 들었습니다. 지금 우리의 역사로서는 다 아는 사실이지만, 당시의 조선에서는 쉬쉬하는 대상으로, 들을 수 없었던 소중한 이야기들이었습니다. 1. 우리가 지금 살고 있는 만주는, 옛날에는 우리들의 조상들이 고구려·고조선을 건설하고 살았던 곳이다. 2. 일제가 우리나라를 침략한 뒤에는 많은 애국지사들이 이 만주를 기지로 독립운동 무장투쟁을 하였다. (중략) 저는 소학교 시절에 그렇게도 궁금하였던 문제들이 확 풀리는 것 같았습니다. '우리는 누구인가', '우리는 어떻게 될까'와 관련하여 조선 사람들은 다 죽지 않고 살아 있었구나 하고 기뻤습니다. 땅속으로 꺼져 들어가는 그리고 물속으로 가라앉는 것 같았던 지난날의 기분에서 벗어날 수 있을 것 같았습니다. 일본 만주에서의 견문은 참으로 소득이 많은 것이었습니다. 그것은 '우리는 누구인가'에 관하여, 저에게 절망과 희망의 양면이 있음을 확인시켜주는 것이었습니다.

－ 김용섭, 『역사의 오솔길을 가면서』, 지식산업사, 2011, 79∼80쪽

'우리는 누구인가', '우리는 어떻게 될까'에 대한 물음과 통찰, 이것이 역사의 힘이고 의미다. 누구나 이야기를 좋아한다. 역사는 흥미롭고 감동적인 이야기의 원천이다. 누구든 청소년기에 접한 역사를 쉽게 잊지 못한다. 역사적 사실은 무한한 상상력과 호기심을 자극한다.

우리 학생들은 언제 제대로 역사의 재미와 의미를 체득하고 즐길 수 있을까?

처음 만나는 역사 교과서는 괜찮을까

초등학교 역사 과목은 어떨까? 초등학교 사회 교과서는 국정이다. 교육부에서 2014년에 발간한 실험용 교과서를 보자. 1단원 '우리 역사의 시작과 발전' 첫 문장이다.

> 청동기시대가 시작될 무렵, 한반도에 우리나라 최초의 국가인 고조선이 세워졌다. 고조선 이후 한반도와 그 주변 지역에는 철기문화를 바탕으로 여러 나라가 생겼다.
>
> — 진주교대 국정도서편찬위원회, 『사회 5-1』, 교육부, 2014, 6쪽

한국사의 영역을 한반도로 명확히 제한해 서술했다. 중·고등학교 교과서들과 비교해보자.

> 일찍부터 만주 지역과 한반도를 중심으로 동북아시아 지역에 넓게 자리 잡았던 우리 민족은 신석기시대와 청동기시대를 거치면서 점차 민족의 기틀을 형성하고, 주변의 여러 민족과 교류하면서 독특한 문화를 발전시켰다.
>
> — 국정 『중학교 국사』, 10쪽

| 우리 조상들은 대체로 중국 요령성, 길림성을 포함하는 만주
지역과 한반도를 중심으로 한 동북아시아에 넓게 분포하여
살고 있었다.

- 국정 『고등학교 국사』, 2010, 19쪽

| 청동기시대의 유적은 중국의 요령성, 길림성 지방을 포함하
는 만주 지역과 한반도에 걸쳐 널리 분포되어 있다.

- 같은 책, 27쪽

중·고등학교 교과서는 우여곡절 끝에 그나마 여러 가지 사실
들이 혼재됐지만, 초등학교 교과서는 오히려 사각지대에 있었다.
다시 초등학교 교과서를 보자.

| 선사시대에 인간이 자연에서 가장 손쉽게 접할 수 있는 재료
는 돌이었다. 돌로 도구를 만들었기 때문에 이때를 석기시대
라고도 한다. 석기시대는 돌을 깨트리거나 떼어내는 방식으
로 뗀석기를 만들었던 '구석기시대'와 이후 돌을 갈아 간석기
를 만들었던 '신석기시대'로 구분한다. 한반도에는 구석기시대
의 유적이 많이 남아 있다. 이곳에서 동물과 사람의 뼈, 여
러 가지 뗀석기, 뼈로 만든 도구 등이 발굴되었고, 불을 뗀
흔적도 발견되었다.

- 진주교대 국정도서편찬위원회, 『사회 5-1』, 교육부, 2014, 12쪽

| 신석기시대 사람들은 처음으로 농사를 짓기 시작하였다. 신석기시대에는 석기를 만드는 기술이 발달하여 돌을 갈아서 만든 간석기를 사용하였다. 간석기는 사냥과 고기잡이뿐만 아니라 농사에도 이용되었다. 사람들은 농사를 지으며 가축도 길렀다.

– 같은 책, 16쪽

| 청동기시대 사람들은 농사지을 때 여전히 돌과 나무로 만든 도구를 사용하였다. 그들은 벼농사를 지었고 반달 모양의 돌칼로 곡식을 수확하였다. 이렇게 얻은 곡식은 무늬가 없는 민무늬토기에 담았다.

– 같은 책, 19쪽

| 청동기시대에는 지배하는 사람을 중심으로 마을의 규모가 점점 커졌으며, 다른 세력과의 다툼도 잦아졌다. 마을 사이에는 다른 마을 사람이 침입하지 못하도록 마을을 빙 둘러 도랑을 파고, 나무와 흙으로 성벽을 세워 방어하였다. 마을과 마을 사이에 전쟁이 일어나 이긴 마을은 진 사람들을 노예로 부리고 식량과 여러 가지 재물도 빼앗았다. 늘어난 인구와 재물을 관리하고 사회를 안정되게 유지하기 위해서 마을의 지배자는 법을 만들어 사람들을 다스리기 시작하였다. 관리 조직과 군대를 두고 사람들이 법을 지키도록 감시하거나 법을 어기면 처벌하였다. 이러한 과정에서 역사상 처음으

로 국가가 생겨났다. 우리나라에서 최초로 등장한 국가가 고조선이었다.

— 같은 책, 21쪽

무미건조한 사실의 나열이다. 구석기시대, 신석기시대, 청동기시대, 뗀석기, 간석기, 인간이 사용한 도구를 기준으로 역사를 보는 것이 얼마나 큰 의미가 있을까? 구석기시대에 구석기인이 살고 신석기시대에 신석기인이 살았던 것이 아니다.

또한 초등학교 교과서 '최초의 국가 고조선' 단원에는 고조선이 언제, 어디에 있었고, 어떤 역사가 있었는지에 대한 언급이 전혀 없다. 다만 다음과 같은 내용이 이어진다.

> 환웅이 정말 하늘에서 내려왔을까? 곰이 어떻게 사람이 될 수 있었을까? 단군왕검 이야기에는 이처럼 신비로운 부분이 많다. 나라의 건국과 관련된 신비로운 이야기를 '건국 신화'라고 한다. 신화를 그대로 믿기는 어렵지만, 신화에는 그것을 만들고 간직해온 사람들의 생활 모습과 생각, 감정이 깃들어 있다.

— 같은 책, 25쪽

"신화를 그대로 믿기는 어렵지만"이라는 표현은 단군사화를 전하는 『삼국유사』 등의 문헌기록을 불신하는 시각이다. 단군사화에는 "신화를 만들고 간직해온 사람들의 생활 모습과 생각, 감정"

뿐 아니라, 고조선 건국이라는 역사적 사실이 담겨 있다.

> | 고조선을 세웠다는 단군왕검은 하늘을 상징하는 환웅과 땅
> 을 상징하는 곰 사이에서 태어났다고 전한다.
>
> – 같은 책. 26쪽

많은 사료가 전하는 단군왕검의 건국 사실을 "고조선을 세웠다
는 단군왕검"이라고 표현했다. 교과서를 통해 한국사를 접한 학생
들은 고조선 건국 사실을 믿지 못할 이야기로 생각할 것이다. 교
과서는 한국사의 뿌리를 올바로 밝히지 않고 있다.

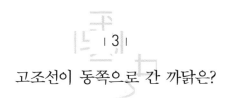

| 3 |
고조선이 동쪽으로 간 까닭은?

사료를 외면하는 역사 교과서

역사 교과서의 가장 큰 문제는 1차 사료는 물론 새롭게 밝혀진 고고학 자료들을 도외시한다는 점이다. 2010년까지 사용한 국정 『고등학교 국사』를 보자.

> ### 청동기의 보급
>
> 신석기시대 말인 기원전 2000년경에 중국의 요령, 길림, 러시아의 아무르강과 연해주 지역에서 들어온 덧띠새김무늬토기문화가 앞선 빗살무늬토기문화와 약 500년간 공존하다가 점차 청동기시대로 넘어간다. 이때가 기원전 2000년경에서 기원전 1500년경으로, 한반도 청동기시대가 본격화된다. 고인

돌도 이 무렵 나타나 한반도의 토착 사회를 이루게 된다. 청동기시대에는 생산경제가 그전보다 발달하고, 청동기 제작과 관련된 전문 장인이 출현하였으며, 사유재산 제도와 계급이 나타나게 되었다. 이에 따라 사회 전반에 걸쳐 큰 변화가 일어나게 되었다.

– 국정 「고등학교 국사」, 27쪽

이 서술은 앞에서 봤던 '청동기시대의 유적지 지도' 옆에 있다.

중국과 러시아 지역에서 들어온 문화의 보급으로 '한반도 청동기시대'가 도래하고, 이에 따라 '한반도 토착 사회' 전반에 걸쳐 큰 변화가 일어나게 되었다고 한다. 그 시기를 서기전 2000년경에서 서기전 1500년경으로 설정했다. 앞서 본 대로 서기전 24세기경에 고조선이 건국되었다는 『삼국유사』, 『제왕운기』 등의 문헌기록과 그를 뒷받침하는 고고학적 자료들은 사실이 아닌 것이 된다. 한반도와 만주 지역에서 발견된 청동기 유물과 유적의 연대는 방사성탄소연대측정법을 비롯한 과학적인 분석 결과 서기전 25세기 이전으로 밝혀졌다.

> 한반도에서는 서기전 25세기로 올라가는 청동기유적이 두 곳이나 발굴되었다. 하나는 문화재관리국 발굴단에 의해 발굴된 경기도 양평군 양수리의 고인돌 유적이다. 다섯 기의 고인돌이 발굴된 이 유적에서 채취한 숯에 대한 방사성탄소연대측정 결과는 서기전 1950±200년으로 나왔는데, 교정 연대

는 서기전 2325년경이 된다. 이 유적에서 청동 유물은 출토되지 않았으나, 고인돌은 청동기시대 유물이라는 것이 학계의 정설이므로 이 연대를 청동기시대 연대로 볼 수 있는 것이다. 다른 하나는 목포대학 박물관에 의해서 발굴된 전남 영암군 장천리 주거지 유적이다. 이 청동기시대 유적은 수집된 숯에 대한 방사성탄소측정 결과 그 연대는 서기전 2190±120년(4140±120 B.P.) · 1980±120년(3930±120 B.P.)으로 나왔는데 교정 연대는 서기전 2630년 · 2365년경이 된다.

– 윤내현, 『고조선연구』, 지식산업사, 1994, 315쪽

양평군 청동기 유적은 1970년대에, 영암군 유적은 1980년대에 발굴한 결과다. 만주 요서 지역에서 발굴한 청동기 유물도 서기전 2410년으로 나왔다. 고고학 자료는 시간이 지날수록 시대가 앞당겨지기 마련이다. 역사 교과서에서 청동기시대를 서기전 2000년에서 서기전 1500년경으로 본 것도 바로 직전의 교과서보다 500년 올라간 것이다. 바로 전에 사용한 교과서를 보자.

| 신석기시대를 이어 한반도에서는 기원전 10세기경에, 만주 지역에서는 이보다 앞서는 기원전 15~13세기경에 청동기시대가 전개되었다.

– 국정 『고등학교 국사』, 2006

역사 교과서에서 청동기시대가 조금씩 오르는 것은 그나마 형

편이 괜찮은 예에 속한다. 2007년 역사 교과서는 "『삼국유사』와 『동국통감』의 기록에 따르면 단군왕검이 고조선을 건국하였다(기원전 2333)."고 서술했다. 그 이전의 교과서에서는 "『삼국유사』와 『동국통감』의 기록에 따르면 고조선은 단군왕검이 건국하였다고 한다(기원전 2333)."고 서술했다. '하였다'와 '하였다고 한다'의 의미는 너무나 다르다. '하였다고 한다'는 믿지 못하겠다는 뜻을 깔고 마지못해 하는 말이다. 다른 나라 역사를 소개할 때도 이렇게는 하지 않는다. 하물며 자기 민족이 세운 최초의 국가를 이렇게 서술하는 나라가 세상에 어디 있는가.

그런데 당시 주류 역사학계는 이것조차도 강하게 비판했다. 당시 언론 기사를 보자.

| "한반도 청동기시대 기원전 20~15세기 본격화"
전문가들 "학계 이견 사료 바탕 엄밀하게 적어야"

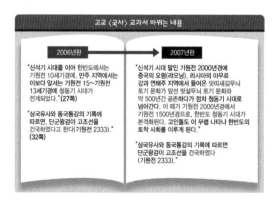

고교 〈국사〉 교과서 바뀌는 내용

2006년판

"신석기 시대를 이어 한반도에서는 기원전 10세기경에, 만주 지역에서는 이보다 앞서는 기원전 15~기원전 13세기경에 청동기 시대가 전개되었다."(27쪽)

"삼국유사와 동국통감의 기록에 따르면, 단군왕검이 고조선을 건국하였다고 한다(기원전 2333)." (32쪽)

2007년판

"신석기 시대 말인 기원전 2000년경에 중국의 요령(랴오닝), 러시아의 아무르강과 연해주 지역에서 들어온 멋띠새김무늬 토기 문화가 앞선 빗살무늬 토기 문화와 약 500년간 공존하다가 점차 청동기 시대로 넘어간다. 이 때가 기원전 2000년경에서 기원전 1500년경으로, 한반도 청동기 시대가 본격화된다. 고인돌도 이 무렵 나타나 한반도의 토착 사회를 이루게 된다."

"삼국유사와 동국통감의 기록에 따르면 단군왕검이 고조선을 건국하였다(기원전 2333)."

올해 고교 1학년생들이 배울 〈국사〉 교과서는 한반도의 청동기시대가 기존보다 최대 1000년 이른 기원전 20세기부터 시작되는 것으로 바뀐다. 단군의 고조선 건국도 더 명확히 서술된다. 하지만 이견의 여지가 있는 내용을 국정 교과서에 담는 것은 문제라는 지적도 나와 논란이 예상된다. 23일 교육인적자원부가 공개한 2007학년도 고교 〈국사〉 교과서를 보면, 한반도에 청동기가 등장한 시기를 기존 교과서의 '기원전 10세기경'에서 '기원전 2000년경~기원전 1500년경'으로 500~1000년을 앞당겼다. 고인돌이 이 무렵 나타나 토착 사회를 이룬다는 내용도 새로 넣었다. 교육부는 청동기시대 가장 이른 시기를 대표하는 '덧띠새김무늬토기'가 최근 잇따라 출토되는 등 고고학적 성과를 반영했다고 밝혔다. 교과서의 이 대목을 집필한 최몽룡 서울대 교수(고고미술사학)는 "최근 조기(早期) 청동기인 덧띠새김무늬토기가 강원 정선, 경북 경주 등 10곳 넘게 출토되고 있어 청동기시대를 500년가량 앞당긴 것"이라고 말했다. 새 교과서는 단군의 고조선 건국과 관련해 '~건국하였다고 한다'를 '건국하였다'로 더 확정적으로 썼다.

구난희 교육부 교육과정정책과 연구관은 "일각에서 추정하듯, 중국의 동북공정이나 주변 나라의 역사 왜곡에 대응하려는 차원이 아니다"라며 "고조선 건국 서술도 어색한 인용 표기를 바로잡고, 기존의 중학교 〈국사〉 교과서에 있는 표현과 일치시킨 것일 뿐"이라고 말했다.

하지만 몇몇 학자들은 미처 확정되지 않은 내용을 고교 교과서에 담는 것은 무리라며 신중한 접근을 촉구했다. 최광식 고려대 ○○○ 교수(한국사학)는 "한반도의 청동기시대는 아무리 올려 잡아도 기원전 13세기"라며 "학계에서 검증되지 않은 내용을 국정 교과서에 무리하게 담았다."고 말했다. 송호정 한국교원대 교수(역사교육)는 "기원전 2333년 단군이 고조선을 건국했다고 확정지을 수 없다."며 "사료에 바탕해 엄밀하게 써야 할 교과서를 이렇게 서술하는 것은 큰 문제"라고 말했다. 이름을 밝히지 말아 달라는 한 고고학 교수도 "청동기의 본격화는 기원전 1000년께로 보는 것이 맞다."고 말했다.

오강원 동북아역사재단 제2연구실 박사는 "중국의 동북공정 등 왜곡된 민족주의적 태도에 대해 똑같은 방식으로 대응하는 것은 대단히 위험하다."며 "중국 동북부, 한반도, 일본 등을 아우르는 동북아 고대사 연구를 차분하게 해가는 것이 절실하다."고 말했다.

– 「한겨레」 2007년 2월 23일자 기사

잇따라 출토된 고고학적 성과를 뒤늦게 교과서에 반영한 것인데도 "한반도의 청동기시대는 아무리 올려 잡아도 기원전 13세기", "청동기의 본격화는 기원전 1000년께로 보는 것이 맞다"면서 확증된 사실을 부인하는 역사학계의 행태를 우리는 자주 보았다. 이 기사에 나오는 최광식, 송호정, 오강원의 면면을 아는 것이 중요하다. 최광식은 한국고대사학회 회장, 국립중앙박물관장, 문화재청장, 문화체육관광부 장관을 역임했다. 한국교원대에서 교사들을 양성하는 송호정은 우리나라에서 최초로 고조선으로 박사학위를 받았고, 고조선과 관련한 대표적인 학자로 활동한다. 오강원은 동북아역사재단을 거쳐 지금은 한국학중앙연구원 교수가 되었다. 이들은 모두 국가기관과 연관됐다는 공통점이 있다. 역사학계가 청동기 사용 연대를 서기전 2000년경~서기전 1500년경으로 보지도 않거니와 단군조선을 역사로 인정하지도 않고 있음을 앞에서 살펴봤다.

역사 교과서에 '단군왕검이 고조선을 건국했다'는 사실 한 줄이 들어가는 데 광복 후 무려 60여 년이 걸렸다. 역사학계가 단군이 건국한 고조선을 역사로 보지 않기 때문이다. 뜻있는 역사학자들과 시민들, 그리고 소신 있는 일부 공무원들이 줄기차게 노력한 결과였다.

고조선, 세 가지 증거

1980년대에 고조선 연구의 커다란 전환점을 일궈낸 역사학자 윤내현(단국대 명예교수)의 견해다.

| 고조선의 중기인 서기전 16~14세기 이후 고조선의 북쪽 경계는 대체로 지금의 흑룡강(黑龍江) 유역과 그 상류인 어르구나하(額爾古納河) 유역이었으며 남쪽 경계는 한반도 남부의 해안선이었다. 그리고 고조선의 세력은 필요에 따라 때로는 동북쪽으로 흑룡강을 넘어 연해주 지역까지 미치기도 하였다. 이러한

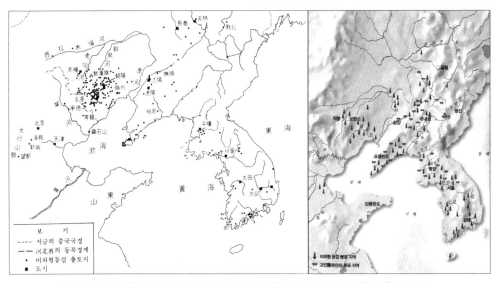

비파형동검 출토지(왼쪽, 윤내현, 『고조선연구』에서 인용)와 비파형동검·고인돌(탁자식) 분포 지역(오른쪽, 이덕일·김병기, 『고조선은 대륙의 지배자였다』에서 인용)을 나타낸 지도. 이와 같은 고고학 자료는 고조선의 강역을 보여준다.

고조선의 강역은 고조선 초기부터 유지되어왔을 가능성이 많은데, (중략) 고조선의 북계(北界)와 남계(南界)에 대한 필자의 고증 결과를 이미 확인된 고조선의 서쪽 경계와 연결시켜 보면 고조선은 북경 근처에 있는 난하 유역과 갈석산 지역을 중국과의 경계로 하여 지금의 하북성 동북부로부터 내몽골자치구 동부·요령성 전부·길림성 전부·흑룡강성 전부 및 한반도 전부를 그 강역으로 하고 있었음을 알 수 있다.

- 윤내현, 『고조선연구』, 일지사, 1994, 290쪽

윤내현은 서기전 16~14세기 고조선 중기의 강역을 문헌기록과

고고학 자료에 따라 이렇게 고증했다. 아직까지 그의 견해를 부정할 수 있는 사료는 발견되지 않았다. 반면 그의 견해를 증명하고 뒷받침하는 사료는 계속 늘어나고 있다. 고조선이 표지유물인 비파형동검의 분포 범위도 한국과 중국의 문헌을 통해 나타나는 고조선의 영역과 거의 일치한다.

고조선 연구에서 비교적 뚜렷한 성격과 지역성을 보여주는 고고학적 유물과 유적으로 세 가지를 꼽는다. 비파형동검, 고인돌, 미송리형 토기가 그것이다.

먼저 비파형동검을 살펴보자. 비파형동검은 고조선의 강역을 가장 명확하게 보여주는 유물이다(왼쪽 지도 참조). 칼날이 옛 악기인 비파 모양이라 '비파형'이라는 이름이 붙었는데, 고대 악기인 비파 형상을 본뜬 디자인만으로도 단연 독보적이다. 비파형동검은 검의 몸과 자루를 별도로 주조한, 즉 고도의 기술력이 응집된 조립식 청동검이다(중국과 오르도스동검들은 검의 몸체와 자루가 일체형이다). 고조선의 청동기는 주조할 때 아연을 섞었다. 청동은 1,000°C 이상으로 가열해야 하지만 아연은 420°C에서 녹고 900~950°C에서 증발한다. 아연을 섞으면 주조하기에도 좋고 모양과 성능이 높아지지만, 대단히 어려운 기술이다. 청동거울의 유려한 기하학적인 무늬는 현대과학으로도 복원할 수 없는 섬세함과 정밀함 때문에 여전히 불가사의다. 국립중앙박물관 학예실장을 역임한 고고학자 이호관의 말이다.

| …… 이 청동기를 분석하면, 보통 세계의 고고학상 청동이라

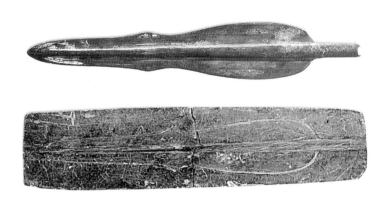

석관묘나 고인돌의 부장품으로 발견되는 비파형동검. 중국식동검 등과 확연히 다른 고조선동검이며, 중국 요동과 요서, 내몽골, 한반도 전역에서 발견되어 고조선의 강역을 밝혀주는 중요한 유물이다.

는 것은 동과 소량의 주석을 섞은 것입니다. 은·주대의 황금 비례법에 의하여 이 섞는 방법이 나오는데 그 비율이 아주 정확하게 지켜집니다. 신라의 범종도 여기에 속합니다. 그런데 한국의 청동기에서는 소량이지만 아연이 검출됩니다. 공학박사들은 이것에 굉장한 의문을 갖습니다. 이것이 녹아서 되려면 상당한 온도가 필요한데 아연은 녹는 온도가 낮아서 이 온도까지 가면 모두 증발해서 없어지는데 어떻게 이것이 나오느냐는 것입니다. 이것이 지금 해결이 안 됩니다. 또 청동기 유물이 그렇게 나오는데 우리나라에서는 주석이 나오는 광맥이 그리 흔하지도 않습니다. 그러면 기원전 10세기경에 어디에서 이 주석을 가져왔느냐 하는 것입니다. 이 문제가 또 풀리질 않습니다.

– 편집부 엮음, 『시원문화를 찾아서』, 한배달, 1995, 149~150쪽

중국식동검 등과 확연히 달라 고조선동검으로 불리는 비파형동검은 중국 요동과 요서 지역, 내몽골 지역, 한반도 전역에서 발견된다. 이 지역에서 출토된 비파형동검은 동일한 양식이다. 지역에 따라 약간씩 차이가 있는 것은 동일성 내의 작은 차이에 불과하다. 비파형동검은 석관묘나 고인돌의 부장품으로 발견되는데 모양과 제작 기법, 재료와 성능에서 중국, 북방문화와는 다른 독특한 특징을 보여준다. 계통이 다른 민족이 같은 문화양식을 형성하지는 않는다.[5]

주로 지배층의 무덤에서 발굴되는 비파형동검은 지배계층의 독점물로 추정된다. 동일한 청동기문화권은 동일한 정치세력권을 보여주는 것이다. 비파형동검문화를 가진 정치세력인 고조선의 강역이 만주와 한반도 전역이었음을 분명하게 증명하고 있다. 지배층은 국경지대 안쪽에서 주로 거주하므로 고조선의 경계는 비파형동검의 출토지보다 더 넓게 잡아야 할 것이다.

두 번째로 고인돌을 보자. 한국은 '고인돌 왕국'이다. 청동기시대의 표지유물인 고인돌은 전 세계 고인돌의 40%가 우리나라에 있다. 2000년에는 고창, 화순, 강화의 고인돌이 세계문화유산으로 지정되었다. 고인돌이 아시아에서 시작되어 유럽으로 전파되었다는 연구가 나오고 이를 뒷받침하는 사례가 늘고 있다. 고인돌을

---

5   일본의 고고학자들은 이를 고조선동검이라 하지 않고 '요령식동검'이라고 했다. 그러나 중국 요서와 요동, 내몽골 자치구, 한반도 전역에서 발굴되는 고조선의 양식을 요령식이라고 불러서는 안 된다. 비파형동검에 이어 출현한 세형동검을 '한국형동검'으로 명명하는 것도 옳지 않다. 세형동검도 한반도뿐만 아니라 요동과 연해주 등지에서도 발굴되고 있기 때문이다. 고고학적 자료는 유동적이어서 얼마든지 더 시기가 올라가고 공간도 확대된다.

제대로 연구하면 세계 고고학계에 엄청난 파장을 일으키기 전에 한국사를 뒤흔드는 대지진이 일어날 것이다. 그러나 고인돌 왕국에서 정작 고인돌 연구자는 극소수이다. 고인돌 연구 상황이다.

> 유럽의 고인돌과 한반도의 고인돌의 관계를 체계적으로 연구해온 변광현 교수는 고인돌의 기원을 한반도로 본다. 그에 따르면 아시아와 유럽에 걸쳐 분포하고 있는 고인돌은 형태나 기능면에서 유사한 점이 많다. 한반도와 그 주변에서 발견되는 원초적이고 기본적인 고인돌 양식이 유럽 대륙의 서쪽 끝인 영국과 아일랜드 지방에서 발견되는 데 반해, 영국에서 흔한 고인돌 양식은 한반도에서 전혀 발견되지 않고 있다. 이것으로 미루어 고인돌이 한반도를 비롯한 극동 지역에서 기원한다고 볼 수 있다는 것이다. 변광현 교수는 한반도 황주와 사리원 일대에서 고인돌이 처음으로 시작되었으며, 그 후 요동 지방과 한반도 남해안 지방으로 퍼지면서 동시에 유라시아 대륙의 해안 지방을 거쳐 급속도로 전 세계에 확산되었다고 주장한다. 아직까지 이 주장에 동조하는 학자들은 많지 않으나 이를 뒷받침하는 근거 또한 적지 않다. '청동기문명이 시베리아에서 시작되어 유럽으로 전파됐다'는 핀란드 학자 아스페링의 주장, '청동기 문명이 유럽에서 아시아로 전파된 것이 아니라 극동 아시아에서 발생하여 유럽으로 전파됐다'는 덴마크 학자 와르세의 주장, 스톤 헨지 주변의 묘지에서 발굴된 유골의 주인공이 아시아 계열로 청동기

문화를 수반하고 영국에 들어왔다는 최근의 연구 결과 등은 고인돌이 아시아에서 시작되어 유럽으로 전파되었다는 주장을 뒷받침하는 근거가 될 수 있다. 이종호 박사는 고인돌이 청동기시대의 유물이며 기원전 4000~3000년 사이에 건축되었을 개연성이 있다고 말한다. 청동기시대의 대표적인 유적으로 평가되고 있는 고인돌이 아시아에서 유럽으로 전파되었다면, 청동기문명도 아시아에서 유럽으로 전파되었다고 볼 수 있다.

– 성삼제, 『고조선, 사라진 역사』, 동아일보사, 2005, 72~74쪽

세 번째로 미송리형 토기를 보자. 한반도 서북부와 요동 지방에서 출토된 미송리형 토기는 고조선에 속한 일정한 지역의 특색이 나타나는데, 이를 근거로 미송리형 토기가 발굴된 지역만을 고조선의 강역으로 설정하는 우를 범해서는 안 된다. 신석기시대에는 토기를 통해 문화의 범위를 유추하지만 청동기시대에는 청동기 출토 지역을 정치적인 강역으로 비정하는 것이 세계 고고학계의 기본적인 방법론이다.

> 중국의 경우도 상나라나 주나라의 영역을 말할 때 상문화나 주문화의 특징을 지닌 청동기가 출토되는 지역을 그 범위로 잡으며 그 범위 안에서 지역에 따라 각각 다른 특징을 지닌 질그릇이 출토되다 하더라도 이를 영토 범위를 결정하는 기준으로 삼지는 않는다. 잘 알려진 바와 같이 고조선시대의

한반도와 만주에서는 비파형동검이 출토된다. 이러한 고조선
의 특징적인 청동무기가 한반도와 만주 전 지역에서 출토되
는데, 이를 외면하고 굳이 일부 지역에서만 출토되는 질그릇
을 기준으로 하여 그 지역만을 고조선 영토로 볼 수 있는지
생각해볼 일이다.

-윤내현·박선희·하문식, 『고조선의 강역을 밝힌다』, 지식산업사, 2006, 31쪽

역사학계는 지역별로 전개된 문화의 조그만 차이를 들어 공통
성과 유사성을 부정하는 시각을 취하는데 이 점을 경계해야 한
다. 청동기는 지배계급의 독점물이다. 때문에 같은 양식의 청동기
는 같은 지배층의 통치 공간을 나타낸다. 그러나 한 국가의 지배
계급뿐만 아니라 일반 피지배층도 사용한 질그릇은 특정한 지역
과 계급이 독점해서 만들어지는 것이 아니기 때문에 같은 국가
내에서 지역에 따라 다양한 질그릇이 사용된다. 비파형동검이 출
토되는 지역은 고조선의 강역을 보여주고, 토기 등은 고조선 안
의 일정한 지역이나 그 문화 범위에서 사용된 것으로 추론하는
것이 옳다.

고대 복식을 연구해온 역사학자 박선희(상명대 교수)의 견해다.

지금까지 필자는 무늬나 양식에서 중국이나 북방 지역과 구
별되는 고조선 복식 자료의 특징과 그 출토지를 고찰하였다.
또한 같은 복식 재료를 생산하고 사용했던 지역과 같은 의
복을 입었던 지역을 확인하였다. 이들의 출토지를 각 내용별

로 지도에 표시하면 다음과 같다(224쪽 지도 참조─지은이). 〈지도 1〉에서 다음과 같은 결론을 끌어낼 수 있다.

첫째, 고조선은 북경 근처에 있는 난하 유역과 갈석산 지역을 중국과 경계로 삼았으며 한반도와 만주 전 지역을 그 영역으로 하였음이 확인된다. 이것은 문헌자료에 따라 확인된 고조선의 강역과 일치한다. 그리고 비파형동검·청동거울·새김무늬 질그릇 등이 출토되는 고고학 자료에 근거하여 설정된 고조선의 영역과도 일치한다. 복식 자료와 복식 재료나 그 양식으로도 다시 한 번 그러한 고조선의 강역이 확인된 것이다. 둘째, 이들 복식 자료 가운데 가락바퀴는 신석기시대부터 청동기시대까지의 출토물들이고, 장식물들과 갑옷 조각은 청동기시대와 철기시대의 것으로 이들의 출토 분포가 같은 지역으로 나타난다. 또한 같은 방식의 생산도구로 만들어진 의복 재료들의 생산 지역과 장식물들의 출토 지역이 같은 것으로 나타나며 의복 양식 또한 같은 지역 범위로 나타난다. 이는 이 같은 복식재료를 생산하고 사용했던 사람들이 같은 지역에서 줄곧 살아오면서 하나의 문화권을 형성하고 같은 정치체제를 가진 하나의 국가를 이루고 있었던 거주민이었음을 알려주는 것이라 하겠다. 어르구나하(額爾古納河) 유역과 흑룡강성 북부 지역에서는 유물들이 거의 출토되지 않고 있는데, 이는 어르구나하 아래에는 대흥안령(大興安嶺) 산맥이 있고 흑룡강 아래에는 소흥안령(小興安嶺) 산맥이 가로 놓여 있는 고산지대이므로 사람들이 거주하기에 적합하지 않았

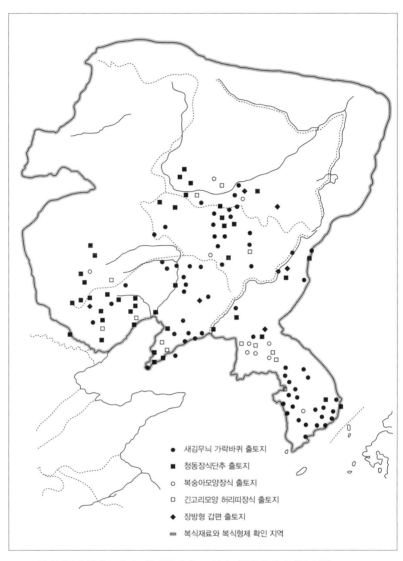

● 새김무늬 가락바퀴 출토지

■ 청동장식단추 출토지

○ 복숭아모양장식 출토지

□ 긴고리모양 허리띠장식 출토지

◆ 장방형 갑편 출토지

━ 복식재료와 복식형제 확인 지역

고조선의 복식 유물 출토지 지도(윤내현 외, 『고조선의 강역을 밝힌다』에서 인용).

던 지역이기 때문일 것이다. 그리고 흑룡강성 지역에서는 다른 지역에 견주어 고고학적 발굴이 거의 없었다는 점도 이유가 될 수 있을 것이다. 이 지역에서는 고조선에 관한 고고학의 자료뿐만 아니라 다른 성격의 유물도 출토된 예가 거의 없다. 이상으로, 고대 우리 민족은 신석기시대부터 한반도와 만주 전 지역에서 거주하면서 하나의 복식문화권을 형성해왔으며, 청동기시대에는 고조선이라는 국가를 건립하여 하나의 민족을 이루었음을 알 수 있다.

– 같은 책, 195~197쪽

박선희는 고조선 복식 자료의 특징과 그 출토지를 연구한 결과 문헌자료에 따른 고조선의 강역과 일치한다는 사실을 발견했다. 비파형동검과 청동거울, 새김무늬 질그릇 등이 출토되는 고고학 자료에 근거한 고조선 강역과도 일치했다. 또한 고대 우리 민족이 신석기시대부터 청동기시대, 철기시대를 거치며 같은 복식 재료를 사용했던 사람들이며 하나의 문화권을 형성하면서 하나의 국가를 형성했다고 밝혀냈다.

'정설'과 아집, 과학적 증거 위에 군림하다

227쪽은 1978년에 국정교과서주식회사에서 발간한 인문계 고등학교 역사부도에 실린 지도들이다. 이 지도에 따르면 B. C.

109~B. C. 108년에 고구려 통치 지역을 통과한 한나라가 평양 일대에 있던 고조선을 침략하고 마침내 한반도에 한사군을 설치했다는 설명이 된다. 이 역사부도 부록에 실린 연대표를 보자.

B. C. 2333	단군이 (고)조선을 건국함(단군신화)
B. C. 1112	고조선 8조의 법금 제정
B. C. 400	**흉노, 청동기 문화 전래(스키타이계 문화)**
B. C. 300	중국 철기문화 전래
B. C. 194	**위만, 조선의 왕이 됨(~108)**
B. C. 100	한, 낙랑·현도·진번·임둔의 4군을 설치
B. C. 82	진번·임둔 폐지
B. C. 75	현도, 만주로 옮김
	혁거세, 신라 건국설(전설: 57년)
	주몽(동명성왕), 고구려 건국설(전설: 37년)
	온조, 백제 건국설(전설: 18년)

단군왕검의 고조선 건국은 신화고 우리 역사는 외부로부터 문명이 유입되었다. 위만이 조선의 왕이 된 것이 역사의 시작이고 이후 한사군이 설치되었다. 주몽, 혁거세, 온조는 '전설'이다.

1980년대 들어 이와 같은 한국사 서술에 본격적인 문제제기가 있어왔다. 그러나 역사학계는 이 같은 상황을 모면하는 데 주력하면서 기존의 견해를 고수해왔다. 역사 교과서는 여전히 여러 가지 의견이 절충되고 혼재되면서 앞뒤가 맞지 않고 맥락을 알 수 없는 책이다. 역사학계의 주장을 검토해보자.

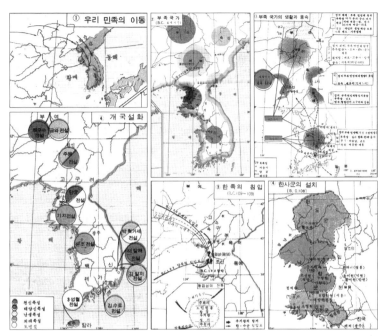

1970년대 『역사부도』에 실린 지도들. 왼쪽 위부터 시계 방향으로 〈우리 민족의 이동〉, 〈부족국가(B. C. 4세기경)〉, 〈부족국가의 생활과 풍속〉, 〈한사군의 설치(B. C. 108)〉, 〈한족의 침입(B. C. 109~B. C. 108)〉, 〈개국설화〉. 우리 역사의 공간은 한반도로 설정되었고 우리 민족은 중국에서 들어왔다. 평양 일대에 있었던 고조선은 부여, 숙신, 예맥, 임둔, 진번, 진, 고구려, 옥저, 동예 등과 같은 부족국가였다. 고조선, 부여, 고구려, 백제, 신라 등의 건국사화는 모두 전설일 뿐이라고 보고 있는 것이다.

서울대 국사학과가 발간한 『한국사특강』에서 고조선 부분을 쓴이가 노태돈이다. 그 책의 머리말도 썼다. 2014년에 서울대 국사학과 교수를 정년퇴임했으며, '고조선 박사 1호' 송호정의 지도교수이기도 하다. 노태돈은 역사 교과서는 물론 한국고대사와 관련된 거의 모든 분야에서 가장 큰 영향력을 갖고 있는 인물이다. 그가 낸 『단군과 고조선사』를 보자.

가령 단군이 고조선을 개국한 해가 기원전 2333년이라는 것은 실제 역사적 사실과는 무관한 것이다. 국가가 형성되려면, 최소한의 객관적인 조건으로 농업경제와 청동기문화가 어느 정도 성숙한 다음에야 가능하다. 그런데 한반도와 남만주 지역에서 그런 객관적 조건이 마련되려면 빨라도 서기전 12세기를 올라갈 수 없다. (중략) 고려 후기인들에 의해 본격적으로 제기되었고, 그 뒤까지 이어지는 그러한 의식 자체에 의미가 있는 것이지, 실제 사실이 그러하였다는 것은 아니다.

ㅡ 노태돈, 『단군과 고조선사』, 사계절, 2000, 16~17쪽

　　앞서 본 대로 단군이 고조선을 개국한 해가 서기전 2333년이라는 구체적인 연도가 역사적 사실과 무관하다는 주장이 아니다. 단군이 고조선을 개국했다는 사실, 서기전 24세기경이라는 사실이 역사적 사실이 아니라는 주장이다. 고조선은 국가 형성의 최소한의 조건인 농업경제와 청동기문화가 미성숙했기 때문에 그렇다는 것이다. 그러나 고조선의 농업경제와 청동기문화가 미성숙했다는 근거는 무엇인가? 또한 그것이 국가 형성의 전제조건이 되는 것도 아니다. 게다가 고조선의 세계적인 농업경제와 청동기의 수준은 고고학적으로 분명하게 밝혀졌다. 두 가지 명백한 증거가 있다. 세계에서 가장 오래된 볍씨와 청동거울인 다뉴세문경이 그것이다.

　　고조선의 농업 수준을 짐작케 하는 물증인 볍씨를 보자. 민속학자 임재해(안동대 교수)의 말이다.

| 충북 청원군 소로리서 발견된 볍씨는 약 1만 5천 년 전의 볍
씨로서, 그동안 국제적으로 가장 오래된 것으로 인정받아
왔던 중국 호남성 출토 볍씨보다도 약 3,000년이나 앞선다.
이 연대는 이융조 교수 연구팀이 소로리에서 탄화볍씨 59톨
을 발굴하여, 미국의 방사성탄소연대 측정기관인 지오크론
(Geochron)과 서울대의 AMS연구팀으로부터 동일하게 얻은 것
이어서 국제적으로 공인받은 사실이다. 따라서 "소로리 볍씨
는 세계에서 가장 오래된 볍씨이며 (이곳이 가장 오래된) 출
토지인 것이 고고학적·과학적으로 증명"되었기에 다각적인
대책이 학계 차원에서 촉구되었다. "지금까지 세계에서 가장
오래된 벼의 기원지를 갖고 있다고 자부하던 중국 학자들,
특히 호남성 문물고고연구소 원가영 소장의 인정"은 더욱 주
목할 만하다. 왜냐하면 "그는 소로리 볍씨가 발견되기 전까
지 가장 오래된 볍씨가 출토된 옥섬암 유적의 발굴책임자"였
기 때문이다.

― 임재해 외 지음, 『고대에도 한류가 있었다』, 지식산업사, 2007, 37쪽.

충북 청원군 소로리에서 발견된 볍씨는 현재까지 알려진 세계
최고(最古)의 볍씨다. 한국선사문화연구원 이융조 이사장은 한 학
술발표회에서 "소로리 볍씨의 절대 연대가 영국 케임브리지대학이
개발한 최신 탄소연대측정계산법을 적용한 결과 기원전 1만 5118
년으로 나왔다."고 발표했다(『충청타임즈』 2014년 3월 30일 기사).
한강 유역은 세계에서 가장 이른 시기에 농경문화가 시작된 곳

이다. 한강 유역은 세계 농경문화 기원지다. 앞에서 고대의 문화 수준을 낮춰서 보는 선입관을 벗어나보자고 했다. 『고등학교 국사』 맨 앞에 실린 문명의 발생 지도는 황하 유역에서 쌀농사가 보급된 것으로 표현했는데 정작 사실은 180도 달랐다. 인류역사상 최고 수준의 과학문명을 누리고 있다는 21세기에도 고대인의 문화를 잘 알지 못하고 있다.

고조선의 청동기 수준을 증언하는 두 번째 물증인 다뉴세문경을 보자. 세계적인 과학·예술 수준을 보여주는 이 청동 유물은 중국 동북 지역과 러시아 연해주, 한반도 전역에서 발굴되었다. 고대 우리 민족이 살았던 지역에서 출토된 것이다. 이 청동거울이 그야말로 불가사의 자체다. 프랑스 페르피냥대학에서 공학박사 학위와 과학국가박사 학위를 취득한 과학자 이종호의 말이다.

| 다뉴세문경은 구리와 주석의 합금인 청동으로 만들었다. 순수한 구리는 강도와 기계적 성질이 약하기 때문에 기구로 만들어 쓸 때는 여기에 주석을 첨가하여 강도를 높인다. 주석의 비율이 28퍼센트일 때 강도가 가장 높지만 이 경우 깨지기 쉽기 때문에 적절한 비율로 조절해야 한다. 또 주석의 함량이 30퍼센트에 이르면 백색을 띠는 백동이 된다. 다뉴세문경의 성분을 분석해보면 26.7퍼센트의 주석이 포함되어 있다. 이는 경도를 충분히 높이고 빛의 반사율을 좋게 하는 비율이다. 당시 사람들은 오랜 경험으로 첨가 원소의 역할에 대하여 충분히 이해하고 있었던 것이다. 한마디로 선조들의 지

국보 141호인 다뉴세문경. 지름 21센티미터의 원 안에 1만 3,000개의 원이 그려져 있다.

혜에 자부심을 느낄 만하다고 할 수 있다. 다뉴세문경의 정교한 디자인은 가만히 살펴보면 점점 더 불가사의하게 느껴진다. 앞에서도 말했듯이 다뉴세문경은 21.2센티미터의 원안에 약 1만 3,000개의 원과 선이 0.3밀리미터 간격으로 채워져 있다. 선과 골의 굵기는 약 0.22밀리미터, 골의 깊이는 0.07밀리미터 정도이며 한 곳도 빈틈없이 절묘하게 새겨져 있다. 이 정도의 정밀한 제도 작업은 현대의 제도 기구를 갖춘 제도사도 쉽게 할 수 없는 일이다.

– 이종호, 『한국의 7대 불가사의』, 역사의 아침, 2007, 125~126쪽

청동기시대에 유행한 다뉴세문경, 즉 잔무늬거울은 아직도 침묵으로 우리를 묵묵히 바라보고 있다. 카이스트와 과학기술원에서 다뉴세문경 복원 프로젝트에 도전했으나 실패한 바 있다.

그러나 이런 사실들을 역사학계는 받아들이지 못한다. "한국의 청동기 도입은 서기전 12세기를 올라갈 수 없다." 이것이 역사학계가 설정한 가이드라인이다. 2014년에 발간한 노태돈의 『한국고대사』를 보자.

> 요즘은 민무늬토기문화가 기원전 15세기에 발생하였으므로 동시기 산물인 청동기문화도 같은 무렵에 개시한 것으로 보아야 한다는 주장이 제기되어 논란이 이어지고 있다. 아무튼 한반도와 요동, 길림 지역에서 청동기시대의 표지유물에 해당하는 동검이나 동경 등이 등장하기 시작하는 것은 기원전 12세기 무렵으로 보는 것이 좋을 듯하다.
>
> — 노태돈, 『한국고대사』, 경세원, 2014, 36쪽

노태돈이 제시하는 유일한 근거는 "아무튼 그렇게 보는 것이 좋을 듯하다."이다. 그렇다면 그는 고조선의 표지유물인 비파형동검을 어떻게 보고 있을까? 송호정의 견해도 같이 보겠다.

> 비파형 동검의 출토지는 넓은 공간에 걸쳐 분포하는데, 그 분포지 전체를 하나의 정치체의 세력권이나 영토로 보거나, 한 특정 종족의 거주 지역으로 파악하는 것은 실제성이 없는 주장일 뿐이다.
>
> — 같은 책, 37쪽

| 기원전 3세기를 지나면서는 중국 전국시대 철기문화가 남만 주 지역과 한반도 땅에도 영향을 미쳤다. 이전의 비파형동검 문화도 이른바 한국식동검문화로 발전하는데, 서북한 청천강 이남 지역이 중심지였다. 일찍이 청동기시대부터 서북한 지역에서 성장하던 주민 집단들은 요령 지역의 선진 청동기문화와 철기문화를 받아들여 한국식동검문화를 새로이 창조해낸 것이다. 이 시기에 한반도 서북 지방에는 위만으로 대표되는 여러 중국 유이민 세력이 등장하여 서서히 국가체를 이루어갔다. 우리 역사상 처음으로 국가를 이룬 고조선은 이처럼 청동기문화를 바탕으로 성장하여 철기문화를 수용하면서 본격적으로 발전해나갔다. 왕권도 강력해져 지방에도 일정한 영향력을 행사하게 됐다. 그동안 고조선문화라고 하면 대개 청동기시대인 비파형동검문화와 연결지었지만 이제는 철기시대로 진입한 단계의 한국식동검문화에 주목해야 한다.

― 송호정, 『단군, 만들어진 신화』, 산처럼, 2004, 22쪽

앞에서 고조선동검으로 불리는 비파형동검이 중국 요동과 요서 지역, 내몽골 지역, 한반도 전역에서 발견되는데, 비파형동검의 양식이 동질적이라고 했다. 중국이나 기타 북방 지역의 동검과 뚜렷이 구분되는 동질성이다. 지역에 따라 작은 차이가 있지만 기본 형태는 똑같다. 세계 어느 곳 어느 문화도 지역에 따라 약간씩 차이가 있다. 보편적으로 문화는 지역에 따른 특성이 있다. 미국이 각 주마다 조금씩 문화가 다르다고 해서 하나의 정치세력권이나

단일한 영토가 아니라고 하지 않는다. 멀리 갈 것도 없다. 전라도와 경상도의 문화가 다르다고 다른 나라가 되지 않는다.

민족은 오랜 기간을 통해 공동의 문화를 나누고 소속감을 갖는 공동체다. 문화는 지역에 따라 고유한 양식으로 다양하게 펼쳐진다. 게다가 동검은 지배계층의 유물이기 때문에 그 지배계층의 지배 영역을 살피는 중요한 표지유물이다. 이는 사료를 다루는 기본적인 방법이다. 고조선의 역사가 오래되거나 강역이 넓을 리 없다는 전제를 고수하다보니 오랜 역사를 통해 광범위한 지역에서 형성된 고조선의 유적과 유물의 공통점과 특정양식에 대해 눈을 바로 뜨지 않는다. 오직 지역에 따른 사소한 차이를 드러내고 이를 공통점에서 분리해 다른 민족의 문화 범주로 구분하려고만 한다.

일본의 고고학자들은 이를 고조선동검이라 하지 않고 '요령식동검'이라고 호도했다. 비파형동검문화를 가진 정치세력인 고조선의 강역이 만주와 한반도 전역이었음을 증명하기 때문이다. 역사학계는 비파형동검의 실체를 왜곡한다. 일본과 중국학자들의 견해에 따라 고조선을 해체하는 것이다. 위만 이후 본격적으로 철기가 도입되었으므로 비파형동검이 아니라 한국식동검에 주목하자는 말은 그런 의도를 갖고 있다. 동북아역사재단이 2013년에 발간한 영문 책자에 송호정이 쓴 글이다.

> | 초기 고조선사를 논할 때 가장 먼저 언급되는 것은 비파형동검문화이다. 비파형동검문화는 청동기시대 초기 고조선 사

회에 대해서 설명해주는 문화적 지표이다. 비파형동검문화는 다양한 지역마다 독자적 특징을 간직하고 있다. 이처럼 중국 동북 지방과 한반도에 걸쳐 지역적 특성을 가진 청동기문화가 존재한다는 것은 청동기시대 고조선 사회가 강력한 왕권에 의해 통치된 것이 아니라 토착 족장들이 지역에서 커다란 영향력을 발휘하고 있었음을 말해준다.

– 송호정 외, 『The Han Commanderies in Korean History』, 동북아역사재단, 2013, 51쪽

고조선이 강력한 왕권에 의해 통치된 것이 아니라 토착 족장들이 커다란 영향력을 발휘했다는 고조선 부정의 프레임으로 비파형동검의 동질적 특성을 부정하는 것이다.

| 재야사학자를 포함하여 단군신화의 실재성을 믿는 논자들은 고조선의 성립 시기를 매우 올려 잡고 영역 또한 대단히 광대하다고 설정한다. 중·고등학교 국정 교과서에서도 사실상 단군조선을 인정하고, 비파형동검 출토지가 고조선 영역이라는 비상식적 논리를 지도와 함께 버젓이 싣고 있을 정도이다.

–송호정, 『한국고대사 속의 고조선사』, 푸른역사, 2002, 119쪽

역사학계의 '정설'과 다른 주장은 '재야사학'으로 전락한다. 단군의 실재를 인정하지 않으면 고조선은 실재하지 않은 것이다. 고조선의 역사를 사료에 따라 연구하면 비상식적 논리로 몰린다. 역사 교과서에 고조선의 세력 범위라는 모호한 지도가 게재되고 고

조선이 사실상 역사로 서술되지 못하는 이유가 바로 이것이다. 역사학계는 고조선의 역사를 어떻게든 부정한다. 새로운 고고학 자료가 나오면 이를 고조선의 것으로 보지 않는다. 물증이나 1차 사료적 근거는 전혀 제시하지 않는다.

역사 교과서가 새롭게 밝혀진 사실들을 반영하지 못하고, 짜깁기되는 현실에서 송호정은 역사 교과서에 대한 불만을 이렇게 표현했다.

> 중·고등학교 국사 교과서에는 고조선이 만주와 한반도에 걸쳐 광대한 영토를 가졌던 것처럼 씌어 있다. 이러한 내용이 교과서에 실린 것은 1980년대 후반부터이다. 그 전에는 고조선의 영역이 평양을 중심으로 북쪽으로는 청천강을 넘지 않는 것으로 설명했다. 이처럼 교과서의 내용이 바뀌기까지는 우여곡절이 있었다. 교과서 내용을 시정하라는 소송이 제기되기도 했고, 이 문제로 국회에서 공청회가 열리기도 했다. 대부분의 한국사 개설서는 여전히 고조선의 영역을 제각기 다르게 설명하고 있다. 아직 학계의 의견이 통일되어 있지 못하다는 이야기다.
>
> — 송호정, 『단군, 만들어진 신화』, 산처럼, 2004, 235쪽

1980년대에 고조선 연구에 커다란 전환점이 있었다. 고조선에 대한 체계적인 문헌비판과 고고학 사료에 의거해 고조선의 강역이 만주와 한반도에 걸쳐 있었음이 밝혀진 것이다. 이것이 역사

교과서에 일부 반영되었는데, 송호정은 이것을 비판한 것이다. 그는 이렇게 주장한다.

| 재야사학자들은 고조선을 단군신화로만 보고 고조선사 문제에 접근하기 때문에 많은 오해를 낳고 있다. 앞서 언급했듯이 고조선은 이성계가 세운 조선 왕조 이전에 '조선'이라 칭한 나라를 가리킨다. 우리는 고조선에 단군조선, 기자조선, 위만조선이 속한 것으로 이해하고 있지만, 중국 및 우리 고대문헌 기록에서 고조선의 역사를 논할 수 있는 시간은 기원전 8~7세기 이전으로 올라가지 않는다. 기원전 8~7세기 당시에 '조선'이라는 지역 명칭이 겨우 등장할 뿐이다. 이후 기원전 4세기 전국시대 말에 와서야 고조선이 초기 국가 단계로 성장하는 모습이 기록되어 있다. 고고학 자료를 보아도 남만주, 즉 중국 동북 지역에서 청동기문화가 개화하는 시기는 기원전 8~7세기이다. 고조선이 이 시기 이전에 존재할 수 없는 것은 분명하다. 재야사학자들이 단군조선이 존재했다고 주장하는 기원전 3000년경은 신석기시대로, 계급이나 어떠한 정치집단도 확인할 수 없는 단계이다. 따라서 재야사학자들은 엄연히 다른 역사적 존재를 같은 역사체로 이해하는 과정에서, 존재하지 않은 허상을 역사적 사실로 인식하는 문제를 일으키고 있다.

– 같은 책, 227~228쪽

고려시대의 일연이 이성계의 조선과 구분하기 위해 고조선 명칭을 쓴 것이 아니다. 고조선이 서기전 8~7세기 이전에 존재할 수 없는 것은 분명하다고 단언한다. 일연이 언급한 고조선은 존재하지 않는 것이다. 역사학계는 새롭게 발굴된 고고학 자료에 대한 해석을 중국과 일본의 주장에 전적으로 의존한다. 역사학계가 중국 사료를 언급할 때는 고조선의 역사를 부정하려고 견강부회할 때다. 중국의 문헌은 고조선의 건국 사실을 다룬 사료가 아니다. 고대에 중화민족이 다른 민족의 역사를 연구하고 기록할 필요는 없었다.

> 그러나 불행히도 중국 동북 지역에서 청동기문화가 발전한 것은 기원전 1000년을 넘어가지 않는다. 연대를 무조건 끌어 올려 고조선사의 출발로 연결한다고 민족주의적 서술이 되는 것은 결코 아니다. 이것은 사실을 벗어난 그저 국수주의적인 주장에 불과한 것이다.
>
> – 같은 책, 229쪽

하지만 중국 동북 지역에서 청동기문화가 발전했다는 고고학적 자료는 서기전 2000년을 넘은 지 오래다. 연대를 무조건 끌어 올리는 사람은 역사를 논할 자격이 없다. 우리 역사를 사료에 의거해 연구하면 민족주의자, 국수주의자로 규정된다.

> 일반 사람들은 단군 신화의 내용을 실재했던 사실로 이해한

다. 즉 신화와 역사적 사실의 차이를 이해하지 못하고 있는
것이다.

— 같은 책, 220쪽

예부터 우리 민족은 단군의 조선을 역사로 알았지 허상이라고
생각하지 않았다. 우리 민족은 신화에서 역사의 의미를 체득했다.
그런 역사 자체가 단군의 조선을 실증한다. 일반인들이 신화와
역사의 차이를 이해하지 못하고 있다는 생각은 오만이다.

| 대부분의 과거 인간 사회는 문자 미사용 사회였으니 이는 그
들이 지식과 역사를 구전, 즉 입으로 하는 말로 전하였다는
뜻이다. 문헌기록은 과거에 대한 가장 포괄적인 정보원이지만
이것들은 대개 엄격하게 직선적인 편년을 따른다. 또 이것들
은 교육의 도구 역할을 하기도 하였다. 문헌 기록은 무엇보
다도 옛 사람들이 표준적 역사, 종교 혹은 신화 정보를 기억
하는데 유용한 실마리였다. 서기들은 이집트와 메소포타미
아, 마야 같은 초기 문명에서 상당한 위세를 누렸는데 그 이
유는 그들이 지식과 정보의 저장소였기 때문이다. 그들은 너
무나 중요시되었기에 마야의 정복 군주들은 서기를 사로잡
으면 손가락을 잘라 무용지물로 만들어버렸다. 아즈텍 구비
역사는 입에서 입으로 전해진 역사의 훌륭한 사례로 15세기
스페인 정복 이후 부분적으로 기록되기도 했다. 이 역사는
잘 규정된 구술 구성에 따라 암송되는데 초점을 '위대한 사

람들'과 핵심 사건들(예를 들면 1487년 아즈텍 수도에 태양신 위찔로뽀치뜰리의 신전을 낙성 헌당한 일), 특권 집단들의 역사 등에 맞추었다. (중략) 문헌기록과 구비역사는 둘 다 온갖 종류의 왜곡을 겪기 쉽다. 어느 쪽도 완전하게 객관적이라고 주장할 수는 없으며 고고학도 그에 못지않게 매한가지이다. 고고학자가 안고 있는 문제는 발굴 자료를 구비전승 자료와 관련지음으로써 어느 부분이 실제 역사이고 또 어느 부분이 신화나 도덕적 훈계인지를 비판적으로 결정해야 하는 일이다.

– 브라이언 M. 페이건, 『세계 선사문화의 이해』, 이희준 옮김, 사회평론, 2011, 35~37쪽

신화를 통해 전승돼온 역사는 변화를 거치면서도 본질은 변하지 않았다. 신화는 암송을 통해 전달되며, 다수의 비판적 평가를 받는다. 구비 전승된 신화나 문헌기록, 고고학 자료 모두 사료 비판의 과정을 거쳐야 한다. 사료 비판을 통해 역사적 사실을 발견하는 것이 역사학자의 임무다.

| 신화의 내용을 역사적 사실로 보고 그 증거를 찾는다는 것은 사실상 불가능하다.

– 송호정, 『단군, 만들어진 신화』, 산처럼, 2004, 229쪽

신화에서 역사의 증거를 찾는 것이 불가능하다면 어떤 역사도 그 증거를 찾는 것은 불가능하다. 이는 역사학을 포기하는 것이다. 오른쪽 『고등학교 국사』에 실린 고조선 관련 지도와 설명이다.

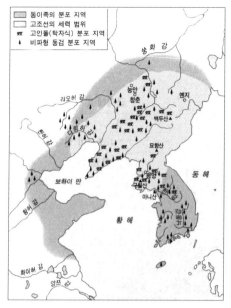

국정 『고등학교 국사』에 실린 고조선의 세력 범위 지도. '비파형동검과 고인돌(탁자식)은 만주와 북한 지역에서 집중적으로 발굴되어 고조선의 세력 범위를 짐작하게 해준다'는 설명이 붙어 있다.

| 고조선은 요령 지방을 중심으로 성장하여 점차 인접한 족장 사회를 통합하면서 한반도까지 발전하였는데, 이와 같은 사실은 비파형동검과 고인돌의 출토 분포로써 알 수 있다.

– 국정 『고등학교 국사』, 32쪽

| 고조선은 요령 지방과 대동강 유역을 중심으로 독자적인 문화를 이룩하면서 발전하였다.

– 같은 책, 33쪽

고조선이 요령 지방을 중심으로 성장해 점차 인접한 족장 사회를 통합했다면서 국가 형태를 설명하지 않았다. 고조선이 요령 지방과 대동강 유역을 중심으로 발전했다면서 고조선의 강역으로 밝혀진 요서 지역과 한반도 전역은 제외했다. "『삼국유사』와 『동국통감』의 기록에 따르면 단군왕검이 고조선을 건국하였다고 한다(기원전 2333)"가 "건국하였다"로 바뀌었지만 역사 교과서가 고조선 건국 기사를 인정한 것은 아니다. 『삼국유사』와 『동국통감』 기록을 소개한 것에 불과하다.

청동기시대에 이르러야 국가 형성이 가능한데 한국의 청동기시대는 서기전 2000년경~1500년에 시작되었다고 교과서는 서술했다. 고조선이 서기전 24세기경에 건국되었다는 문헌사료는 여전히 사실이 아닌 것이다. '고조선의 세력 범위'라는 표현은 모호한 개념이다. 미국 LA에서 발견된 한국인의 흔적을 보고 LA가 한국의 세력 범위라고 하지는 않을 것이다. 한반도 중부 이남을 고조선 강역에서 제외하다보니 이 지역의 고인돌도 지도에 표시하지 않았다. 이 지도는 현재 거의 모든 검정 역사 교과서에 게재되었다.

1980년대 1차 사료에 의한 문헌연구뿐만 아니라 만주 지역에서 고조선의 유물과 유적이 대거 발굴되기 시작하자 역사학계는 고조선을 한반도 서북부에 가둬놓기 어렵게 되었다. 그러자 식민사학자들은 '고조선 중심지 이동설'을 만들어냈다. 고조선의 중심지가 처음에는 요동에 있었지만 나중에 평양으로 옮겼다는 주장이다. 1차 사료나 고고학적 근거는 전혀 없다. 평양이 한사군의 중심지였다는 고조선 대동강 중심설의 변형이론일 뿐이다.

중국의 역도원이 패수를 잘못 주석한 2차 사료인 『수경주』를 취하고 1차 사료인 『수경』에 기록된 "패수가 동쪽으로 흘러 바다로 들어간다."는 기록을 버렸다. 낙랑군이 한사군 서북부에 있었다는 명제를 위해 패수를 평양으로 전제하고 사료를 취합한 것이다. 진(晉)나라 태강(太康) 연간의 『태강지리지(太康地理志)』는 역사학세에서 낙랑군이 한반도 서북부에 있었다고 주장하던 시기인 서기 280~289년경에 기록된 당대의 1차 사료다. 『태강지리지』는 "낙랑군 수성현에는 갈석산이 있는데, 만리장성의 동쪽 기점이다."라고 서술했다.

한반도에는 갈석산이 없다. 만리장성의 동쪽 끝은 한반도가 아니다. 갈석산은 중국 요서에 있는 산이다. 노태돈은 1980년대에 낙랑군 수성현 갈석산설이 진대에 새로 생긴 것이라고 주장했다. 『태강지리지』를 위서로 몰아버린 것이다. 역사학자 이덕일(한가람역사문화연구소 소장)의 글이다.

| 노태돈의 학자로서의 양심을 의심해야 하는 구절은 "낙랑군 수성현 갈석산설은 진(晉)대에서 새로이 생긴 것이다."라는 말이다. 이나바 이와키치나 이병도 선생님의 '고등문헌비판'에 의한 '낙랑군 수성현=황해도 수안군설'은 조롱 속에 무너졌다. 그래서 노태돈도 더 이상 이 설을 주장할 수 없었다. 그러나 낙랑군은 계속 한반도 서북부에 있어야 했다. 그러려면 『태강지리지』의 "낙랑군 수성현에는 갈석산이 있는데 만리장성의 기점이다."라는 구절을 어떻게든 설명해야 했다. 그러나 설명할 수가 없다. 여기에서 식민사학 특유의 생존술이 또 등장했다. 『태강지리지』 자체를 후대에 만든 위서(僞書)로 모는

것이다. 이것이 식민사학 특유의 '1차 사료 지우기'이다.

– 이덕일, 『우리 안의 식민사관』, 만권당, 2014, 315쪽

윤내현은 1980년대에 『한국고대사신론』(일지사, 1989)을 발간하면서 "만약 한국고대사에 대한 종래의 인식 체계가 잘못된 것이라면 그것은 민중의 의식, 특히 역사의식의 형성과 성장에 주는 영향이라는 점에서 볼 때 형법에 의하여 처벌되는 범죄보다도 더 무서운 해독을 민중에게 끼칠 수 있다는 점을 의식하지 않을 수 없었다."는 소회를 밝힌 바 있다. 『우리 안의 식민사관』도 다음과 같이 비판한다.

> 식민사학은 학문이 아니다. 역사학이 아니다. 식민사학이 역사학이라면 이런 역사학적 방법론을 받아들여 승복하든지 『태강지리지』의 내용을 반박할 수 있는 다른 1차 사료를 가지고 반박해야 한다. 그러나 갖다댈 사료가 없으니까 『태강지리지』를 후대의 위서로 모는 것이다. 학문이 아니라 범죄 행위다.

– 같은 책, 317쪽

고조선 중심지 이동설이라는 개념 자체가 잘못이다. 고조선 강역과 공간에 대한 연구가 아니라 중심지라는 프레임으로 고조선사의 기본 문제를 희석하는 것이다. 고조선이 평양 일대에 있었음을 고수하기 위한 설이다. 그런데 이 근거 없는 주장이 역사 교과

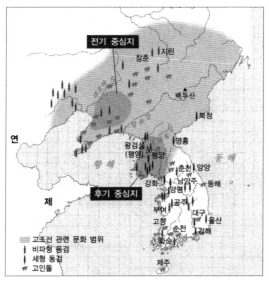

금성출판사의 『고등학교 한국사』 지도. 고조선 강역을 한반도로
축소하기 위해 고안된 이른바 '고조선 중심지 이동설'에 따랐다.

서의 통설이 되었다.

| 고조선의 중심지 위치에 대해서는 여러 견해가 있다. 대략
처음부터 끝까지 요동 지역에 있었다는 요동 중심설, 대동강
유역에 위치하였다는 평양 중심설, 요동에서 대동강 유역으
로 옮겼다는 이동설 등으로 나눌 수 있다. 지도(위 지도 참조-
지은이)에서 보듯 고조선 전기와 후기의 중심지가 많이 달랐
다는 점에서 이동설이 널리 받아들여지고 있지만, 이 견해도
보완할 부분이 많다.

– 김종수 외, 금성출판사, 『고등학교 한국사』, 29쪽

245쪽 금성출판사 지도를 보면 평양 일대에 고조선이 비정되어 있다. 고조선 관련 문화 범위는 고조선 강역 문제를 교묘하게 처리한 말임을 앞에서 확인했다.

> │ 한편 고조선의 중심지 이동설은 남한 학계의 지배적인 통설
> 로 자리 잡아 제6차 교육과정 고등학교 국사 교과서에서도
> 그 내용이 실려 있다.
>
> — 송호정, 『한국고대사 속의 고조선사』, 푸른역사, 2003, 31쪽

이 글에서 송호정은 고조선 중심지 이동설이 요령식동검 등 고고학 자료를 적극적으로 활용하고 있다고 주장했다. 비파형동검의 의미를 왜곡해온 것을 숨겼다. 한편 앞서 본 대로 노태돈의 지도로 낙랑군을 연구한 오영찬은 『한국고대사 연구의 새 동향』(서경문화사, 2007)에서 이렇게 말했다. "위만조선의 국가적 실체를 증명해줄 만한 기원전 2세기대의 고고학적 증거들을 충분히 찾지 못하고 있는 형편이다. 기원전 1세기대 이후 평양 일대 낙랑군 관련 유적으로 통하여 위만조선의 실체를 역으로 추정하는 것이 일반적이다."

문헌사료는 물론 고고학 자료도 없다는 말에 불과하다. 낙랑군이 평양 일대에 있었다는 전제 하에 역사를 연역하는 것이다.

북한 학계는 우리 민족의 청동기 사용 연대를 서기전 4000년 이전으로 추정한다. 만주나 요서 지역은 물론 남한에서도 오래전에 서기전 24세기 이전의 청동기 유적이 발굴되었다. 더 이상 과

학적으로 검증된 청동기 사용연대를 부정하고 고조선 건국을 허구적인 신화로 단정할 상황이 아니다. 청동기 유물과 유적이 한국처럼 다양한 곳도 없을진대 역사학계가 이를 부인하는 것이 가장 큰 문제다.

4장.

불멸의 임나일본부설이 위험하다

임나일본부설이 만든 한국사

임나일본부설 시나리오

하나의 유령이 한국을 배회하고 있다. 임나일본부설이라는 유령이. 한·중·일의 국수주의자들이 이 유령을 위해 신성동맹을 맺었다. 임나일본부설은 서기 4~6세기에 일본의 야마토왜(大和倭)가 한반도 남부를 지배했다는 설이다. 이 설은 일본 근대사학이 최초로 내세운 학설이다. 서기 720년에 편찬된 일본 고대사서 『일본서기』의 조작 기사를 구로이타 가쓰미·쓰다 소키치·이케우치 히로시, 이마니시 류 등이 황국사관에 입각해 가다듬고, 스에마쓰 야스카즈가 1933년에 정리한 후 1949년에 집대성했다. 일제는 일본 열도에서 있었던 일들을 한반도에서 있었던 것으로 조작하고 고대에 일본이 한반도 남부를 지배했다는 논리를 창조했다. 일제는 『일본서기』에 나오는 지명 임나(任那)가 한반도의 가야라고 주장했다. 그러나 한반도의 가야와 임나는 별개였다. 임나가 가야라는 근거는 아무것도 없었다. 조선총독부는 한국에서 임나일본부설을 입증할 유적과 유물을 발굴하기 위해 총력을 기울였지만 아무것도 발견하지 못했다. 앞으로도 이를 증명하는 1차 사료나 고고학 자료는 결코 나오지 않을 것이다.

중요한 사실이 있다. 조선총독부는 낙랑군의 위치를 평양 일대로 확정했다. 모든 1차 사료는 낙랑군이 오늘날의 중국 대륙에 있다고 기록했다. 낙랑군이 한반도 평양 일대에 있다는 1차 사료는 없다. 조선총독부는 고고학 유물과 유적을 조작해 낙랑군의 위치를 평양 일대로 확정했다. 그렇게까지 한 이유는 무엇이었을까? 모든 사건들이 그렇듯이 침략과 지배는 역사적 배경과 그것을 일으킨 인물, 그리고 그들이 내세운 동기와 명분이 있다. 한사군이 한반도 북부에 있었다는 주장은 중국의 한국 침략 논리는 될지언정 일본의 한국 침략의 동기와 명분은 아니다. 그럼 무엇이었을까? 임나일본부설을 완성한 스에마쓰의 『임나흥망사』에 답이 있다.

> 일본의 한반도 영유[임나]는 그 자체만으로도 일본의 자랑이며, 구한말의 일본에 의한 한국 병합은 고대의 복현(復現)이다. 이는 앞으로 영원히 일본이 한국에 대한 예속을 주장할 수 있는 정신을 인도해준다.

정한론(征韓論). 일본이 한국을 침략하면서 내세운 이유와 명분은 만세일계 천황제를 위한 정한론이었다. 고대에 일본이 한반도를 지배했다. 한반도는 일본의 고유 영토다. 우리는 그것을 회복해야 한다. 임나일본부는 일본이 영원히 한국을 지배할 수 있는 정신으로 인도해준다. 1868년 메이지 정부가 들어서고 정한론이 흥기했다. "조선을 정복하고 대륙을 공략하자. 우리는 고대에 조선을 지배했다." 19세기 일본의 지배계급은 정한론을 통해 천황 중심의 황국사관 정립에 역사학자들을 총동원했다. 최재석은 황국사관을 다음과 같이 정리했다.

|
1. 『일본서기』의 진실된 부분은 외면하고 조작된 부분만 움직일 수 없는 성경으로 간주하고,
2. 일본 민족은 하늘에서 내려온 천손민족이며,
3. 오랜 옛날부터 만세일계의 천황만이 일본의 통치자가 되며,
4. 천황과 국민의 관계는 군신의 관계인 동시에 부자의 관계에 있으며,
5. 한국[남한]은 예부터 일본의 식민지였으며,
6. 그러므로 적지 않은 한국인이 일본을 흠모하여 일본으로 귀화하였다는 역사관으로 인식하고 있는 것이다.

– 최재석, 『일본고대사연구비판』, 일지사, 1990, 16쪽

만세일계의 천황을 위해 천손민족인 우리 일본은 한국을 정벌해야 한다. 이것이 황국사관의 요체다. 임나일본부설은 황국사관

의 핵심 논리다. 임나일본부설 시나리오는 이렇다.

| 태고부터 한반도는 독자적인 역사가 없었다. 타율성과 정체성, 사대주의가 한반도의 운명이다. 한반도는 중국과 일본을 이어주는 중계지다. 한반도는 중국의 위만을 통해 문명의 세례를 받았고, 식민통치기관인 한사군을 통해 본격적인 역사 발전의 계기를 맞았다. 단군왕검의 고조선 건국은 허구적인 신화다. 한반도 북부는 4세기까지 중국의 식민지였고, 한나라 때부터 한반도 남부는 임나일본부를 통해 일본의 지배를 받았다. 일본의 한반도 지배는 고대사의 복원이다. 중국의 시대는 저물고 천황의 대동아공영시대가 왔다.

스에마쓰는 1949년에 임나일본부설을 완성했다. 1945년, 비록 일본이 패전했지만 역사를 장악하면 한국을 회복할 수 있다는 뜻을 꺾지는 않았다. 황국사관은 팔굉일우(八紘一宇)를 추구한다. 팔굉일우는 팔방의 세계를 천손민족인 일본의 집 아래 천황이 지배한다는 침략사상이다. 그런데 실상은 한국 침략과 지배다.

2015년 4월 6일 일본 문부과학성은 "독도는 일본의 고유 영토인데 한국이 불법 점거하고 있다."는 내용의 중학교 검정 교과서를 확정 발표했다. 임나일본부설의 복현이다. 내지인 일본과 외지인 조선이 하나라는 내선일체(內鮮一體)는 이렇게 스에마쓰의 예견대로 일본 극우 세력의 정신을 인도하고 있다. 일본의 미래인 초중고생들은 역사 교과서를 통해 황국사관을 학습하고 있다. 20세기

초 독도는 일제의 한국 침략 교두보였다. 임나일본부설에 근거한 전략이었다. 2014년 7월 일본 아베 정부는 총리의 판단에 따라 전쟁을 할 수 있다는 헌법 해석 변경을 의결했다. 공격은 하기 않고 수비만 하는 기존의 안보원칙을 폐기하고, 총리의 뜻에 따라 전쟁을 벌이겠다는 것이다. 1945년 패전 후 일본은 전쟁을 벌일 수 없는 나라였다. 일본 지배계급은 전쟁을 금지한 평화헌법을 개정하기 위해 지속적으로 준비했고 마침내 그것을 달성했다. 인접한 타국이 공격을 받아 일본이 위험하다고 총리가 판단하면 전쟁을 할 수 있게 되었다. 전쟁 대상 1순위는 어디일까? 당연히 한국이다. 황국사관은 천황제 국가 일본의 지배이념이다. 황국사관의 핵심인 임나일본부설은 일본의 역사 교과서에 더욱 확대되어 명시될 것이다. 문제는 한국이다.

임나일본부설로 인해 우리 역사의 뿌리는 사라졌고, 우리 민족은 주체성 없는 민족으로 전락했다. 한국사의 시작을 중국사의 파동으로 본 것은 임나일본부설이라는 클라이맥스로 가는 전개 과정이었다. 한사군 한반도설에 임나일본부설의 실체가 고스란히 투영되었다. 국사편찬위원회의 『한국사』를 보자.

| 위만조선 지역에 설치된 한의 군현은 고조선 및 주변 세력에 대한 통제와 한의 직접적 지배를 위한 것이었으나, 이 같은 의도는 토착 사회의 반발과 공격에 의해 좌절되었다. 그리고 한사군의 성격도 중국계 유이민의 자치세력 또는 중계무역의 중심지 같은 존재였다고 할 수 있으며, 그것도 후한(後漢)대

에는 고구려의 압박으로 더 이상 기능을 수행할 수 없는 상태로 전락되어 결국 소멸되었다. 따라서 낙랑군 등의 존재는 한의 직접적 지배라는 정치적 의미보다는 문화중계지로서의 성격을 갖고 있었다고 이해하는 것이 옳으리라 생각된다.

– 국사편찬위원회, 『한국사』 4 , 탐구당, 2003, 5쪽

이 글은 김정배(현 국사편찬위원장)가 썼다. 그는 고려대 사학과를 졸업하고 고려대 총장, 고구려연구재단 이사장, 한국학중앙연구원장 등을 역임하고 2015년 3월 국사편찬위원장에 임명되었다. 역사학계의 수장이라 할 만한 이력이다. 그는 한사군이 식민통치기관으로 설치되었으나 실제로는 문화중계지라고 한다. 근거는 없다. "문화중계지로서의 성격을 갖고 있었다고 이해하는 게 옳을 것이라는 생각"이 유일한 근거다. "한사군은 문화를 중계했다." 반도사관의 정수다. 독창적인 이론이 아니다. 일제 학자들의 주장을 그대로 따른 것이다. 중국의 선진문명이 한사군을 통해 한국에 보급됐고, 이것이 일본으로 흘러갔다는 논리다. "일본은 한국으로부터 문화를 수입한 것이 아니라 단지 한국을 경유하여 중국문화를 수입하였다." "일본이 중국의 문화를 수입할 때 임나와 낙랑은 일본과 중국의 중계지 역할을 하였다." 스에마쓰가 『임나흥망사』에서 한 말들이다.

한사군의 성격은 한사군의 위치를 확정할 때처럼 1차 사료나 고고학 자료가 아니라 그때그때 상황에 맞춰 논리를 생산하면 된다. 역사학계의 학문 카르텔은 이를 가능케한다. 한사군의 성격

문제는 여러 가지로 장점이 있다. 첫째, 한사군 위치 문제를 희석한다. 둘째, 한사군이 식민통치기관은 아니라면서 식민사학을 비판하는 외양을 취한다. 셋째, 위치 문제와 달리 자유롭게 주장할 수 있다.

모든 것은 다양한 성격을 갖고 있다. 위치는 명확한 것이지만 성격은 다양하게 논할 수 있다. 한국이 아메리카에 있다고 하지 않는다. 그러나 한국의 성격은 논자마다 다르다. 사람들은 통화에서 먼저 위치를 묻는다. "어디야?" 공간을 알면 정황을 파악할 수 있다. 거짓말을 하지 않으면 위치는 명확하다. 역사학계가 한사군의 성격 문제를 강조하는 이유가 이것이다.

그러나 한사군의 위치가 한사군의 성격을 1차적으로 규정한다. 역사는 언제나 특정한 공간에서 펼쳐지기 때문이다. 역사학계가 절대 고수하는 '철의 명제'가 있다. 한사군은 반드시 한반도 북부에 있어야만 한다. 이것은 확고부동한 원칙이다. 이 원칙을 지키기 위해 한사군의 성격 문제를 앞세운다. 혹세무민의 노하우를 집약한 방법이다. 역사학계의 내밀한 비밀은 고조선 강역과 관련한 이기동의 발언에 이렇게 감춰져 있다.

저희 학계가 끝까지 고집하는 것

| 고조선의 강역 문제는 고조선의 건국 연대와 국가적 성격 문제와도 직결되는 매우 중요한 것인데 여기에서도 역사학계와

재야사가들 사이에 커다란 의견 차이를 보이고 있습니다. 저희 학계에서는 고조선의 변경은 잘 알 수 없습니다만, 그 핵심부는 대동강 유역이고 수도인 왕검성은 평양이라고 생각합니다. 그런데 1920년대부터 신채호 선생 등 몇 분이 고조선을 요하 부근으로 생각하셨습니다. (중략) 하지만 국사의 체계대로 한다면, 고조선을 멸망시킨 한 무제는 고조선의 핵심 지역에 네 개의 군을 설치했다고 되어 있습니다. 그러므로 재야사가들의 주장대로 한다면 낙랑군을 포함하는 한사군도 난하 유역에 설치되었어야 합니다. 그러나 적어도 저희 학계가 끝까지 고집하는 것 중의 하나는, 고조선이 멸망되는 기원전 108년 당시의 고조선의 수도인 왕검성을 분명히 평양 북쪽 대동강가로 보고 있습니다. 이것은 저희들이 처음 주장하는 것이 아니고 17, 18세기의 정약용 같은 실학자들이 주장한 것입니다. 그런데 20세기에 들어와서 일본 사람들도 그렇게 얘기한 것이고 현재 우리 학계의 견해도 이와 비슷합니다. 그러므로 20세기 이후의 연구사만 보면 한국 학자들이 일본 학자들의 주장을 되풀이하는 것처럼 보입니다. 따라서 저희가 한마디 확실하게 말씀드리고 싶은 것은 현재 우리 학계의 통설이 일제의 식민사학을 계승한 것은 아니라는 것입니다. 기왕의 실학자들의 지명고증학을 정리한 것에 불과합니다.

— 편집부 엮음, 「시원문화를 찾아서」, 한배달, 1995, 116쪽

이기동의 말대로 고조선의 강역 문제는 고조선의 건국연대와 국가적 성격 문제와 직결된다. 이 점이 중요하다. 그래서 역사학계는 "고조선의 변경은 잘 알 수 없습니다만" 하면서도 한사군이 평양 일대에 있었다는 주장만은 "끝까지 고집"한다. 마치 수사관이 아무런 단서도 없이 특정 장소를 무조건 사건 현장으로 고집하는 것과 같다. 단서는커녕 다른 곳에 사건 증거가 넘쳐나도 그것을 증거로 채택하지 않는 것이다. 그런데 역사학계가 변경도 잘 알지 못하는 한국 최초의 국가 고조선이 평양 일대에 있었다고 끝까지 고집해야만 하는 이유는 무엇일까? 고조선의 변경을 연구한 후 고조선이 평양 일대에 있었다고 주장해야 하는데도 말이다. 고조선의 건국 연대와 국가적 성격을 결정하는 것은 무엇일까? 그것은 바로 임나일본부설이다. 임나일본부설은 우리 역사의 전체 맥락과 체계, 사실과 관점을 꿰뚫는 최대 관건이다.

한국사의 '반도적 성격론'을 내세운 미시나 쇼에이가 『조선사 개설』에서 한 말이다.

> 아시아 대륙의 중심부에 가까이 부수된 이 반도는 정치적으로도, 문화적으로도 반드시 대륙에서 일어난 변동의 여파를 입음과 동시에, 또한 주변적 위치 때문에 항상 그 본류로부터는 벗어나 있다.

이것이 일제 역사학자들이 규정한 조선사다. 이 조선사가 한국 대부분의 통사와 역사 교과서가 입각해 있는 원전이다.

역사하자는 전공 분야의 관행과 제한된 시야로 인해 전체 역사의 윤곽과 맥을 놓치는 경우가 많다. 임나일본부설은 고대에 일본이 한국을 지배했다는 논리에 따라 고구려·백제·신라·가야 4국의 초기 역사를 부정한다. 4국이『삼국사기』·『삼국유사』 기록대로 서기전 1세기경과 서기 1세기에 건국했으면 8세기 이후에 국가를 형성한 일본의 4~6세기 한반도 남부 지배는 애초에 성립이 불가능하다. 4국은 고조선에서 나온 열국들이다. 고조선은 2,000년이 넘는 역사가 있었다. 고조선은 대륙과 해양에서 중국과 패권을 다툰 국가였다. 고조선은 서기전 13세기에 철기시대에 돌입했다. 중국은 고조선에서 철기를 도입했다. 일본은 6세기 이전의 제철 유적이 없다. 고구려와 백제는 동아시아의 강국이었다. 고구려는 건국 직후부터 '다물(多勿)' 즉, 옛 땅을 다시 찾는다는 기치 아래 고조선 영토를 회복하기 시작했다. 백제는 대륙의 요서 지방과 일본 열도를 경영했다. 일본은 가야로부터 철기를 도입했다. 이는『삼국사기』와 중국 사서, 그리고『일본서기』가 기록하고 있는 사실들이다. 이 사실들에 따르면 임나일본부설은 모래 위에 세워진 누각이다.

조선총독부가 발간한 「조선반도사 편찬 요지」는 "조선인은 다른 식민지에서 보는 바와 같이, 야만 미개의 민족과 달라 독서 속문(屬文)에 있어서 결코 문명인에 뒤떨어지지 않으며 고래로부터 사서가 많고, 또한 새로이 저작한 것도 적지 않다."고 했다. 당시 조선인들은 자신의 역사를 속속들이 알고 있었던 것이다. 조선총독부는 이를 가장 두려워했다. 1919년 3월 민중혁명은 유구한 역사를 통해 각인된 조선인의 역사의식이 터뜨린 세계적인 사건이었다. 일제는 조선의 역사를 말살해 조선인의 혼을 무너뜨리기 위해 총력을 기울였다. 역사전선에 투입된 제국주의 역사학자들은 사활을 걸고 자신에게 부여된 역사적 사명을 다했다.

조선총독부 초대 총독 데라우치 마사타케(寺内正毅, 1852~1919)는 부임 직후부터 한국 사회와 한국 사료에 대한 조사를 광범위하게 실시했다. 고적조사사업은 한사군과 임나일본부의 위치를 확정하기 위한 지역에 집중되었다. 1916년 7월에 발표한 「조선반도사 편찬 요지」는 다음과 같다.

> ㅡ. 조선반도사는 편년체로 한다.
> ㅡ. 전편을 상고삼한(上古三韓), 삼국, 통일 후의 신라, 고려, 조선, 조선최근사의 6편으로 한다.
> ㅡ. 민족국가를 이룩하기까지의 민족의 기원과 그 발달에 관한 조선 고유의 사화, 사설 등은 일체 무시하고 오로지 기록에 있는 사료에만 의존한다.

모두 삼국 이전의 역사를 말살하기 위한 것임을 알 수 있다. 그 이유는 임나일본부를 설정하기 위함이었다. 정한론에서 일선동조론·내선일체론·창씨개명 등으로 이어진 일제의 악랄한 식민주의는 고대한국과 일본의 역사를 은폐하고 조작해 조선총독부의 지배를 정당화하려는 의도에서 나왔다. 제3대 조선총독 사이토 마코토는 1922년 새로 조선사편찬위원회를 설치했다. 이완용,

박영효, 권중현 등이 고문, 이마니시 류, 이나바 이와키치, 정만조, 이능화 등이 위원, 구로이타 가쓰미, 미우라 히로유키(三浦周行) 등이 지도고문에 임명되었다.

1923년 1월 조선사편찬위원회는 사이토 총독이 참석한 가운데 제1차 위원회를 개최했다. 구로이타 가쓰미가 사회를 봤다. 한국사 시대 구분을 다음과 같이 결정했다.

| 제1편 삼국 이전, 제2편 삼국시대, 제3편 신라시대, 제4편 고려시대, 제5편 조선시대 전기, 제6편 조선시대 중기, 제7편 조선시대 후기.

당시 회의록이다.

| 정만조　　삼국 이전이라고 하는 것은 단군조선까지 들어간다고 생각하여도 좋은 것입니까?

구로이타　이것은 구분의 명칭이며 삼국 이전이라고 하는 명칭에 관하여는 다시 연구하여 보려고 생각합니다.

어윤적　　단군과 기자는 어떻게 취급할 작정인가. 삼국의 앞에 수록한다고 생각하여도 좋은 것입니까?

구로이타　건국 사료의 연대 불명인 것을 어디에다가 집어넣는가 하는 문제는 앞으로 상의하여 결정할까 합니다.

- 서희건 엮음, 『잃어버린 역사를 찾아서』 1, 고려원, 1986, 161~167쪽

이 위원회 회의에는 사이토 총독이 반드시 참석했을 정도로 일제는 조선사 편찬에 심혈을 기울였다.

최재석은 일본에서 19세기 이래 150년 간 주창돼온 황국사관의 주요 이론과 그 근거들을 모두 검토했다. 그는 수많은 일본 제국주의 역사학자 중 대표적인 인물로 주저 없이 두 명을 꼽았다. 구로이타 가쓰미와 쓰다 소키치. 이들이 일본고대사의 진실을 은폐하고 조작한 핵심인물들이었다. 그들은 일제 근대사학의 쌍두마차였다.

구로이타는 『일본서기』의 조작 기사를 악용해 황국사관의 기초를 닦았다. 그는 이마니시 류와 함께 조선 땅 방방곡곡을 돌며 고조선 사료 등 한국고대사 관련 사료들을 샅샅이 뒤져 수거하고 인멸했다. 그는 1902년부터 1935년 정년퇴임할 때까지 도쿄제국대학에서 황국사관과 일본 국사를 지도했다. 조선사편수회 고문도 맡았다. 조선의 역사는 서기전부터 중국의 식민지로 시작했다고 주장했다. 그의 주장들이다.

> 춘추전국시대에 조선에 지나인이 와서 식민지를 만들었다. 고구려, 백제, 신라의 삼국이 일어난 것은, 지나의 세력이 쇠퇴하여 비로소 조선 민족 속의 문화가 앞선 자가 세력을 얻음으로 가능했다.
>
> — 「조선의 역사적 관찰(朝鮮の歷史的觀察)」, 『조선』

> 백제는 고구려의 압박에서 피하려고 일본국에 의지하고, 일

본국은 백제에 의하여 고구려의 남하를 막으려고 가능한 한
백제를 보호하였다.

- 『경정 국사연구(更訂国史の研究)』

| 언어와 전설이 조선 계통이라고 하여 일본 민족의 원류를 조
선 도래의 민족이라고 속단하여서는 아니 된다.

- 같은 책

| 일본은 정치적으로 한반도에서 우월한 지위를 차지하게 되었
으며, 임나에 일본부를 두어 국사(國司)를 임명하고, 일이 있으
면 장군을 파견하였다.

- 같은 책

| 『일본서기』는 역대의 천황을 중심으로 한 국사의 명칭으로,
실로 일본국체의 존엄성을 뚜렷이 한다.

- 『훈독 일본서기(訓讀日本書紀)』

구로이타 가쓰미는 『일본서기』의 사실 기사는 외면하고 진구황
후(神功皇后)의 존재와 신라 정벌 기사 등 조작된 부분만 정설로 만
들어 황국사관의 전략적 초석을 다졌다. 이것은 2015년 현재 한
국 역사학계의 통설들이다. 뒤에서 확인하지만 임나일본부설을
비판하는 척하는 한국 역사학계의 대표적인 주자들의 논리는 이
러한 주장을 반복한 것들이다. 쓰다 소키치는 『일본서기』를 비판

하면서 지능적으로 황국사관을 옹호했다. 그는 타율성론에 입각해 조선사가 대륙의 부속사라는 만선사관을 창안한 시라토리 구라키치의 수제자였다.

쓰다 소키치는 『일본서기』가 일왕과 일본국의 권위를 확립하기 위해 윤색되고 첨삭, 조작되었다고 비판했다. 그가 한 말들이다.

> 『일본서기』와 『고사기(古史記)』는 기재 그대로를 역사적 사건의 기록으로 볼 수 없다.
>
> — 『일본상대사연구(日本上代史の硏究)』

> 『일본서기』의 기년이 고의로 조작된 것이며 역사적 사실이 아니라는 것은 지금 새삼스러이 말할 필요가 없는 학계의 정설이다.
>
> — 『쓰다 소키치 전집』 28, 「일본 지나사상 연구(日本支那思想の硏究)」

> 『일본서기』가 조작되었지만 그것에 나타난 사상, 풍속은 그 시대의 엄연한 역사적 사실이며, 이것은 무상의 가치를 가지는 일대 보전(寶典)으로서 하나의 설화가 실제의 것이 아니라 할지라도 『고사기』나 『일본서기』의 가치를 감소시키지 않는다.
>
> — 같은 책

> 『고사기』, 『일본서기』의 기록은 사실이 아닌 설화가 많지만 그렇기 때문에 오히려 특수한 가치가 있으며, 그것은 실제상의

사실은 아니지만 사상상의 사실 또는 심리상의 사실이다.

- 같은 책

| 『일본서기』의 기년은 간지 2주[120년] 소급되었다.

- 「쓰다 소키치 전집」 11, 「만선역사지리연구(滿鮮歷史地理研究)」

| 『삼국사기』의 상대에 관한 기재는 역사적 사실로서 믿을 수
없는 것은 물론이며, 특히 「신라본기」가 후대까지 허구의 기
사로 차 있는 것은 아무도 이의를 제기치 않을 것이다.

- 같은 책

| 진구황후의 신라 정벌은 상대에 있어서 저명한 사실로서 일
본의 대한 정책은 이로부터 활동이 시작되며, 임나일본부의
기초도 이것에 의하여 굳건해진다.

- 같은 책

| 『고사기』와 『일본서기』의 기재는 역사가 아니라 설화이며, 이
설화는 역사보다도 국민의 사상을 이야기한다.

- 「일본고전 연구」

교설(巧舌)의 연속이다. 이렇게 구로이타 가쓰미의 일본 근대역사
학 방향 정립 하에 쓰다 소키치, 이케우치 히로시, 미시나 쇼에이,
이마니시 류, 스에마쓰 야스카즈 등 당대 일제 최고의 어용사학

자들이 임나일본부설 정립에 심혈을 기울였다. 일본 열도는 한국사의 외연이지만 일본고대사는 한국 없이 존재할 수 없었다. 이것이 일제 역사학자들의 고민이었다. 일본고대사 연구는 한국고대사 연구 그 자체였다. 이것이 후에 임나일본부설의 대표적 논자인 김태식(홍익대 역사교육과) 등에 의해 『일본서기』와 달리 한국문헌에는 임나일본부와 관련한 기록이 없어 불리하다는 해괴한 논리로 활용되게 되었다. 공격을 최선의 방어로 활용해 효과를 누린 역사학계의 노하우다.

광복된 지 70년이 지났다. 그러나 임나일본부설은 여전히 철옹성이다. 한사군이 문화중계지라는 가면을 쓴 것처럼 임나일본부설도 똑같은 가면을 쓰고 한국사의 근간이 되었다. 한국 역사학계가 임나일본부설을 지지하지 않으면 황국사관에 따라 수립된 한국사의 전체 흐름과 체계, 사실과 관점은 환골탈태하고, 한국의 현실은 획기적인 전환점을 맞게 된다. 조선총독부가 수립한 식민사관은 한국을 옥죄어온 노예사슬이다. 그러나 누구나 역사의 진실을 원하지는 않는다. 한국 역사학계는 이를 끔찍한 사태로 받아들인다. 학문의 길을 걸어온 학자들은 오류를 두려워하지 않는다. 학문은 오류를 먹고 자라는 나무와 같다. 거짓으로 비틀어진 자국사를 바로 잡으면 역사학자로서 쌍수를 들고 감격할 일이다. 하지만 한국 역사학계는 광복 후 70년에 이르기까지 수많은 루비콘 강을 건너오면서 기존의 행보를 고수하기로 선택했다.

한사군 한반도설은 그 오류가 명백히 밝혀졌지만 일제의 주장뿐 아니라 19세기 이전 중국과 한국의 학자들의 잘못된 주장이 있기는 했다. 하지만 임나일본부설은 100% 일본 군국주의 학자들의 일방적인 주장만 있다. 일제의 주장을 제외하면 1차 사료는 고사하고 2차, 3차 사료도 없고 고고학 유물과 유적도 물론 없다. 19세기에 정한론이 일어난 이래 일본 극우파들이 만들어낸 허상의 도그마일 뿐이다. 일제의 대표적인 어용사가들과 그들의 제자 이병도가 고조선의 역사를 부정하고, 한사군이 한반도 서북부에 있었다고 끝까지 고집한 것은 임나일본부설에서 나왔다. 황국사관의 핵심 도그마가 한국사의 명백한 사실들을 덮고 진실을 180도 전도한 것이다.

임나일본부설이 결정한 한국사의 맥락과 체계

다시 국사편찬위원회의 『한국사』를 보자.

| 1970년대 이후 한국 고대사 분야에서 본격적으로 거론되기 시작한 국가 기원 및 형성과 관련된 논의는 정치발전 단계론에 대한 서양 인류학계의 성과가 소개·수용되고, 종래 불신되었던 『삼국사기』 초기 기록에 대한 신빙성이 새롭게 축적된 고고학적 성과에 의해 제고되면서 나타나게 되었다. 그 결과 우리나라에서 최초로 성립된 국가를 고조선 사회에서 구하게 되었다.

– 국사편찬위원회, 『한국사』 4 , 탐구당, 2003, 1~2쪽

이 글도 김정배가 썼다. 서양 인류학계의 성과가 소개·수용되면서 한국의 국가 기원 및 형성과 관련된 논의가 있었다는 것은 초라한 변명이자 역사학계의 수준을 말하는 것인데, 중요한 것은 뒷말에 있다. "종래 불신되었던『삼국사기』초기 기록에 대한 신빙성이 새롭게 축적된 고고학적 성과에 의해 제고"되면서 그 결과 고조선에 대한 연구가 이루어졌다고 한다.『삼국사기』초기 기록을 보는 관점이 고조선 연구를 좌지우지했던 것이다. 중요한 발언이다. 우리 민족 최초의 국가인 고조선에 대한 연구는 1차 사료와 고고학 자료에 따라 이루어진 것이 아니었다. 임나일본부설을 위해 창안된『삼국사기』초기 기록 불신론에 따라 고조선을 규정한 것이다. 고조선 역사에 대한 귀납적·학문적 연구는 없었던 것이다.『삼국사기』초기 기록을 조작이라고 보아 삼국이 나온 고조선 수천 년 역사를 허구로 만들어버린 것이다. 여기서 주목할 발언이 있다. 역사학계의 권위자 이기동의 말이다.

『삼국사기』는 고려 중기인 12세기 중엽에 만들어지고,『삼국유사』는 고려 후기 충렬왕 때인 13세기 말에 나왔습니다. 그런데 이러한 책들을 보면 상고사에 대한 부분이 대단히 신화적, 설화적 내용으로 윤색이 되어 있습니다. 상고사 연구의 어려움은 이러한 후대의 문헌기록에서 진실과 허구를 구별해내는 사료 비판을 거쳐야 한다는 것입니다. 즉 어디까지가 신화이고 어디서부터는 역사적 사실로 믿을 수 있느냐 하는 것을 판별해내는 것이지요. 이것은 실제 매우 어려운 작업에 속합니다. 그래서 요즈음의 상고사 연구는 불확실한 문헌보다는 오히려 동시대의 사람들이 남긴 물질 자료를 가지고 연구하는 것이 보다 더 안전하다고 생각합니다.

– 편집부 엮음, 「시원문화를 찾아서」, 한배달, 1995, 111쪽

세계 어느 곳이든 고대의 역사는 신화적, 설화적 내용으로 전해온다. 신화와 설화가 고대의 역사다. 『삼국사기』와 『삼국유사』는 그 역사를 기록한 사서들이다. 『삼국사기』와 『삼국유사』가 고려시대인 12세기, 13세기에 나왔다고 해서 가치를 폄훼해서는 안 된다. 이기동은 『삼국사기』와 『삼국유사』가 "대단히 신화적, 설화적 내용으로 윤색"되어 있다면서 마치 이 기록이 새로운 사실을 창작한 것처럼 말하고 있다. 이것이 『삼국사기』·『삼국유사』 초기 기록 불신론이다. 사료 비판을 통해 역사적 사실을 밝혀내는 것이 역사학이다. 이것이 어려운 작업이라고 해서 문헌 연구를 포기하면 역사학이 아니다. 당대 최고의 지식인들이 국왕에게 편찬해 올린 사서들을 불확실한 문헌이라 하면 세상에 확실한 문헌은 하나도 존재하지 않을 것이다. 고고학은 문헌에 대한 연구를 뒷받침하는 것이다. 한국고고학의 태두로 일컬어지는 김원룡이 1980년대에 역사 교과서와 관련한 국회 청문회에서 이렇게 발언했다.

| 이렇듯 세계 어느 나라나 역사성을 가진 국사의 시작은 누구나 수긍할 수 있는 기록과 그것을 뒷받침하는 고고학적 자료의 합치로써 잡고 있으며, 그것이 선진국, 문화국의 국사

이다. 말하자면 선진국의 국사는 고고학으로부터 시작되고 있으며, 외국 기록에 나오는 영세한 자료를 갖고 국사를 시작하는 예는 문화국 중에서는 아직 찾아보기 어렵다.

－ 윤종용, 『국사 교과서 파동』, 혜안, 1999, 63~64쪽

"선진국의 국사가 고고학으로부터 시작된다."는 말은 사실이 아니다. 김원룡이 말하는 고고학의 역사는 19세기에 시작되었지만 역사학은 최소한 수천 년의 역사가 있다. 김원룡은 고조선에 대한 1차 사료를 "외국 기록에 나오는 영세한 자료"로 폄하했다. 『삼국유사』 등의 국내 문헌과 중국의 1차 사료들의 사료적 가치를 부정한 것이다. 그런데 어느 선진국도 1차 사료나 문헌사료를 부정하는 곳은 없다. 고고학 자료에 대한 해석도 어떤 고고학 자료인가 하는 점이 중요하다.

일제는 문헌사료를 부정하고 한사군 유물과 유적을 조작하는 방법을 선택했다. 그 이유가 송호정의 글에 고백되어 있다.

> 고조선사가 하나의 일괄된 입장으로 정리되지 못하는 것은 한국고대사의 발전 단계에 대한 기본적인 시각 차이에서 기인할 것이다. 대개 삼국 초기부터 고대국가 성립을 주장하는 논자들은 고조선도 일찍부터 발전된 국가였다고 보고 있다. 반면 삼국 초기는 아직 부가 중심이 되어 중앙집권적 고대국가를 수립하지 못했다고 보는 논자들은 고조선을 삼국 초기 단계와 비슷한 초기 국가 단계로 이해한다. 이러한 인식 차

이가 고조선사의 해석에도 그대로 적용된 것이다. 따라서 고조선사에 대한 해명은 이러한 한국고대사에 대한 기본 인식을 포함하여 그 발전 논리가 명확히 정리되면 좀 더 체계를 잡을 수 있을 것으로 기대된다.

– 송호정, 「단군, 만들어진 신화」, 산처럼, 2004, 155쪽

고조선사가 하나의 일관된 입장으로 정리되지 못하는 이유가 여기에서도 드러났다. 고조선이 역사와 무관한 신화로 치부된 이유는 1차 사료와 고고학 자료에 근거한 것이 아니라 삼국이 서기 3~4세기경까지 국가로 성립되지 않았다는 '전제' 때문이었다. 이에 따라 고조선을 역사로 보지 않고, 서기전 1세기경에 건국된 삼국의 건국 사실을 부정했다. 역사적 사실이 아니라 인식, 결국 역사관의 차이에서 벌어진 이 간극은 무엇 때문이었을까? 그 이유가 송호정의 글에서 나왔다. 역시 임나일본부설이었다. 그가 고조선의 역사를 앞장서 부정해온 이유는 임나일본부설에 입각한 것이었다. 송호정이 말하는 "한국고대사에 대한 기본 인식을 포함하여 그 발전 논리"란 이런 맥락에서 파악해야 한다.

이처럼 고조선을 보는 관점이 근본적으로 다른 것은 삼국 초기 역사를 어떻게 보는가, 즉 임나일본부설에 대한 입장 차이에서 비롯되었다. 이 점에 주목해야 한다. 고조선 연구자가 임나일본부설 때문에 고조선을 학문적으로 연구하지 않는다. 모든 학문에는 가설이 필요하다. 역사학도 예외가 아니다. 또한 역사학은 구체 사실의 귀납적 연구에서 객관성을 확보한다. 그런데 그는 고

조선에 대한 구체적인 사료를 통해 고조선을 연구하지 않았다. 스승의 견해를 무조건 따른 것이다. 송호정의 지도교수인 노태돈은 『삼국사기』 초기 기록 조작설에 부응하기 위해 젊은 시절에 '부(部) 체제' 개념을 만들었다. 서울대 국사학과의 『한국사특강』을 보자. 그의 글이다.

> 삼국은 고조선 사회의 외곽에서 시간적 선후를 지나며 각각 성립했고, 4세기 중반 이후 서로 국경을 접하게 되기 전까지는 상당 기간 상호 깊은 교섭 없이 독자적으로 발전해 나갔다. 그에 따라 삼국 간에는 각각의 개성적인 면모가 많이 존재했다. 그러한 가운데서도 당대의 역사적 조건에 의해 삼국 초기의 국가 구조와 정치 운영에서는 일정한 공통성을 보여준다. 부(部) 체제는 그러한 면이다.
> – 한국사특강편찬위원회, 『한국사특강』, 서울대 출판부, 2009, 18쪽

'부 체제'는 노태돈의 석사학위 주제였다. 삼국의 국가 형성을 수백 년씩 늦추기 위해 만들어낸 개념이다. 고구려, 백제, 신라 초기의 역사가 중앙집권적인 국가가 아니라 느슨한 부족연맹체인 부 체제로 이루어졌다는 설이다. 『삼국사기』 기록을 근거 없이 부정하고 삼국의 군주가 왕이 아니라 한 부의 수장, 즉 족장에 불과했다는 주장이다. 삼국은 4세기 중반 이후에 국가로 성장해야 한다. 신라의 경우 진흥왕 이전 530년 대까지도 왕이 단순한 부(部) 대표자였다고 한다. 그러기 위해 위의 말처럼 삼국은 "고조선

시회의 외곽에서 시간적 선후를 지나며 각각 성립했다."고 전제한다. 삼국은 고조선에서 나온 나라다. 그러나 노태돈은 삼국이 고조선 사회의 외곽에서 나왔다면서 삼국과 고조선의 연계성을 끊어놓았다. 고조선은 서기전 24세기에 건국돼 2천년 이상 지속된 국가체인데, 여기서 나온 삼국이 다시 족장 사회로 돌아갔다고 하는 것은 전혀 설득력이 없기 때문이다. 『삼국사기』「신라본기」'시조 혁거세거서간조'는 이렇게 시작한다.

> 시조의 성은 박씨, 이름은 혁거세다. 전한 효선제 오봉 원년(서기전 57) 갑자 4월, 병진 —일설에는 정월 15일이라고도 한다— 에 왕위에 오르니, 왕호는 거서간이었다. 그때 나이는 열세 살이었다. 나라 이름을 서나벌이라 했다. 이보다 앞서 조선의 유민(遺民)들이 여러 산골짜기에 흩어져 살면서 여섯 마을을 이루고 있었는데, 첫째를 알천 양산촌, 둘째를 돌산 고허촌, 셋째를 취산 진지촌 —또는 간진촌이라고도 한다—, 넷째를 무산 대수촌, 다섯째를 금산 가리촌, 여섯째를 명활산 고야촌이라 했다. 이들이 진한(辰韓)의 6부가 된다.

『삼국사기』는 서기전 57년에 혁거세가 왕위에 올라 나라 이름을 서나벌로 했다고 기록했다. 혁거세가 왕위에 오르기 전에는 고조선으로부터 이어져온 유민(遺民)들이 살고 있었고, 이들이 그를 왕으로 추대했다. 고구려와 백제는 물론 신라도 고조선의 외곽에 있지 않았다.

『삼국사기』「백제본기」는 "백제의 시조는 온조왕이요, 그 부친은 추모 혹은 주몽이라고 한다."로 시작한다. 백제는 고구려에서 나왔다. 온조왕 3년^(서기전 16)에는 "5월에 말갈이 북쪽 변방에 침입해 왕은 강력한 군사를 거느리고 급히 공격해 크게 격파하니, 살아 돌아간 적의 수는 열 명 중 한두 명에 불과하였다."고 기록했다. 온조왕 13년^(서기전 6)에는 도성과 궁궐을 세우고 다음 해에 국도를 옮겼다. 온조왕 15년^(서기전 4) 기록엔 "정월에 새로 궁궐을 지었는데, 검소하되 누추하지 않고 화려하되 사치스럽지 않았다."고 했다. 백제는 온조왕 27년^(서기 9)에 마한을 정복했다. 온조왕 27년과 28년의 기록이다.

> 10월에 왕은 군사를 내 사냥을 한다고 말하고 기습적으로 마한을 쳐 마침내 그 국읍을 함락시켰으나 오직 원산성과 금현성 두 성은 끝까지 항복하지 않았다. 27년 4월에 원산과 금현 두 성이 항복해 그곳의 백성들을 한산 북쪽으로 옮겼다. 이에 마한이 드디어 멸망하였다.

『삼국사기』 기록대로 신라와 백제가 일찍이 국가로 성장해 있으면 8세기 이후에야 겨우 국가를 형성한 일본이 한반도 남부를 지배할 수 없다. 여기에 쓰다 소키치의 고민이 있었다.

고민 끝에 쓰다 소키치는 한반도 남부에 마한·진한·변한에 속하는 70여 개의 소국들이 난립해 있다는 『삼국지』「위지동이전」 '한조' 기록을 사료 비판 없이 활용하기를 선택했다. 『삼국지』 '한조'는 한국의 정치적 상황을 기록한 책이 아니며, 중국은 당시 정황을 구체적으로 알지도 못했다. 그런데 당시 고구려, 백제, 신라의 구체적인 정치적 상황을 기록한 사서인『삼국사기』는 아무 근거도 없이 조작으로 몰아 제쳐놓고『삼국지』를 견강부회했다. 중국의 위·촉·오 삼국의 역사를 다룬『삼국지』와『삼국사기』는 우리 역사를 전혀 다르게 서술했다.『삼국지』는 백제, 신라가 왕권을 확립한 시기에도 한반도 남부에 마한 54개국, 진한 12개국, 변한 12개국이 난립한 것으로 봤다. 그러나『삼국사기』는 백제가 온조왕 재위 시인 서기 9년에 마한을 평정한 정복 왕국으로 기록했다.『삼국지』는 마한이 3세기 중엽까지 존재했고 백제를 마한 54개 소국 중의 하나인 백제국이라고 했다.

『삼국사기』는 여섯 부족을 이루고 있던 고조선 유민들이 진한 6부로 되었고, 이들이 혁거세를 진한의 임금으로 추대했다고 기록했다.『삼국사기』는 고조선 유민을 유민(流民)이 아니라 유민(遺民)이라 했다. 이 지역이 고조선이었고 고조선 사람들이 박혁거세를 군주로 옹립한 것이다. 또한 신라가 1세기부터 주변 소국들을 장악했다고 했다.

쓰다 소키치가 끌어들인『삼국지』「위지동이전」은 고대한국의 풍속과 제도, 문물, 중국과의 관계 등을 기록했지만 삼국의 구체적인 정치적 상황을 몰랐다. 정확치 않은 사실들이 혼재되었고, 중국의 전통적인 춘추필법, 즉 중화사상에 따라 동이족의 역사를 폄하하고 기록도 소략해 자세하지 않다. 이는『삼국지』만의 문제가 아니고 중국의 25사를 볼 때도 사료 비판 과정에서 필수적인 부분이다. 『삼국지』는 『삼국사기』 등과 목적과 내용이 다른 사서다. 쓰다 소키치는 『삼국지』 '한조'에 대한 사료 비판을 하지 않았고, 『삼국사기』 초기 기록을 불신하는 근거 역시 제시하지 않았다. 역사학의 기본인 문헌사료 비판을 포기한 그는 정치적 목적을 위해 『삼국지』를 선택하고 『삼국사기』 초기 기록은 '믿을 수 없는 기록'으로 전락시켰다.

『삼국사기』의 사실성이 고고학적으로 입증되면서 나온 개념이 부 체제다. 원삼국 개념이 나온 배경과 같다. 임나일본부설을 어떻게든 살리기 위한 눈물겨운 변종이론이다. 노태돈이 2014년에 낸 책을 보자.

> 백제의 건국에 대해 『삼국사기』에는 고구려에서 갈라져 나온 온조(溫祚) 집단이 기원전 18년에 건국하였다고 전한다.
>
> — 노태돈, 『한국고대사』, 경세원, 2014, 68쪽

『삼국사기』는 온조가 백제를 서기전 18년에 건국했다고 기록했다. 그런데 노태돈은 이를 어떻게 봤을까?

> 문제는 그 건국 기년과 역사상이다. 이에 관해 기술한 『삼국사기』 「백제본기」 초기 부분 기사의 신빙성에 대해 그간 이를 긍정하는 시각과 부정하는 시각이 있었다. 일단 전면적인 긍정론은 수긍하기 어려운 면을 지니고 있다. 가령 「백제본기」에 의하면 백제는 온조왕대인 기원전 1세기 말에 동으로 평

강, 춘천, 남으로 공주, 북으로 예성강에 이르는 넓은 영토를 확보하여 큰 나라를 형성했다고 한다. 그러나 이는 사실로 보기 어렵다. 2세기에서 3세기 초의 상황을 전하는 『삼국지』 「한전」에서 백제(伯濟)에 대해 별다른 언급 없이 단지 마한 50여 개국 중 하나로 기술되어 있을 뿐이다.

– 같은 책, 68~69쪽

역시 문제는 『삼국사기』가 기록한 백제의 "건국 기년과 역사상"이었다. 한국 역사학계에서 『삼국사기』 기록은 한국사의 전체 역사상을 정립하는 데 있어서 대단히 위험한 것이었다. 이 같은 사실이 한국의 역사상이 되어서는 안 된다. 그래서 노태돈은 "그러나 이는 사실로 보기 어렵다."고 했다. 근거는 『삼국지』 기록이다.

> | 마한의 여러 집단에 대한 백제의 세력 확대는 4세기대를 거치는 동안 남쪽으로는 금강 이북 지역에, 그리고 동쪽으로는 한강 상류의 영서 지방에 이른다.

– 같은 책, 76쪽

『삼국사기』는 온조왕 27년(서기 9)에 백제가 마한을 정복했다고 기록했다. 이를 부정하고 『삼국지』를 선택한 것이다. 『삼국사기』나 『삼국지』에 대한 사료 비판은 없다. 사료 비판이 『삼국지』 기사를 들어 『삼국사기』 기록의 사실성을 부정하는 것이다. "전면적인 긍정론" 따위의 표현은 역사학계가 중요한 사료의 의미를 희석할 때

자주 활용하는 어법이다. 뒤에서 자세히 살피지만 역사 교과서는 임나일본부설을 충실하게 반영했다.

지금까지 확인한 대로 고조선과 한사군에 대한 근본적인 시각은 임나일본부설에 입각해 있다. 다시 송호정의 글을 보자.

> 종래 고조선사와 관련된 연구에서는 근본적인 문제점 하나가 제기되는데 그것은 실상에 맞는 객관적 분석보다는 선입관이 먼저 작용한 연구가 진행됐다는 점이다. 특히 고조선이 한국 최초의 고대국가라는 점에서 그 국가 형성의 시기와 활동 무대를 언제, 어디로 설정하느냐에 따라 민족사의 기원 문제가 뒤바뀔 수도 있다 보니 역사적 실상과는 달리 과장된 결과가 도출됐던 것으로 보인다. 그러나 고조선사를 연구할 때는 고조선이 그렇게 넓은 지역을 차지할 수 있을 정도의 사회 발전 단계에 이르렀는지를 먼저 실증해야 한다. 예를 들어 비파형동검이라는 유물로 설정된 광범위한 문화권이 고조선이라는 하나의 정치세력으로 상정될 수 있는가 하는 점 등을 우선 논의해야 한다.
>
> – 송호정, 『단군, 만들어진 신화』, 산처럼, 2004, 23쪽

'고조선이 그렇게 넓은 지역을 차지할 수 없다'는 선입관이 고조선에 대한 객관적인 연구를 가로막고 있다. 비파형동검은 고조선의 강역을 밝혀주는 표지유물인데도, 그 실증적 가치를 부정하고 있다. 한국사는 정체성과 타율성의 역사라는 편견에 사로잡힌 결

과다. 송호정이 제시한 고조선 연구 방법을 상기해보자.

| 특히 고조선 연구의 최종적인 판단은 문헌에 근거를 두어야
하며, 이때 제일 염두에 두어야 할 것은 후대의 믿을 만한
사료에 근거해야 한다는 점이다.

– 송호정, 「한국 전근대사의 주요 쟁점」, 역사비평사, 2008, 41쪽

고조선 연구의 최종적인 판단을 1차 사료가 아니라 후대의 믿을 만한 사료에 근거해야 한다는 역사학 부정 논리는 임나일본부설에서 나온 것이었다. 후대의 믿을 만한 사료는 일제 어용사가들이 취사선택하고 해석한 문헌을 말한다.

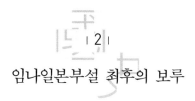

| 2 |
임나일본부설 최후의 보루

무조건적인 동조와 놀라울 정도의 침묵

최재석의 글이다.

> 일본인들은 그들의 역사 조작에 방해가 되는 『삼국사기』나 『삼국유사』는 조작으로 몰고, 가야와 임나가 동일국이라는 증거는 하나도 제시함이 없이 말로만 가야와 임나는 동일국이라고 주장하고 있다. 그러나 가야와 임나가 전혀 별개의 나라라는 증거는 있을지언정 같은 나라라는 증거는 아무 데도 없다. 이러한 일본인들의 주장에 어찌하여 한국 사학자들도 무조건 동조하며 가야와 임나가 동일국이라고 주장하는지 모르겠다. 또 일본인들은 가야와 임나의 관계에 대하여

논할 때는 보통 가야와 임나가 동일국이라고 주장함과 동시에 일본이 가야를 지배하였다고 주장한다. 그런데 또 어찌하여 한국의 고대사학자들은 후자인 일본이 가야(한국)를 지배하였다는 주장에 대해서는 놀라울 정도로 침묵을 지키면서 전자인 가야와 임나가 동일국이라는 대목에만 관심을 가져 이것을 받아들이는지 모르겠다.

– 최재석, 『고대한일관계사연구』, 경인문화사, 2010, 143쪽

일본 학자들은 『삼국사기』와 『삼국유사』의 초기 기록이 조작이라는 증거를 제시하지 못했다. 가야와 임나가 동일국이라는 증거도 마찬가지였다. 반면 『삼국사기』와 『삼국유사』 기사가 조작이 아니라는 증거, 가야와 임나가 전혀 별개의 나라라는 증거는 많다. 한국과 중국 사료에는 임나일본부 관련 기록이 없다. 『삼국사기』와 『삼국유사』에는 그와 상반되는 기록들만 있다. 그럼에도 불구하고 일제는 19세기 이래 가야=임나라고 전제했다.

임나일본부설의 근거로 활용한 『일본서기』 기사는 조작과 윤색, 모순과 과장이 많다. 이 기사들을 어떤 관점과 입장에서 사료 비판하는가에 따라 사실과 허구를 구분할 수 있다. 『일본서기』 스진(崇神) 65년조 기사는 임나가 쓰쿠시(筑紫 : 규슈의 옛 이름)에서 2천여 리의 위치에 있고, 북쪽은 바다이고, 신라의 서남쪽에 있다고 기록했다. 그 위치는 대마도로 비정된다. 그럼에도 쓰다 소키치가 임나일본부설을 위해 만든 '『삼국사기』 초기 기록 불신론'은 한국사의 근간이 되었다. 최재석은 일본 학자들이 『삼국사기』 초기 기록

을 조작으로 본 이유를 이렇게 정리했다.

| 일본인 연구자가 『삼국사기』 초기 기록을 조작으로 본 이유

① 처음부터 근거의 제시 없이 『삼국사기』는 조작이라고 단정한 것

② 자신들이 허구의 증거를 조작해놓고 『삼국사기』는 조작되었다고 한 것

③ 근거의 제시 없이 수백 년 동안 전설시대라고만 한 것

④ 자신들이 『삼국사기』와 상이한 말을 하여놓고 『삼국사기』가 조작되었다고 한 것

⑤ 자신들이 설정한 기준을 자신들이 뒤엎고 『삼국사기』가 조작되었다고 한 것

⑥ 중국 기록에 없으면 조작되었다고 한 것

⑦ 중국 기록과 같으면 조작이라고 한 것

⑧ 중국 기록과 차이가 있으면 조작이라고 한 것

⑨ 『일본서기』에 없으면 조작이라고 한 것

⑩ 『일본서기』와 차이가 나면 조작이라 한 것

⑪ 자신들이 이해하지 못한 기사들이 있으면 조작이라고 한 것

⑫ 기록이 불명확한 기사가 있으면 조작이라고 한 것

⑬ 기록이 상세하여도 조작이라고 한 것

– 같은 책, 197쪽

『삼국사기』 초기 기록이 조작이라는 객관적인 근거는 아무것도

없었다. 『삼국사기』 초기 기록이 조작이라는 '관점'만이 유일한 근거였다. 최재석은 정한론 등장 이후 일본 학계의 주요 주장을 빠짐없이 분석했다. 임나=가야라는 주장의 근거는 그들의 '주장'뿐이었다. 최재석의 연구로 『삼국사기』 초기 기록 불신론의 정체가 낱낱이 드러났다. 그것은 일본 학계가 황국사관에 매진한 한국침략론이었다. 이를 따르는 국사편찬위원회의 『한국사』를 보자.

| 백제의 건국사를 정리하고자 할 때 가장 문제가 되는 것은 기본 자료인 『삼국지』「위지동이전」과 『삼국사기』「백제본기」 초기 기록을 어떻게 볼 것인가 하는 문제이다. 「위지동이전」에는 3세기 중엽 무렵까지 백제가 마한 54국의 하나라고 하는데 반해 초기 기록에서는 온조왕 대에 영역을 고부(古阜) 지방까지 확보한 것으로 되어 있다. 그리고 초기 기록에는 고이왕 대에 이미 6좌평·16관등제라고 하는 잘 짜여진 국가조직을 갖춘 것으로 되어 있지만 「위지동이전」에는 국읍주수(國邑主帥)가 읍락(邑落) 거수(渠帥)들을 잘 제어하지 못하는 것으로 묘사되고 있다. 따라서 어느 자료에 신빙성을 두어 취해 보느냐에 따라 백제의 건국·성장 과정을 이해하는 데 커다란 차이가 있게 된다. 여기서는 「위지동이전」의 백제국(伯濟國)과 4세기대의 백제국(伯濟國)은 연속선상의 계승관계를 가지며, 초기 기록은 구체적인 연대나 왕실 계보에는 일부 조작이 가해진 것으로 보는 절충론의 입장에서 정리하였다.

— 국사편찬위원회, 『한국사』 6, 탐구당, 2003, 2쪽

이 글은 노중국(계명대 명예교수)이 썼다. 주의해서 읽어야 한다. 앞서 본 대로 『삼국지』「위지동이전」에는 백제 건국사가 없다. 따라서 백제 건국사를 정리하고자 할 때는 『삼국사기』「백제본기」 초기 기록이 기본 사료가 된다. 『삼국사기』는 백제를 온조왕 재위 시인 서기 9년에 마한을 평정한 정복왕국으로 기록했다. 앞서 본 대로 『삼국지』는 마한이 3세기 중엽까지 존재했고 백제를 마한 54개 소국 중의 하나인 백제국이라고 했다.

『삼국지』를 백제 건국사의 기본 사료로 보는 것은 쓰다 소키치의 입장이다. 『삼국지』는 『삼국사기』 등과는 목적과 내용이 다른 사서다. 무한한 사건의 연속에서 진실을 밝히는 것이 역사학이다. 국사편찬위원회의 『한국사』처럼 절충하는 것은 학문이 아니다. 절충의 목적은 결국 정설 유지다. 이를 이른바 『삼국사기』 초기 기록 수정론'이라고 하는데, 역사학계의 위기관리를 위해 임의적으로 자료를 취합하는 방식에 불과한 이론이다. 『삼국사기』 초기 기록의 신뢰성은 지속적으로 높아져왔다. 고고학계도 이 같은 사실을 더 이상 숨기지 못하고 있다. 역사학계의 주장을 충실히 수용해온 고고학자 최몽룡의 글이다.

| 그리고 최근 서울 송파구 풍납동 토성(사적 11호)의 발굴로 인해 종래 식민지사관의 일환으로 만들어진 원삼국시대란 용어가 점차 설득력을 잃고, 대신 '철기시대 후기' 또는 '삼국시대 전기(서기 1~서기 300)란 용어가 힘을 얻고 있다. 이는 『삼국사기』의 삼국시대 개시기에 대한 연재의 인정에서 비롯된다. 아직도

> 많은 사람들이 『삼국사기』 초기 기록의 취신(取信)에 대해 회의
> 적이지만 고고학 자료는 『삼국사기』 초기 기록의 신빙성을 점
> 차 입증해주고 있다.
>
> — 국사편찬위원회, 『신편 한국사』, 한국사데이타베이스

원삼국 개념은 더 이상 지탱하기가 힘든 상황이다. 위의 말대로 "고고학 자료는 『삼국사기』 초기 기록의 신빙성을 점차 입증"해주고 있기 때문이다. 그러나 절충론이라는 복병을 기억해두자.

한국 역사학계가 지지하지 않으면 임나일본부설은 힘을 잃는다. 역사학계는 고조선과 한사군에 대한 사료가 많지 않아 사실상 문헌 연구는 의미가 없다면서 일본과 중국의 고고학에 의존한다. 하지만 임나일본부설은 『삼국사기』 등으로 쉽게 검증할 수 있다. 고고학 자료도 문헌기록의 신빙성을 뒷받침해왔다. 한국 역사학계가 식민사학의 무거운 닻을 끊고 대양을 향해 나아가기만 하면 된다. 그러나 간단한 문제가 아니다. 역사학계가 정박해 항구에 내린 닻이 심연에 단단히 뒤엉켜 있다. 그래서 한사군과 임나일본부는 무조건 한반도 북부와 남부에 있게 되었고, 한국 역사학계의 정설과 역사 교과서는 일본과 중국의 국수주의자들이 앞세우는 최후의 보루가 되었다. 한국 역사학계가 절대적으로 고수하는 '부동의 정설' 5가지가 있다.

1. 단군왕검의 고조선 건국은 신화다.
2. 위만이 고조선을 통치하면서 고조선은 국가로 성장했다.

3. 한사군은 한반도에 있었다.

4. 중국과 일본의 지배로 한국사가 본격적으로 시작된다.

5. 『삼국사기』와 『삼국유사』의 초기 기록은 역사적 사실이 아니다.

이 정설들은 별개가 아니라 한 가지 주제의 다섯 범주들이다. 그 한 가지 귀결점이 마지막에 있는 『삼국사기』, 『삼국유사』 초기 기록 불신론, 즉 임나일본부설이다. 앞서 봤듯이 임나일본부설은 역사학계가 최후까지 끌어안아야 할 절대적인 명제다. 임나일본부설을 지탱하지 않으면 앞의 1, 2, 3, 4번 명제는 의미가 없다.

그래서 역사학계는 임나일본부설의 근거로 활용된 『일본서기』를 비판하는 것처럼 말하면서 『일본서기』의 핵심 기사를 사실로 전제한다. 『일본서기』의 조작 기사와 임나일본부설은 일제 군국주의의 근원이다. 임나일본부설은 전혀 근거가 없기 때문에 임나일본부설을 통해 고대에 일본이 한국을 지배했다는 주장을 겉으로 내세우는 학자는 일본에서도 거의 없다. 임나일본부설은 교역기관, 외교기관, 사신관 등을 앞세워 유지되고 있다.

이 논리도 이미 구로이타 가쓰미가 정리한 내용이다. 한사군이 식민통치기관이 아니었다는 성격문제와 똑같은 논리다. 그러나 한사군 문제와 마찬가지로 "임나는 한반도에 있었는가?" 하는 것이 임나일본부설의 핵심이다. "임나가 한반도의 가야라는 근거가 무엇인가?" 한국 역사학계는 이 질문에 정직하게 답을 해야 한다. 여기에 주목할 글이 있다.

한동안 역사학계의 통설은『삼국지』의 기록을 보다 중시하는
입장에서 백제와 신라의 마한과 진한 통일 시기를 동아시아
세계의 일대 격동기였던 4세기 중엽의 일일 것으로 보았다.
그러나 최근 학계에서는『삼국사기』의 기록을 보다 존중하고
초기 기록을 최대한 합리적으로 해석하여 삼국 초기 역사
쪽에서 이해하는 쪽으로 정리하고 있다.

– 한국고대사학회,『한국고대사연구의 새동향』, 서경문화사, 2007, 26~27쪽

이 말을 한 사람은 누구일까? 송호정이다. 한사군 한반도설을
위해 역사학계는 고조선 중심지 이동설을 만들어 고조선의 실재
한 역사를 부정한 것처럼 '『삼국사기』 초기 기록 수정론'을 통해
삼국 초기 실제 역사를 부정하고 임나일본부설을 살리기 위한 것
이다. 이렇게 임나일본부설은 '최대한 합리적'으로 살아 있다.

『일본서기』를 보는 눈

조선총독부 고적조사위원회는 임나일본부의 존재를 증명하기
위해 1945년까지 30년 동안 총력을 기울였다. 일제 최고의 고고
학자들이 총동원되어 참빗으로 훑듯이 옛 가야 지역에서 임나일
본부의 흔적을 뒤졌다. 아무것도 나오지 않았다. 고대 한일관계
사는 고대한국과 일본의 정치 상황을 무엇보다 먼저 봐야 한다.
일본 왕권의 정도, 정권의 강역, 당대 일본의 조선과 항해 수준,

그리고 고구려, 백제, 신라, 가야, 야마토왜에 대한 문헌사료와 고고학 자료, 기타 관련 학문 분야를 종합적으로 분석해야 한다. 5~6세기에 야마토 정권은 통일 왕조를 이루지 못하고 다른 지역의 호족들과 같은 수준이었다. 일본 국왕의 왕권은 미약했다. 일본 왕의 가옥은 같은 지역에 있는 한 호족의 거처보다 형편이 좋지 않았고, 비옥한 토지를 달라는 왕의 요청을 호족이 거절하였다. 일본은 7세기에도 조선·항해 수준이 낮아 단독으로 해외를 오갈 수 없었다.

> 사인(使人)을 신라에 보내 사문 지달 등을 신라국의 사인에 붙여 대당(大唐)에 보내고 싶다고 하였으나 신라가 말을 듣지 않아 사문 지달 등이 그대로 귀국하였다.
>
> — 『일본서기』 사이메이(齊明) 3년(657)조

> 이달, 사인들은 신라 배를 얻어 타고 대당(大唐)에 보내 불교를 배웠다.
>
> — 『일본서기』 사이메이 4년(658)조

일본은 당나라에 파견할 사신을 신라에 보내서 신라의 선박에 편승하게 해달라고 요청해야만 할 정도였다. 신라가 이를 거절하면 속절없이 일본으로 돌아가야 했다. 서기 8, 9세기까지도 상황은 마찬가지였다. 이런 사실을 조금이라도 반영한다면 일본이 서기 4~6세기에 한반도 남부를 지배하거나 군사적인 지원했다는 허황둬! 주장을 감히 할 수는 없을 것이다.

고구려, 백제, 신라, 가야 등은 서기전 24세기에 건국한 고조선에서 나온 열국들이었다. 한반도에서 일본 열도로 이주한 이들이 거기에 백제, 가야, 신라 계통의 소국들을 세워 한반도의 고국과 연계를 유지했다. 이 소국들은 5세기 말~6세기 초에 각각 한반도에 있던 백제, 가야, 신라의 지배를 받았다. 한반도의 가야와 임나가 별개의 나라라는 증거는 『일본서기』를 통해서도 그리고 일본 곳곳에 남아 있는 고고학·사회학·인류학·언어학·예술학적 자료 등으로 얼마든지 입증된다.

| 고대일본의 정치 상황에 주목한다면 일본이 타국(이웃나라)의 지배를 받을 개연성은 있을지언정, 일본이 타국을 지배할 수 있는 상황은 아니었음을 알게 된다. 그런데 고대일본 열도 각지의 지명은 모두 고구려·백제·신라 등 고대한국 국명으로 되어 있고, 고대일본의 정치 상황을 기록한 『일본서기』에 6세기는 백제의 3왕(무령왕·성왕·위덕왕)이 모두 각각 일본에 경영 팀을 파견하여 그곳을 경영케 했다는 기록이 있다. 또한 중국 사서인 『당서』와 『구당서』가 7세기 백강구 전투에 참전한 일본군은 백제왕의 군대였고 전쟁에 패하자 백제왕자(충승·충지)가 일본군을 거느리고 나당연합군에 항복했다고 기록하고 있다. 이러한 기록을 보면 적어도 6세기와 7세기 일본은 백제가 통치한 지역이었음을 알 수 있다. 그런데 고대 한일관계사를 연구하는 모든 일본인 연구자는 고대한국이 선

박을 타고 온 일본의 속국 내지 식민지였다고 주장하면서도,
위에 언급한 일본의 정치 상황에 대해서는 언급하지 않았다.

– 최재석, 「고대한일관계사연구」, 경인문화사, 2010, 283쪽

720년에 편찬된 『일본서기』는 일본에서 가장 오래된 관찬 사서
다. 신대(神代)에서 696년까지를 기록했다. 712년에 나온 『고사기』보
다 내용이 충실하나 위서(僞書)라는 평을 받을 정도로 심각한 문제
가 있는 사료다. 『일본서기』는 야마토 정권이 천황의 권위를 세우
기 위해 만들었다. 편년을 비롯해 내용에 왜곡·과장·윤색·조작
이 많다. 편수 책임자도 밝혀져 있지 않다. 역사서들은 대개 편찬
배경과 경위를 기록한다. 『일본서기』는 서문이나 발문, 지(志)와 열
전(列傳)도 없다. 일본 학계의 일부에서 『삼국사기』와 비교해 사실성
을 검증할 정도다. 일본 학자들도 15대 오진(應神, 201~310) 이전 기록
은 조작으로 본다. 그러나 『일본서기』는 한일고대사에 대한 많은
사실들을 감추고 있는 사서인 것도 사실이다. 『일본서기』는 『백제
기(百濟記)』, 『백제신찬(百濟新撰)』, 『백제본기(百濟本記)』 등 이른바 '백제삼
서'를 가장 많이 인용했다.

| 『일본서기』는 조작·허구·은폐·왜곡 기사가 많지만, 역사적
사실을 기록한 기사도 적지 않다. 또, 대세론의 입장에 서게
되면 심도 있게 파고들 수 없다. 따라서 한정되고 추상적인
차원에서 고대 한국문화가 일본에 전파되었다는 이해 정도만
이 가능하고, 본인이 앞에서 제시한 바와 같이 구체적인 사실

에 의거하여 백제와 백제 사람이 야마토왜[일본]를 경영한 것과 같은 역사 파악은 할 수 없게 된다. 만에 하나 『일본서기』를 멀리하고 대세론에 매달리게 되면 『일본서기』에 있는 귀중한 자료를 놓치게 되고 따라서 백제가 야마토왜를 경영한 구체적인 한일관계사는 영원히 파악할 수 없게 될 것이다.

– 같은 책, 224~225쪽

『일본서기』는 한일고대사를 연구하는 기본 사료다. 일본 학계의 대세론을 따르지 않으면 얼마든지 고대사의 진실들을 밝혀낼 수 있다. 다만 일왕을 중심으로 윤색하고 조작한 사실들을 엄밀하게 검증하는 과정은 필요하다. 『일본서기』는 백제 본위의 기사와 일본 본위의 기사로 구성되었다. 쓰다 소키치는 『일본서기』에 기록된 백제 본위의 기사를 개정하지 못했던 것을 탄식했다. 스에마쓰 야스카즈 역시 "『일본서기』에 대해 진실을 구하고자 하는 태도를 가지면 뿔을 바로잡으려다 소를 죽이게 된다."는 말을 남겼다. 『일본서기』의 내용처럼 일본고대사는 한국과의 관계사, 즉 한국고대사였다.

최초로 『일본서기』의 사실기사와 왜곡기사를 분류해 비판한 최재석의 분석에 따르면 총 230사례의 신라와 일본의 관계 기사 중 구체적인 양국관계를 기록한 것은 하나도 없었다. 289쪽과 같이 한 줄이나 단 몇 줄로 양국관계를 서술했다. 조선술과 항해 능력이 안 돼 신라의 도움에 의지했던 일본이 단독 항해로 신라를 치고 정복했다고 한다. 김춘추(무열왕)를 인질로 삼았다고 한다. 이에 대해 최재석은 "포복절도케 하는 기사", "동화에서나 나올 수 있는 이야기"라고 했다.

『일본서기』를 사료 비판하면 백제가 야마토왜를 경영한 사실을 파악할 수 있다. 오진(應神) 14년 수많은 백제 사람이 일본으로 건너갔다. 일본의 비다쓰왕(敏達王)은 비다쓰 원년(백제 위덕왕 19, 서기 572) 4월에 백제대정(百濟大井)에 왕궁을 만들었다. 일본왕은 백제 사람이었다. 백제 무령왕은 505년(무령 7)에 백제 왕족인 사아군(斯我君)을 일본에 파견하였다. 그는 513년(게이타이 7) 6월에 2명의 백제 장군과 오경박사를 일본에 보냈다.

성왕은 오경박사, 의박사, 역박사, 천문박사, 채박사, 화가, 공예 기술자들을 야마토왜에 파견했다. 무령왕·성왕·위덕왕은 고대일본에서 말, 선박, 활과 화살, 인부, 군대를 징발했다. 조메이(舒明)천황 11년(639)에는 백제천(百濟川) 가에 궁을 세우고 거처를 옮겼다. 나당연합군에 패한 백제 장군들은 일본에 산성을 구축했다. 백제의 영토였기 때문에 가능한 일이었다. 남의 나라에 산성을 쌓을 수는 없다.

최재석은 백강구(白江口) 전투에 투입된 왜군이 백제왕 풍(豊)의 군대였다는 사실을 『삼국사기』와 『구당서』, 『신당서』 등의 사료를 분석해 다음과 같이 제시했다.

| 왕[문무왕]은 김유신 등 28장군을 거느리고 당군과 연합하여 두릉윤성과·주류성 등 여러 성을 공격하여 모두 항복을 받았다. (백제왕) 부여풍은 도주하고 왕자 충승·충지 등이 군

대를 이끌고 와서 항복하였다. (『삼국사기』 문무왕 3년 5월)

| 유인궤(중략)가 백강구에서 왜인을 만나 네 번 싸워 모두 이기고 배 400척을 불태우니 연기와 화염이 하늘을 덮고 해수도 빨갛게 물들었다. 왕 부여풍이 도주하여 그 행방을 알지 못하는데 혹은 고구려로 갔다고도 한다. 그의 보검을 노획하였다. 왕자 부여충승·충지 등이 그의 군대와 왜인을 거느리고 함께 항복하였다. (『삼국사기』 의자왕 20년)

| 유인궤는 백강구에서 부여풍 군대를 만나 네 번 싸워 모두 승리하고 풍의 선박 400척을 불태우니 적군이 크게 패하여 부여풍은 도주하고 거짓(옛) 왕자 부여충승·충지 등은 사여와 왜군을 거느리고 항복을 하니 백제의 여러 성 등 모두 항복 귀순하였다. (『구당서』 백제)

| 유인궤는 백강구에서 왜병을 만나 네 번 싸워 모두 승리하고 그 선박 400척을 불태우니 연기와 화염이 하늘을 메우고 바닷물은 모두 붉게 물들었다. 적군은 크게 무너지고 부여풍은 도주하여 그의 보검을 노획하였다. (『구당서』 유인궤)

| 풍의 군대는 백강구에서 진을 치고 있었으나 네 번 싸워 모두 이기고 선박에 불을 놓아 400척을 불태우니 풍이 도주하였다. 그가 어디로 갔는지 소재를 알지 못한다. 거짓(옛) 왕자

부여충승·충지가 백제 본토 군대와 왜군을 거느리고 항복
하니 모든 성이 모두 항복하였다. (『당서』백제)

— 같은 책, 2010, 223쪽

『삼국사기』와 『당서』, 『구당서』 기록이 일치한다. 백제왕 풍은 자
신의 군대 왜군을 동원했다. 『일본서기』는 백제 주류성이 함락되
자 나라 사람들이 "백제 이름이 오늘로서 끊겼다. 조상의 무덤이
있는 땅에 두 번 다시 못 가게 되었다."고 말했다고 기록했다. 『일
본서기』를 객관적으로 연구하면 고대한국과 일본의 진면목이 고
개를 든다. 단재 신채호가 『독사신론』에서 한 말이다.

> 일본이 대국을 이룬 뒤에도 백제를 침략하지 않은 것은 무
> 슨 까닭인가. 그것은 일본의 온갖 것이 백제로부터 받아들여
> 졌기 때문이다. 문자도 백제에서 수입했으며 미술도 백제에
> 서 수입하였을 뿐더러 또한 그 인종이 백제인으로 많이 구성
> 되어 있기 때문에 백제와 일본은 틈새가 없었던 것이다. 곧
> 백제와 일본 사이에 통혼한 사실이라든가 무령왕 이후에 여
> 러 박사들이 빈번히 파견되는 것이 그 증거다. 이 까닭에 옛
> 날 임진년에 수은 강항이 일본에 잡혀 있을 때 그곳 토착 주
> 민들이 백제의 후예라고 스스로 말했던 사람들이 많았으니
> 그들이 어찌 헛되이 그들의 보계(譜系)를 속였겠는가.

— 신채호, 『신채호 역사 논설집』, 정해렴 엮어옮김, 현대실학사, 1995, 39쪽

한국사의 비극을 함축한 말

> 일본인들의 주장을 받아들여 『삼국사기』는 조작되었으며 가
> 야와 임나는 동일국이며, 또한 암묵리에 고대한국은 일본
> 의 식민지였음을 자인하는 자신은 실증사학자라고 지칭하고,
> 『삼국사기』는 조작되지 않았고, 고대한국이 일본의 식민지가
> 아니라 반대로 고대일본이 한국의 식민지였으며, 또한 가야와
> 임나는 동일국이 아니라 별개의 나라라는 증거를 제시하는
> 사람은 편협된 국수주의자라고 평한 사람이 존재한다는 현실
> 을 어떻게 받아들여야 할 것인가 난감할 따름이다.
>
> — 최재석, 『고대한일관계사연구』, 경인문화사, 2010, 160쪽

이 글은 한국사의 비극을 함축하고 있다. 임나가 가야라는 시
각이 임나일본부설의 핵심 전제다. 모든 사건은 사건이 벌어진 공

간이 있다. 사건이 벌어진 공간은 사건을 접근하는 가장 기본적인 출발이다. 사건이 벌어진 곳을 임의적으로 설정하고 사건의 실체에 접근해서는 얻을 것이 없다. 임나일본부설을 다루는 기본적인 관점과 입장, 태도가 이와 같다. "임나가 어디에 있었는가?" 이를 1차 사료를 통해 논증하는 것이 임나일본부설의 출발이다. 최재석은 이 문제를 일관해서 주장했다.

> 가야는 한국의 역사서인 『삼국사기』에 나오는 한반도 남쪽에 자리 잡은 고대국가의 명칭이고 임나는 일본의 역사서인 『일본서기』에 나오는 지명이다. 그런데 임나에 대하여 언급한 사람은 거의 전부 가야와 임나를 동일국가로 간주하고 있다. 이러한 한국인의 견해는 모두 일본 학계의 주장을 따르고 있으므로, 먼저 일본인의 견해부터 살펴보고 실제로 가야와 임나가 동일국인지 아닌지를 여기서 다시 살펴보고자 한다.
>
> — 같은 책, 136쪽

임나일본부설과 관련한 한국 역사학계의 주장은 모두 일본 학계의 것을 따르고 있기 때문에 일본 학계의 견해를 우선 비판적으로 검증해야 한다는 주장이다. 역사학계는 문헌사료와 고고학 자료를 통한 한국사 연구를 '국수주의', '재야사학'이라는 잣대로 비판한다. 프레임은 사실을 압도한다고 했다. 역사학계가 따르는 황국사관을 감추기 위해 역공을 하는 것이다. 최재석은 『일본서기』가 기록한 임나의 위치를 다음과 같이 논증했다.

임나의 위치에 관한 정확한 정보는 『일본서기』 스진 65년조
가 전해준다. 그런데도 역사 왜곡자들은 모두 이 기사를 전
적으로 무시한 채 허구의 주장만 되풀이하고 있다. 그 기사
내용은 다음과 같다.

스진 65년의 기사

任那者 去筑紫國二千餘里 北阻海以在鷄林之西南

위의 기사를 우리말로 풀이하면 다음과 같이 될 것이다. 즉,
"'임나(任那)'는 북규슈(北九州)에서 2천여 리(二千餘里) 떨어져 있으
며, 북쪽은 바다로 막혀 있고, 계림(鷄林, 신라)의 서남쪽에 있
다"고 해석될 것이다. 그런데 이 기사는 다음 세 부분으로
나누어진다.

① 임나는 북규슈에서 2천여 리 떨어져 있다.
② 북쪽은 바다로 막혀 있다.
③ 임나는 신라의 서남쪽에 있다.

『삼국지』「왜인전(倭人傳)」에 구사(狗邪)에서 대마도까지 1천여 리,
그곳에서 일지국(一支國, 일기도壹岐島)까지 1천여 리, 다시 말로국
(末盧國, 북규슈)까지 1천여 리라 하였으니, 결국 북규슈에서 2천
여 리 떨어져 있는 임나는 대마도임을 알 수 있다. 이렇게
볼 때 위의 첫 부분은 대마도임을 나타낸다. 위의 둘째 부분

인 '북쪽은 바다로 막혀 있다'는 내용은 임나가 한반도에 위치할 수 없음을 나타낸다. 다음 셋째 부분인 '임나는 신라의 서남쪽에 있다'는 내용은 좀 모호한 것으로도 볼 수 있으니 그 당시의 방향 감각이나 지리적 지식으로 보아 대마도가 신라의 남쪽이 아니라 서남쪽에 있다고 해도 첫째 내용이나 둘째 내용을 결정적으로 바꿀 조건은 되지 못한다고 생각한다. 이렇게 볼 때, 위의 스진 65년 기사는 임나가 대마도임을 가리킨다고 보아야 할 것이다.

– 같은 책, 240~241쪽

임나가 한반도에 있을 수는 없다. 『일본서기』도 위에서 본 것처럼 그렇게 기록하고 있다. 당시 한국과 일본의 역사적·정치적 상황도 이에 부합한다. 『일본서기』를 어떤 입장과 관점에서 보는가 하는 사료 비판이 중요한 것이다. 모든 사료는 의미가 있다. 설령 위서라고 해도 그 안에 있는 사실들을 추적해야 한다. 더욱이 『일본서기』는 체계적으로 분석할 한국사의 보고(寶庫)다.

1971년 7월 충남 공주에 있는 백제 제25대 사마왕(시호는 무령왕)의 릉에서 지석(誌石)이 나왔다. 이 지석에 '영동대장군 백제 사마왕(寧東大將軍 百濟 斯麻王)'이 계유년(서기 523) 5월에 붕(崩)하셨다는 사관의 기록이 있었다. 『삼국사기』 '무령왕' 조에 "왕의 휘(諱)는 사마(斯摩)인데, 혹은 융(隆)이라고도 한다."는 기록을 통해 이 릉의 주인이 무령왕인 것을 알 수 있었다. 붕(崩)은 천자나 황제의 죽음에만 쓰는 표현이다. 중국의 정치적 영향을 받지 않고 일본에 강한 지배력을 미쳤던 사실을 보여준다.

중국의 『송서』 「백제전」은 "백제국은 본디 고구려와 더불어 요동의 동쪽 1,000여 리에 있었다. 그 뒤 고구려는 1,000여 리나 서쪽에 위치한 요동을 쳐서 빼앗아 차지하였고, 백제는 요하를 건너 더 서쪽 땅을 차지해 진평군 진평현을 다스렸다."고 기록했다.

『양서』 「백제전」은 더 구체적으로 기록했다.

> 그 뒤 (백제가) 점점 강역이 커져 이웃의 소국들을 합쳤다. 그 나라는 본디 고구려와 더불어 요동의 동쪽에 있었으나, 진(晉) 때 고구려가 요동을 빼앗았으므로 백제 또한 요서의 진평 두 고을 땅을 점거하고 백제군을 설치했다.

『남사』도 같은 내용으로 백제군 설치를 기록했다. 진(晉) 때란 서진(263~316)과 동진(317~419)시대를 말한다.

비록 『삼국사기』는 편찬 과정에서 황제의 죽음을 의미하는 붕이 아니라 제후의 죽음을 뜻하는 훙(薨)을 썼지만 『삼국사기』 기록은 지석에 기록된 무령대왕의 사망월일과 정확하게 일치했다. 『삼국사기』의 진가를 증명한 것이다. 일본 학계의 다수는 무령왕이 천황의 질(質)로 일본에 왔다고 주장한다.

그러나 무령대왕 지석은 무령대왕이 백제왕으로 즉위하기 전 일본에서 백제의 '후왕(侯王)', '왜왕(倭王)'으로 재위했던 사실을 뒷받침하는 사료로 추정된다. 무령대왕이 백제왕이었을 당시 '왜(倭)'는 선진 문물의 영향을 많이 받았다. 무령대왕을 이은 성왕 때에 이런 흐름은 더욱 강화되었다. 한편『삼국유사』는 왕의 죽음에 대해 천자의 죽음에 쓰는 '붕' 자를 많이 썼다.[6]

미국을 비롯한 대부분의 세계의 교과서들은 한국사를 서술하면서 임나일본부설을 사실로 서술하고 있다. 일본은 물론이고 한국의 국가기관이 이를 적극적으로 세계에 알리고 있기 때문이다. 일본은 정부 차원에서 지속적으로 왜곡된 역사를 세계에 알린다. 반대로 한국의 정부기관은 중국과 일본의 한국사 왜곡을 뒤에서 지원한다. 최재석 교수는 수천만 원의 자비를 들여『고대 한일관계와 일본서기』를 서구에서 출판했다. 세계 학계에 한일고대사의 진실을 알리기 위함이었다.

'한사군 한반도설'과 '임나일본부 한반도설'을 표로 정리해보면 302~303쪽과 같다.

한사군 한반도설과 임나일본부설은 이름만 다를 뿐, 거의 동일한 내용과 성격을 갖고 있다. 조선총독부가 일본 지배의 정당성을 주입하기 위해 만든 조작들이다. 그러나 한국 역사학계의 카르텔은 강고하다. 정부의 주요 역사기관과 전국 대학의 사학과, 그리고 교육계와 언론계에 이르기까지 위력을 미치지 않는 곳이 없다.

---

6 신라의 4대 탈해왕(57~80)에서 경순왕(927~935)까지 열 분의 왕의 죽음에 '붕' 자를 썼다. 백제의 구수왕(214~234)의 경우도 '붕' 자를 썼다. 또 가락국은 2대 거등왕에서 9대 겸비왕까지 '붕' 자를 썼다.

한사군 한반도설과 임나일본부 한반도설 비교

주요사항	한사군 한반도설	임나일본부 한반도설
한국사의 기본 성격	중국의 영향과 지배를 통한 타율성·정체성의 역사. 한국은 주체성이 없다. 고조선 역사 부정. 한사군이 한반도 서북부에 있었다고 전제. 한국사의 주체를 중국과 일본으로 설정.	중국과 일본의 영향과 지배에 의한 타율성·정체성의 역사. 고조선 역사 부정. 한반도는 중국과 일본을 잇는 육교. 한반도 북부는 한사군, 한반도 남부는 임나일본부가 지배. 임나를 한반도의 가야로 전제.
『삼국유사』, 『제왕운기』, 『동국통감』 등의 고조선 건국 기사	역사와 무관한 신화로 봄. 고려시대에 만들어진 조작·창작으로 규정.	동일
한국문명의 시작	중국의 유이민 위만이 고조선을 장악하고 중국의 철기문명을 도입하면서 시작.	동일
본격적인 한국사의 발전	한사군을 통해 본격적으로 발전.	동일
1차 사료 등 문헌사료 증거	전혀 없음.	동일
고고학 자료	전혀 없음.	동일
주장의 근거	중국 역도원의 『수경주』(패수 위치 잘못 비정), 조선시대 유학자들의 오역(1차 사료 아님), 조선총독부가 발간한 자료.	일제 학자들의 일방적인 주장.
역사학계에서 제시하는 근거	일제의 어용사가 쓰다 소키치, 이마니시 류, 이케우치 히로시, 스에마쓰 야스카즈 등과 이병도의 주장. 조선총독부가 조작한 한사군 유물.	동일
한국과 중국의 문헌기록에 대한 관점	『삼국사기』·『삼국유사』 초기 기록 불신론에 근거, 주장에 불리한 사료들을 근거 없이 폄하하거나 위서로 단정.	동일
한민족의 정체성 형성	삼국시대 후반, 또는 고구려·백제 멸망 후 대당 항쟁 과정에서 형성된 것으로 봄.	동일

주요사항	한사군 한반도설	임나일본부 한반도설
증거와 반론에 대한 대응	불리한 증거에 침묵, 기존 정설에 입각한 폐쇄적인 해석. 문헌사료와 고고학 자료에 대한 과학적 비판을 국수주의·재야사학 프레임으로 매도. 학계 카르텔을 동원한 모함과 인신공격. 토론과 논쟁 회피.	동일
주장의 근거 사료	조선총독부가 조작한 한사군 유물.	『일본서기』, 광개토대왕 비문, 칠지도 등을 황국사관에 따라 자의적으로 해석. 『삼국지』「위지동이전」을 사료비판 없이 견강부회.
주장을 유지하기 위해 만든 논리	고조선 중심지 이동설, 한사군 문화중계지설 등.	부 체제론·원삼국론·임나일본부 백제중계론·교역론·외교론·사신론 등.
조선총독부사관이 재생산되는 이유	역사 교과서가 정설화, 국사편찬위원회·동북아역사재단·서울대·한일역사공동위원회 등 한국의 정부기관과 주류 역사학계, 고고학계의 주장, 초·중·고 등 교육계와 언론계의 지지.	동일
정부기관의 연구기금	국사편찬위원회와 동북아역사재단 등이 매년 수백억 원의 국가 예산을 독점. 학계를 장악해 학설을 재생산. 세계 각국에 전파.	동일
중국과 일본의 역사 왜곡에 대한 대응	역사 화해를 내세우며 학계에서 해결할 문제, 외교적인 문제로 호도.	동일
북한 학계의 연구	학문적인 검토 없이 학계 정설과 다른 부분은 가치 폄하, 일본과 중국 학계의 주장에 의존.	동일
동북공정과 독도 문제에 대한 대중의 역사 인식 확대와 참여	감정적 대응으로 치부. 중국과 일본을 자극한다며 전문가들이 해결 주체가 되어야 한다고 함.	동일

또 다른 복병, 『삼국사기』 초기 기록 수정론

1945년 9월 12일 조선총독부의 마지막 총독 아베 노부유키는 조선을 떠나면서 이런 말을 남겼다고 전한다.

> 우리는 오늘 패했지만 결코 조선이 승리한 것이 아니다. 조선민이 제정신을 차리고 옛 조선의 영광을 되찾으려면 100년이라는 세월은 족히 걸릴 것이다. 우리 일본은 조선민에게 총과 대포보다 무서운 식민교육을 심어놓았다. 이들은 결국 서로를 이간질하며 노예적 삶을 살게 될 것이다.

한국 정부는 일본 정부가 임나일본부설을 교과서에 넣는 것을 비판한다. 그러나 일본 정부는 한국의 역사 교과서가 임나일본부설에 따라 서술되어 있는 것을 100% 알고 있다. 임나일본부라는 말만 명시하지 않았을 뿐, 한국의 역사 교과서는 일본 극우파의 후소샤(扶桑社) 교과서보다 위험하다. 자국의 역사를 뿌리부터 부정하고 자국사의 주체를 타국으로 설정한 역사 교과서를 편찬해 학생들에게 주입하는 나라는 한국밖에 없다. 후소샤 교과서는 일본의 일부가 채택하지만 황국사관에 입각한 한국의 모든 역사 교과서는 초중고생 전체가 사용한다. 무서운 일이다. 한국의 모든 역사 교과서는 임나일본부설 시나리오에 따라 자국사를 중국사로 서술하고 있음을 확인했다. 중국사도 중국 중심부의 연쇄반응으로 좋든 싫든 변화를 수용해야 하는 중국 변방사였다. 중국 정부는 이를 100% 알고 있다.

역사 교과서에 따르면 중국 변방에 위치한 한국은 좋든 싫든 일본에 중국의 문물을 전달하는 경유지에 불과하다. 나아가 일본의 대륙 진출을 위한 전진기지다. 고대에 일본이 한반도를 지배했다는 시나리오를 위해 한국의 역사는 부정되어야 했다. 한국사의 주체를 중국과 일본으로 설정한 역사 교과서의 궁극적인 주체는 일본이다. 조선총독부가 총력을 기울여 편찬한 『조선사』는 확고부동한 한국사의 원전이다. 조선사편수회는 국사편찬위원회로 전환되었다. 이를 확인한다.

국정 『고등학교 국사』는 '삼국의 성립'을 이렇게 서술했다.

| 삼국 중에서 가장 먼저 국가 체제를 정비한 것은 고구려였다. 졸본성에서 국내성으로 도읍을 옮긴 고구려는 1세기 후반 태조왕 때에 이르러 정복 활동을 활발히 전개하였다. 이

러한 정복 활동 과정에서 커진 군사력과 경제력을 토대로 왕
권이 안정되어 왕위가 독점적으로 세습되었고, 통합된 여러
집단은 5부 체제로 발전하였다. 이후 2세기 후반 고국천왕
때에는 부족적인 전통을 지녀온 5부가 행정적 성격의 5부로
개편되었고, 왕위 계승도 형제 상속에서 부자 상속으로 바뀌
었으며, 족장들이 중앙 귀족으로 편입되는 등 왕권 강화와
중앙 집권화가 더욱 진전되었다.

— 국정 「고등학교 국사」, 47쪽

고구려가 1세기 후반 6대 태조왕(재위 53~146) 때에 건국되었다는
서술이다. 쓰다 소키치는 근거 제시 없이 태조왕 이전의 사실을
믿을 수 없다고 했는데 이 견해를 그대로 따른 것이다. 하지만 과
연 그럴까? 『삼국사기』 동명성왕 2년(서기전 36) 기록이다.

> 2년 여름 6월에 송양이 나라를 들어 항복해오니 그 땅을 다
> 물도(多勿都)라 하고 송양을 다물도주(多勿都主)로 봉했다. 고구려
> 말에 옛 땅을 회복한 것을 다물이라고 해서 붙인 이름이다.
>
> — 「삼국사기」 「고구려본기」

고구려는 건국 직후 고조선의 옛 땅을 회복하기 시작했다. 동
명성왕은 건국 원년(서기전 37)에 이웃한 비류국 왕인 송양에게 "나
는 천제의 아들이다. 여기에 와서 나라를 세웠다."고 했다. 송양이
왕이 둘이 있을 수 없으니 자신의 밑으로 들어오라고 하자 동명

성왕은 분노했다. 둘이 활쏘기를 겨뤘는데 송양은 동명성왕의 상대가 되지 못했다. 『삼국사기』는 고구려 5대 모본왕 2년(서기 49)에 고구려가 한나라의 북평, 어양, 상곡, 태원을 공격했다고 기록했다. 오늘날 북경 일대의 하북성과 산서성을 일컫는데 이곳들은 당시에도 중국의 요충지였다. 『후한서』도 같은 사실을 기록했다. 『삼국사기』는 태조왕 3년(서기 55) 요서에 10개의 성을 쌓아 한나라 군사의 침략에 대비했다고 했다. 모본왕 때 요서 지역을 확보한 사실을 알 수 있는 대목이다.

또한 『삼국사기』에 의하면 고구려는 건국 당시부터 부자상속제였다. 장자가 어리거나 정치적인 급변 사태가 있을 때 왕족 중에서 왕위를 이었다. 2대 유리왕은 주몽의 맏아들, 3대 대무신왕은 유리왕의 셋째 아들이었다. 4대 민중왕은 대무신왕의 아우인데, 태자가 어려서 추대된 것이다. 5대 모본왕은 대무신왕의 맏아들, 6대 태조왕은 유리왕의 아들인 고추가 재사의 아들이었다. 그런데 우리 역사 교과서는 9대 고국천왕 때 부자상속이 이루어졌다고 했다. 『삼국사기』 기록을 부정하고 임나일본부설에 따른 것이다. 역사 교과서가 설명하는 '부 체제'는 삼국이 아직 국가로 발전하지 못했다는 임나일본부설을 유지하기 위한 개념일 뿐이다.

> 소수림왕 때에는 율령의 반포, 불교의 공인, 태학의 설립 등을 통해 지방에 산재한 부족 세력을 효율적으로 통제하면서 중앙집권국가로 체제를 강화하려 하였다.
>
> – 국정 『고등학교 국사』, 49쪽

서기 4세기 후반인 17대왕 소수림왕(3/1~384) 때에 이르러서야 국가권력이 형성되기 시작했다는 설명이다. 삼국의 건국 순서를 설명하는 대목이다.

| 『삼국사기』에서는 신라, 고구려, 백제의 차례로 건국되었다고 하였으나, 중앙집권국가의 형성은 일찍부터 중국문화와 접촉한 고구려가 가장 이르다.

– 같은 책, 47쪽

『삼국사기』 기록을 부정하고 고구려가 가장 빨리 중앙집권국가를 형성한 이유가 중국문화와 일찍부터 접촉했기 때문이라고 했다. 중국이 한국사의 주체다. 중국문화 접촉 여부가 한국사를 좌우한다. 고조선과 고구려, 백제, 신라는 타율성의 역사다.

| 백제는 한강 유역의 토착 세력과 고구려 계통의 유이민 세력의 결합으로 성립되었는데(기원전 18), 우수한 철기문화를 보유한 유이민 집단이 지배층을 형성하였다. 백제는 한강 유역으로 세력을 확장하려던 한의 군현을 막아내면서 성장하였다. 고이왕 때 한강 유역을 완전히 장악하고, 중국의 선진 문물을 받아들여 정치 체제를 정비하였다. 이 무렵, 백제는 관등제를 정비하고 관복제를 도입하는 등 지배 체제를 정비하여 중앙집권국가의 토대를 형성하였다.

– 같은 책, 47쪽

한의 군현이 한강 유역으로 세력을 확장했다는 설명은 조선총독부의 조작에 근거한 것이다. 『삼국사기』는 온조왕 때(서기 9) 마한을 병합했다고 기록했다. 온조가 백제를 건국한 사실을 부정하고 8대 고이왕 때 중국의 선진 문물을 받아들여 국가의 '토대'를 형성했다고 역사 교과서는 서술했다. 이는 "고이왕이야말로 이 나라 [백제]의 국가적 체제를 이룬 건국의 태조"라고 한 이병도의 주장을 그대로 따른 것이다. 고이왕 때 정치 체제를 정비한 것도 중국의 선진 문물을 받아들였기 때문이라고 했다. 또한 국가가 형성된 것이 아니라 "중앙집권국가의 토대"를 형성하였다고 한다. 국사편찬위원회의 『한국사』다.

| 백제 초기라고 할 때에는 3세기 중반의 고이왕 이전을 가리키는 것이 일반적이며 경우에 따라서는 4세기 중반 근초고왕 즉위 이전을 가리키는 경우도 있다. 삼국의 초기 역사가 모두 그러하듯이 백제 초기사는 사료의 극심한 부족과 기사 자체의 신빙성 여부 때문에 구체적인 실상을 밝히기가 매우 어려운 상황이다. 따라서 백제 초기사를 이해하기 위한 기본 전제에 대해서도 아직껏 최소한의 합의조차 이루어지지 못한 형편이다. 지금까지 발표된 견해들은 크게 두 가지로 나눌 수 있는데 각각의 견해들은 『삼국사기』의 초기 기록을 어떻게 볼 것인가 하는 입장의 차이와 밀접히 관련되어 있다.

— 국사편찬위원회, 『한국사』 6, 탐구당, 2003, 13쪽

이 글은 권오영(한국학중앙연구원 교수)이 썼다. 삼국 초기 역사가 모두 신빙성이 문제라고 한다. 『삼국사기』 초기 기록 불신론, 즉 임나일본부설에 대한 입장 차이가 한국사의 맥락을 좌우하는 것이다. 『삼국사기』 초기 기사를 보는 입장은 앞으로도 최소한의 합의를 이룰 수가 없다. 황국사관은 합의할 문제가 아니기 때문이다. 국사편찬위원회 한국사를 편찬하는 이들은 누구일까. 『한국사』 1권 총설의 경우 한병삼, 이기백 등이 자문위원이고 김정배, 임효재, 최몽룡, 이기동, 노태돈 등이 편찬위원이다. 국사편찬위원회의 한국사는 쓰다 소키치의 견해에 따라 『삼국지』 「위지동이전」을 취하고 『삼국사기』 「백제본기」 기록을 부정한다. 고고학계는 학문적인 접근 없이 이를 그대로 따른다.

| 『삼국사기』에 따르면 백제는 기원전 18년 고구려에서 남하한 온조와 비류가 한강 유역에 정착하여 세운 십제(十濟)를 바탕으로 성장한 나라로서 온조왕 27년(서기 9)에는 마한을 병합하였다고 한다. 그러나 백제가 마한의 중심세력인 목지국을 병합하고 고대국가 단계로 진입한 것은 서기 3세기 무렵으로, 역사학에서는 그 시기를 고이왕(234~286)대로 보는 것이 통설이다. 한국 고고학에서 고대국가 성립의 지표로는 왕성의 축조와 특정 토기 양식의 성립, 고분의 등장, 위세품(威勢品)의 제작과 사여(賜與), 원거리 대외교역권의 확립 등이 거론되고 있는데, 이 가운데 핵심적인 것은 왕성의 축조라고 생각된다. 백제에서는 그러한 증거들이 3세기 중·후반대에 등장하였다

고 본다.

– 한국고고학회, 『한국고고학강의』, 사회평론, 2010, 267쪽

역사학계가 정한 기준에 따라 결론을 맞추는 독특한 성격의 한국 고고학계는 3세기 중·후반대 이전의 왕성이 나오자 이를 뒤엎느라 전력을 기울이고 있다. 1997년에 국립문화재연구소는 서울시 송파구 풍납동에 있는 풍납토성을 발굴 조사했다. 그 결과 성의 초축이 서기전 199년이라는 결과가 나왔다. 전전긍긍하던 고고학계는 2010년 재발굴을 실시했고 풍납토성이 3세기 후반 이후 한사군의 영향으로 초축된 것이라고 주장했다.

| 백제의 성장 과정에서 3세기 이후부터 본격적으로 확인되는 중국 군현과의 다양한 상호 작용이 소위 낙랑계로 대표되는 새로운 물질문화의 요소가 백제에서 나타나는 역사적 배경으로 제시되고 있듯이, 이번 조사 지역에서 풍납토성의 초축 성벽이 축조되었던 시기는 결국 백제와 '낙랑 – 대방 – 고구려'의 인적·물적 정보가 활발히 이동했던 역사적 배경과 관련이 있었던 것으로 추측해볼 수 있다.

– 2010년 풍납토성 현장설명회 자료

새로운 고고학 발굴 결과는 이전 연구가 그릇된 것이라는 근거가 없는 한 그 시기를 앞당겨나간다. 그럼에도 고고학계는 이전의 풍납토성 발굴 결과를 근거 없이 뒤집고 한사군과 연결하며 3

세기 후반 이후로 되돌려놓았다. 그리고 2015년 3월~5월 한성백제박물관에서 '풍납토성 건국의 기초를 다지다' 특별전시회를 열었다. 전시회 설명 자료다.

> 풍납토성은 언제, 어떻게 만들어졌을까. 2011년 동쪽 성벽 발굴조사 결과에 따르면 성벽 축조는 3차례 공정을 거쳤다. 맨 먼저 거대한 중심 토루를 쌓고 나중에 안쪽으로 2차례 덧쌓는 방식으로 성벽을 완성하였는데 3세기 후반에 첫 공사를 시작해 4세기 중반 이전에 1차 완공하였고 이후 4세기 말과 5세기 중반에 2차례에 걸쳐 덧쌓았다고 한다.

풍납토성은 거대한 성벽을 쌓는 것만으로도 연인원 100만 명 이상의 노동력이 동원되었을 것으로 추정되는 대규모 역사(役事)다. 궁전과 종묘가 건축되고 성문과 도로가 구획되었다. 국가권력이 형성되어 있지 않으면 건립될 수 없는 왕성이다. 고고학계는 백제가 중앙집권체제를 이룬 시기를 언제로 볼까. '풍납토성 건국의 기초를 다지다'라는 제목과 "4세기 말과 5세기 중반에 2차례에 걸쳐 덧쌓았다고 한다."는 말에 답이 있다. 다시 역사 교과서를 보자.

> 4세기 내물왕 때, 신라는 활발한 정복 활동으로 낙동강 동쪽의 진한 지역을 거의 차지하고 중앙집권국가로 발전하기 시작했다. 이때부터 김씨에 의한 왕위계승권이 확립되었다. 또, 왕의 칭호도 대군장을 뜻하는 마립간으로 바뀌었다. 한

편, 신라 해안에 나타나던 왜의 세력을 물리치는 과정에서 고구려 광개토대왕의 군대가 신라 영토 내에 머무르기도 하였다. 그 후로 신라는 고구려를 통하여 간접적으로 중국의 문물을 받아들이면서 성장해 나갔다.

– 국정 『고등학교 국사』, 48쪽

신라가 17대 왕인 내물왕(356~402) 때에 건국되었다는 설명이다. 그리고 고구려를 통해 간접적으로 중국의 문물을 받아들이며 성장해 나갔다고 한다. 신라가 내물왕 때 활발한 정복 활동으로 낙동강 동쪽의 진한 지역을 차지했다는 기록은 없다. 『삼국사기』는 신라가 3대 유리왕(24~57) 때에 주변국들을 정복하고 12대 첨해왕(247~261) 때에 진한 전역을 정벌했다고 기록했다. "왕의 칭호도 대군장을 뜻하는 마립간으로 바뀌었다."는 표현은 내물왕 때 왕위가 생긴 것 같은 서술이다.

하지만 신라는 혁거세왕부터 왕을 뜻하는 '거서간' 칭호를 사용했고, 2대 남해왕은 '차차웅', 그리고 3대왕 유리왕부터 '이사금' 칭호로 바뀌어 18대 실성왕까지 사용했다. 『삼국유사』는 내물왕을 내물마립간으로 기록했다. 거서간, 차차웅, 이사금은 모두 왕을 뜻했다. 『삼국사기』는 서기전 57년에 혁거세가 왕위에 오르고 나라를 세웠다고 했다. 조선의 유민(遺民)들이 혁거세를 높이 받들고 존경해 임금으로 삼았다고 기록했다. 그리고 이렇게 덧붙였다.

| 진한 사람들은 표주박을 박(朴)이라 했는데 처음에 큰 알이

표주박과 같았으므로 박으로 성을 삼았다. 거서간은 진한에

서는 임금을 말한다(혹은 귀한 사람을 부르는 칭호라고도 한다).

－『삼국사기』「신라본기」 '시조 혁거세거서간조'

『삼국사기』에 의하면 혁거세 19년(서기전 37)에 변한(卞韓)이 나라를 들어 항복해왔다. 혁거세 21년에는 서울에 성을 쌓고 금성(金城)이라고 했다. 서기전 19년 마한의 왕이 세상을 떠나자 어떤 이가 임금에게 마한을 정복하자고 설득했다. 이에 혁거세왕은 "남의 재앙을 다행스럽게 여김은 어질지 못하다."며 마한에 사신을 보내 조문하고 위로했다.

『삼국유사』「기이」편 '신라시조 혁거세왕조'도 6부의 조상들이 서기전 69년에 각기 자제들을 거느리고 알천에 있는 언덕 위에 모여 다음과 같이 의논한 이후 혁거세를 왕으로 추대하고 나라를 건국했다고 했다.

| 우리들은 위에 백성을 다스릴 임금이 없어 백성들이 모두 방자하여 제 마음대로 하게 되었다. 어찌 덕 있는 사람을 찾아 임금을 삼아 나라를 세우고 도읍을 정하지 않겠는가?

그렇다면 역사 교과서는 어떻게 설명하고 있을까?

| 지증왕 때에 이르러서는 정치 제도가 더욱 정비되어 국호를 신라로 바꾸고, 왕의 칭호도 마립간에서 왕으로 고쳤다. 그

리고 수도와 지방의 행정 구역을 정리하였고, 대외적으로는 우산국(울릉도)을 복속시켰다. 이어 법흥왕은 병부의 설치, 율령의 반포, 공복의 제정 등을 통하여 통치 질서를 확립하였다. 또, 골품제도를 정비하고 불교를 공인하여 새롭게 성장하는 세력들을 포섭하고자 하였다. 더 나아가, 건원이라는 연호를 사용함으로써 자주국가로서의 위상을 높이고, 김해 지역의 금관가야를 정복하여 영토를 확장하였다. 이로써 신라는 중앙집권국가 체제를 완비하였다.

– 국정 「고등학교 국사」, 49~50쪽

신라는 4세기 내물왕 때 중앙집권국가로 발전하기 시작해 22대 지증왕(500~514)을 거쳐 23대 법흥왕(514~540) 때 비로소 국가로 체제를 갖췄다는 서술이다.

쓰다 소키치는 『조선역사지리』에서 "(한반도) 남쪽의 그 일각에 지위를 점유하고 있던 것은 우리나라(倭國)였다. 변진의 한 나라인 가라(加羅)는 우리 보호국이었고 임나일본부가 그 땅에 설치되어 있었다."고 했다. 이것이 『삼국사기』 「신라본기」를 부정한 이유가 되어 역사 교과서에 면면히 이어져 오고 있다.

316쪽 도표는 교학사에서 발간한 『고등학교 한국사』 단원 마무리에 있는 '학습정리'이다. 모든 역사 교과서가 이와 똑같은 내용으로 한국사의 첫 장을 서술했다.

고대국가가 성립하기 전에는 도구를 중심으로 역사가 전개되었다. 최초의 국가는 고조선이다. 단군왕검의 조선은 신화고, 위만

교학사 『고등학교 한국사』 단원 마무리 학습정리

| 학 | 습 | 정 | 리 |

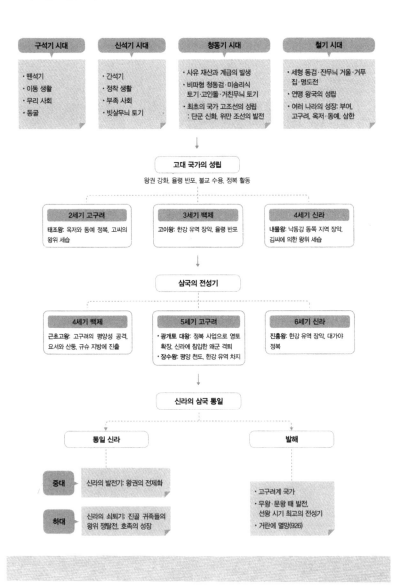

구석기 시대

· 뗀석기
· 이동 생활
· 무리 사회
· 동굴

신석기 시대

· 간석기
· 정착 생활
· 부족 사회
· 빗살무늬 토기

청동기 시대

· 사유 재산과 계급의 발생
· 비파형 청동검·미송리식 토기·고인돌·거친무늬 토기
· 최초의 국가 고조선의 성립
 : 단군 신화, 위만 조선의 발전

철기 시대

· 세형 동검·잔무늬 거울·거푸집·명도전
· 연맹 왕국의 성립
· 여러 나라의 성장: 부여, 고구려, 옥저·동예, 삼한

고대 국가의 성립

왕권 강화, 율령 반포, 불교 수용, 정복 활동

2세기 고구려

태조왕: 옥저와 동예 정복, 고씨의 왕위 세습

3세기 백제

고이왕: 한강 유역 장악, 율령 반포

4세기 신라

내물왕: 낙동강 동쪽 지역 장악, 김씨에 의한 왕위 세습

삼국의 전성기

4세기 백제

근초고왕: 고구려의 평양성 공격, 요서와 산둥, 규슈 지방에 진출

5세기 고구려

· 광개토 대왕: 정복 사업으로 영토 확장, 신라에 침입한 왜군 격퇴
· 장수왕: 평양 천도, 한강 유역 차지

6세기 신라

진흥왕: 한강 유역 장악, 대가야 정복

신라의 삼국 통일

통일 신라

중대 신라의 발전기: 왕권의 전제화

하대 신라의 쇠퇴기: 진골 귀족들의 왕위 쟁탈전, 호족의 성장

발해

· 고구려계 국가
· 무왕·문왕 때 발전, 선왕 시기 최고의 전성기
· 거란에 멸망(926)

조선이 발전했다. 고대국가의 성립에 고조선은 없다. 철기시대에 부여, 고구려, 삼한 등 여러 나라가 성장하기 시작했다. 고구려는 2세기 태조왕, 백제는 3세기 고이왕, 신라는 4세기 내물왕 때 건국되었다. 고조선은 고대국가가 아니었고, 동명성왕·온조왕·혁거세왕·수로왕의 건국은 사실이 아니다. 삼국이 고대국가로 발전한 것은 백제 4세기, 고구려 5세기, 신라 6세기 때이다. 신라가 삼국을 통일했다. 광복 70년을 맞은 대한민국의 학생들은 조선총독부가 창안한 한국사에 이렇게 휩싸여 있다.

고등학교 역사 교과서에 나오는 삼국과 일본의 관계는 다음 설명이 유일하다.

| 성왕은 중앙 관청과 지방제도를 정비하고, 불교를 진흥하였으며, 중국의 남조와 활발하게 교류함과 아울러 일본에 불교를 전하기도 하였다.

— 같은 책, 51쪽

고대 한일관계를 알 수 없는 서술이다. 중학교 역사 교과서에는 백제와 일본의 관계 설명이 아예 없다. 무령왕과 성왕을 서술한 부분에서도 일체 언급이 없다. 『고등학교 국사』와 똑같은 『중학교 국사』의 서술을 간단히 요약해봤다.

| 태조왕 때 고구려가 성장해 중앙집권국가로서의 모습을 갖추게 되었고, 중앙집권체제를 강화해 새로운 발전의 토대를 마

련한 것은 소수림왕 때다. 백제는 중국의 선진 문화를 받아들이기 좋은 곳이기 때문에 나라가 빨리 발전했다. 백제가 나라의 기틀을 마련한 것은 3세기 중엽 고이왕 때였다. 백제는 4세기 후반 근초고왕 때 왕위의 부자상속이 이루어졌다. 신라가 중앙집권국가의 모습을 갖춘 것은 4세기 후반 내물왕 때였다. 이때부터 김씨가 왕위를 계속 이어가게 되었다. 그리고 왕호도 대군장이라는 뜻을 가진 마립간을 사용하였다. 고령의 대가야를 중심으로 한 가야 연맹은 5세기 후반에 크게 성장하여 세력 범위를 소백산맥 서쪽까지 확장시켰다. 6세기에 이르러 가야 연맹은 백제와 신라의 중간에서 두 나라의 압력을 계속 받아 위축되었다. 가야 연맹은 지역적으로 백제와 신라의 중간에 위치하여 두 나라의 세력다툼을 위한 전장이 되었으며, 이들 나라의 압력을 받으면서 불안한 정치 상황이 계속되었다. 가야 연맹은 두 나라의 침략으로 영토가 점차 축소되다가 신라 법흥왕 때에는 금관가야(532)가, 진흥왕 때에는 대가야(562)가 멸망하였다. 국력이 서로 비슷한 수준이었던 가야 연맹은 결국 통일 왕국을 이루지 못한 채 멸망했다. 그러나 풍부한 자원을 바탕으로 발전하였던 가야 문화는 뒤에 신라 문화에 영향을 주었다. 또, 가야의 일부 세력이 일본에 진출하여 일본의 고대문화 발전에 이바지하였다.

서기 42년에 건국한 가야는 5세기 후반에 성장하기 시작해 6세기에 멸망한다. 그런데 풍부한 자원을 바탕으로 발전했던 가야문

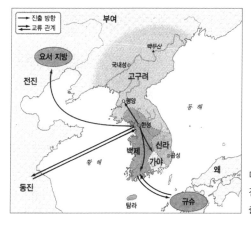

미래엔 교과서에 실린 〈백제의 발전(4세기)〉. 4세기 백제의 요서 진출이 논란이라는 표현을 넣었다.

화는 신라와 일본의 문화 발전에 이바지했다고 한다. 현행 중고등학교 검정 교과서는 지금까지 살펴본 국정 고등학교 교과서의 내용을 그대로 반복하고 있다. 오히려 개악된 내용들이 있다. 위 지도는 교과부 검정 심사에서 가장 높은 점수를 받은 미래엔『고등학교 한국사』에 실린 지도다. 지도 옆 설명이다.

> 백제의 발전(4세기)
>
> 4세기 백제의 요서 진출에 대한 내용은 중국의 역사서에 기록되어 있으나 사실 여부에 대해 논란이 있다.

중국의 사서들에 기재된 사실들을 부정하는 임나일본부설을 반영한 것이다. 국정 교과서에는 없던 설명이다. 역사 교과서에 실린 지도 중에 논란이 있다는 설명을 붙인 것은 없었다. 국정『고등학교 국사』에 있던 다음과 같은 설명을 삭제했다.

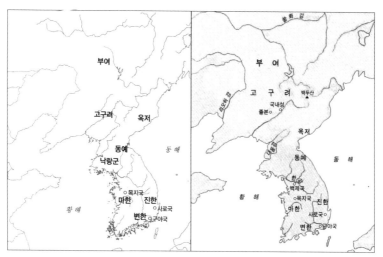

미래엔 『중학교 한국사』 지도인 〈초기 철기시대의 여러 나라〉(왼쪽)와 국정 교과서에 실린 지도인 〈여러 나라의 성장〉(오른쪽). 비교해보면 국정 교과서를 개악해 낙랑군을 한반도에 표시했음을 알 수 있다.

| 백제의 해외 진출

一. 백제국은 본래 고려(고구려)와 함께 요동의 동쪽 1,000여
리에 있었다. 그 후에 고려가 요동을 차지하니, 백제는
요서를 차지하였다. 백제가 통치한 곳을 진평군(진평현)이
라 한다. ─『송서』

一. 처음 백가(百家)로서 바다를 건넜다 하여 백제라 한다. 진
대(晉代)에 구려(句麗. 고구려)가 이미 요동을 차지하니 백제
역시 요서, 진평의 두 군을 차지하였다. ─『통전』

─ 국정 『고등학교 국사』, 50쪽

교과부 검정평가에서 가장 높은 점수를 받은 미래엔 『중학교

한국사』에 실린 지도를 보자(320쪽 왼쪽 지도). 낙랑군의 위치를 평양 일대로 표시하고 백제국은 없앴다. 320쪽 오른쪽 지도는 국정 중고등학교 교과서에 실린 지도다. 국정 교과서도 고구려, 백제, 신라, 가야를 표시하지 않고 본문 설명에서 이 나라들을 제외했는데, 미래엔 교과서는 조선총독부의 『조선사』를 더욱 분명하게 서술했다. 이 지도에도 "백제의 요서 진출 사실은 중국의 역사서에 기록되어 있으나 사실 여부에 대해 많은 논란이 있다."는 설명이 붙었다.

임나일본부설에 따라 모든 역사 교과서는 고구려가 6대 태조왕(53~146)대에 이르러서야 국가 체제를 정비했다고 한다. 백제는 8대 고이왕(234~286)대에 중앙집권국가의 토대를 형성했다고 한다. 신라는 17대 내물왕(356~402)대에 중앙집권국가로 발전했다고 한다. 삼국의 건국을 조선총독부가 확정한 바에 따라 모두 늦췄다. 백제는 300년, 신라는 400년 이상을 늦췄다. 그것도 자세히 살펴보면 "체제를 정비했다", "토대를 형성했다", "중앙집권국가로 발전했다" 등으로 기술하면서 국가 형성을 더 늦춰 신라의 경우 6세기에 이르러서야 국가 체제를 정비한 것으로 서술했다. 『삼국사기』는 고구려가 서기전 37년, 백제는 서기전 18년, 신라가 서기전 57년에 건국했다고 기록했다. 『삼국유사』는 가야가 서기 42년에 건국했다고 서술했다. 역사 교과서는 동명성왕과 혁거세왕, 온조왕, 김수로왕과 사국 초기의 역사를 다루지 않는다. 물론『삼국사기』 기록을 소개하기는 한다. 『삼국유사』에 의하면 단군왕검이 서기전 2333년에 고조선을 건국했다고 하면서 고조선의 역사를 실제로는 부정하고 있는 방식과 똑같은 방식이다.

역사 교과서는 태조왕, 고이왕, 내물왕 이전의 삼국의 역사를 사실상 지워버렸다. 고대사의 중요한 사료들인 고조선의 단군사화, 부여의 동명사화, 고구려의 주몽사화, 백제의 온조사화, 신라의 혁거세사화, 가야의 수로사화. 고대의 건국 사실을 알 수 있는 중요한 자료들을 역사로 보지 않는다. 고조선의 건국으로부터 동부여, 신라, 고구려, 백제, 가야 등의 건국까지 기간은 2,200여 년이나 된다. 고조선 수천 년의 역사를 거쳐 이 나라들이 나왔고, 그 사실이 사화를 통해 응축돼 전해진 것이다.

역사 교과서는 가야를 천덕꾸러기 취급한다. 가야는 562년 신라에 넘어갈 때까지 500년의 역사가 있었다. 그러나 역사학계는 가야를 500년 역사를 가진 국가로 보지 않는다. 고구려, 백제, 신라도 마찬가지다. 서기 전후에서 300년까지는 원삼국시대나 초기 철기시대로 설정해버렸다.

삼국시대는 562~661년까지 99년이고, 고구려, 백제, 신라, 가야, 동부여의 오국시대는 300~494년까지 194년이다. 서기전 1세기부터 서기 5세기는 열국시대였다. 현재 유일한 국정 교과서인 초등학교 사회과 부도에 있는 국사 연표에는 가야가 없다. 가야가 분명히 존재했던 시기를 마치 없었던 것처럼 삼국시대라고 하면 안 된다. 가야를 우리 역사에서 배제하고 임나일본부설을 기정사실화하기 위한 일제의 저의를 방치해서는 안 될 것이다. 동양미술사학자 존 카터 코벨(Jon Carter Covell, 1910~1996)의 말이다.

| 제4국, 가야가 한국의 교과서에서 취급되지 않는 이유는 일
본이 한때 가야를 소위 '지배'했다고 하는 황당한 일본 역사
기록 때문이다. 이 주장은 물론 진짜 사실을 180도 뒤집어놓
은 것이다.

– 존 카터 코벨, 『한국문화의 뿌리를 찾아서』, 김유경 엮어옮김, 학고재, 1999, 21~22쪽

존 카터 코벨은 한국과 중국, 일본의 예술과 역사, 고고학을 연
구했다. 가야를 연구한 그의 말이다.

| 기마족의 예술과 예술품들이 말하고 있는 것은 사실을 거
꾸로 뒤집어 아직도 일본이 한반도를 정벌해 '임나'라고 하는
것을 세웠다고 믿고 있는 이들의 주장을 반박하는 최종 결
론이다. 임나는 바로 가야–왕실 일부가 일본에 건너가 369
년부터 646년까지 일본을 통치했던 그 가야–를 말한다.

– 같은 책, 42~43쪽

그가 내린 결론은 일본이 역사적 사실을 거꾸로 뒤집었다는 것
이다. 임나는 일본을 통치한 가야였다는 것이다.

5장.

역사 교과서 옆의
책도 위험하다

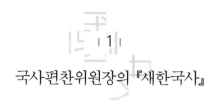

| 1 |
국사편찬위원장의 『새한국사』

2013년까지 국사편찬위원장을 지낸 이태진은 2012년에 『새한국사』를 발간했다. 그의 이력이다. 1943년생. 서울대 국사학과 교수 역임. 현재 서울대 명예교수. 진단학회 회장, 역사학회 회장 및 한국학술단체연합회 회장 역임. 대한민국 학술원 회원, 문화재위원회 위원. 국사편찬위원회 위원장 역임. 그가 쓴 『새한국사』를 살펴보는 이유는 이 책이 한국 역사학계의 현실을 상징적으로 잘 보여주고 있기 때문이다. '새한국사'라는 제목을 달았지만 새로운 것이 없다. 역사학계의 정설을 그대로 옮겼다. 다만 아주 오래전에 서구에서 잠시 유행했던 외계 충격 가설을 접목했는데, 이것을 새롭다고 할 수는 없다. 어떤 주장이든 다양하게 할 수는 있다. 그러나 주장은 논거가 분명하고 타당성이 있어야 새로운 의미를 얻는다. 그런 면에서 『새한국사』는 새롭게 한국사를 보지 못했다. 바로 이 점이 한국 역사학계의 형편과 수준을 잘 드러내고 있다.

이태진은 역사학회 회장과 국사편찬위원회 위원장을 역임하며 역사 교과서 편찬에 막대한 영향력을 미쳐왔다. 그의 글을 보자.

> 이 책은 저자가 40여 년 간의 연구생활 끝에 상재하게 된 한국 통사이다. 그동안 서점가에서 독자들의 눈길을 끈 한국사 개설서가 적지 않았다. 그러나 그 대부분이 일국사(一國史)의 틀을 벗어나지 못하는 결함을 가지고 있었다. 이런 체제는, 세계화를 거론하는 지금, 한국인의 세계관을 협소하게 만드는 결과를 초래할 우려가 없지 않다. 저자는 평소 이런 문제점을 깊이 의식하면서 적어도 "동아시아가 있는" 한국사를 써보려고 하였다.
>
> — 이태진, 『새한국사』, 까치, 2012, 5쪽

"40여 년 간의 연구생활 끝에 상재하게 된 한국 통사"는 어떤 것일까? 통사 서술은 모든 역사학자들의 꿈이다. 이태진은 일국사의 틀을 벗어나야 한다고 한다. 왜 그래야만 할까? "세계화를 거론하는 지금, 한국인의 세계관을 협소하게 만드는 결과를 초래할 우려" 때문이었다. 그가 말하는 "세계화", "동아시아가 있는" 한국사는 어떤 것일까?

> 지구는 우주적 존재로서 지구 그 자체와 그 위에 사는 생명체는 우주 현상인 외계 충격으로부터 결코 자유롭지 않은

것이다. 이 책에서 독자들은 장기적인 외계 충격기에 동아시아에서 격동하는 역사가 여러 차례 있었다는 사실을 접하게 될 것이다. 농경지대에서 실농(失農), 기근, 전염병 만연이라는 연계적 재난이 기존의 통치 체제를 흔들어놓을 때, 북방의 유목민족들은 목초지 변동으로, 그리고 부족한 식량을 획득하기 위해서 남쪽 농경지대로 이동하여 동아시아 전체가 격동 속에 놓이는 역사를 보게 될 것이다. 그리고 그 동요 속에서 농경문화 지대의 한민족이 어떻게 고난을 겪으면서 살아남게 되었는가를 읽게 될 것이다. 한반도라는 좁은 지역에서 진행된 한민족의 살아남기는 역경의 극복 바로 그것이었으며, 그것이 오늘날 '역동'의 한국을 있게 한 근원이라는 점도 발견하게 될 것이다. 외계 충격 현상에 따른 자연재난은 지구 대기권의 기류에 따라서 발생하는 계절적 재난과는 전혀 다른 것이다. 19~20세기는 세계사적으로 민족국가(nation-state)가 발달하던 시대였다. 이런 세계사적 여건은 역사학자들에게 일국사 중심의 역사에 몰두하거나 익숙하게 하여 전 지구적 환경 변이 속에서 일어났던 민족, 종족 간의 연동(連動)의 긴 역사를 볼 수 없게 만들었다. 세계화 시대의 역사학은 이제 이를 바로잡는 것에서부터 새로 시작할 필요가 있다. '연동의 역사'는 전 세계사적 차원에서도 새로 살펴야 할 과제이다.

- 같은 책, 8쪽

이태진은 외계 충격에 의한 자연재난을 역사 변천의 동력으로 본다. 외계 충격은 소행성과 혜성 등이 지구 대기권에서 폭발하거나 지구와 충돌하는 현상을 말한다. 외계 충격은 지구 대기권의 기류에서 발생하는 계절적 재난과 다른 것이다. 학문적으로 어떤 관점과 주장이 과학적인 의미를 확보하려면 그 논거가 충실해야 한다. 지구는 우주에 있다. 이것은 사실이다. 외계 충격이 역사에 미치는 영향이 없을 리가 없다. 그러나 지구에서 벌어지는 일들이 지구 근접 물체들의 외계 충격으로 바로 설명되는가? 인간은 자연의 변화에 주체적으로 대응한다. 그리고 외계 충격이 있기 전의 역사적 조건과 상황이 있다. 사회와 역사의 주요 동인을 외계 현상에서 구하면 역사의 구체적인 조건과 사실들은 뒷전으로 밀리게 된다. 이것이 외계 충격으로 역사를 보는 관점의 한계다.

『새한국사』는 문헌사료와 고고학 자료에 근거하지 않았다. 사료에 입각하지 않은 주장은 역사학이 아니다. "한반도라는 좁은 지역에서 진행된 한민족의 살아남기는 역경의 극복 바로 그것이었으며, 그것이 오늘날 '역동의 한국'을 있게 한 근원이라는 점도 발견하게 될 것이다." 앞에서 본 말이다. 일제의 학자들도 이런 말을 하지는 않았다. 한국의 역사는 한반도라는 좁은 지역에서 진행되지 않았다. "살아남기"라는 말도 어떤 맥락에서 쓰는가가 중요하다. 앞 말의 맥락에서 보면 주체적인 의미가 아니다. 역동의 성격이 무엇이든 한국의 근원은 한반도를 포함한 대륙과 해양이었음을 우리는 알고 있다. 그런데 한국의 국사편찬위원장은 "한반도가 역동의 한국을 있게 한 근원"이라고 한다. 이것이 40여 년 동안의

국사편찬위원장을 역임한 이태진의 『새한국사』에 실린 첫 지도 〈위만조선 시대도〉, 조선총독부의 주장을 그대로 따랐다.

연구 결과라고 한다. 한국사를 보는 눈의 중요성을 보여준다. 그가 말하는 "전 지구적 환경 변이 속에서 일어났던 민족, 종족 간의 연동의 긴 역사"는 중국에서 일어난 연쇄적인 파동으로 한국사를 보는 것을 말한다.

이태진은 '세계화 시대의 역사학'을 시작하자고 하는데, '세계화'의 역사적 의미는 자본의 세계화를 말한다. 그의 역사관이다. 이 책은 한국 통사다. 그런데 한국 최초의 국가인 고조선 지도가 없다. 위 지도는 한국의 국사편찬위원장이 수십 년 간 연구 끝에 내놓은 한국 통사에서 처음으로 실은 지도다.

'위만조선 시대도'가 첫 지도인 것이다. 그러나 한국사의 시작은 위만이 아니다. 위만은 수천 년 전부터 존재하던 고조선으로 망명한 인물이다. 위만국은 한반도에 있지도 않았다. 위만조선 시대도 자체가 역사 왜곡인데, 이를 맨 앞에 실은 이유가 있다. 괄호

안의 '우리'는 필자가 넣은 것이다.

| 한발 앞서 철기문화를 발달시킨 (우리) 중국 쪽의 연나라는
동북 방면으로 세력을 확장시켜나갔다. 기원전 3세기 초반
(우리) 연나라 왕은 군대를 보내 요서 지방에 있던 동호를 공
략하여 1,000여 리를 빼앗고 다시 동쪽으로 조선을 쳤다. 이
때문에 고조선은 중심지를 평양으로 옮겼다. (우리) 연나라
와 고조선의 경계에 대해서는 청천강 유역설, 요하 유역설 등
여러 견해가 있지만, 압록강 유역설이 합리적이다. 이로부터
100여 년 후 준왕 때 (우리) 연나라 지역에서 온 위만이라는
인물이 서쪽 변경을 지키는 임무를 부여받은 뒤, 진 – 한 교
체기에 늘어난 유이민들을 규합하여 기원전 194~180년 사이
에 정변을 일으켜 왕위를 차지하였다. 기원전 3세기 이래 일
어난 이러한 정치적, 문화적 파동에 자극을 받아 송화강 유
역의 부여, 압록강 중류 일대의 예맥, 황해도 방면의 진번,
함경남도 일대의 임둔, 서남부 지방의 진국 등이 각각 독립적
정치체로 등장하였다. 위만조선은 (우리) 한나라와 원만한 외
교관계를 유지하면서 (우리) 한의 발달된 기술 지원을 받아
국력을 키우면서 진번, 임둔 등 주변 정치집단들을 복속시키
고 점차 북쪽의 예맥 지역까지 세력을 넓혔다. 이 무렵의 고
조선은 대동강 유역을 중심으로 세형동검문화로 불리는 독자
적인 금속문화를 꽃피웠다.

– 같은 책, 72~74쪽

"한발 앞서 철기문화를 발달시킨 중국 쪽의 연나라는 동북 방면으로 세력을 확장시켜나갔다."로 한국사가 시작된다. 중국이 철기를 고조선보다 먼저 발달시켰다는 주장도 사실이 아니다. 중국은 고조선으로부터 철기를 받아들였다. 연나라 왕이 요서 지방에 있던 동호를 공략하고 다시 동쪽으로 조선을 쳤다는 것은 고조선의 강역을 축소하는 주장이다. 동호는 고조선을 가리키는 다른 이름이다. 또한 고조선이 이때 빼앗긴 영토를 얼마 후 회복한 사실을 우리는 앞에서 1차 사료를 통해 확인했다. 고조선의 중심지를 평양으로 옮겼다는 주장도 사실이 아니다. 학문은 주장을 뒷받침하는 근거가 있어야 한다. 논거 없는 가설은 역사학이 아니다. 연나라와 고조선의 경계가 압록강이었다는 것은 조선총독부의 주장일 뿐이다.

"기원전 3세기 이래 일어난 이러한 정치적, 문화적 파동에 자극을 받아 송화강 유역의 부여, 압록강 중류 일대의 예맥, 황해도 방면의 진번, 함경남도 일대의 임둔, 서남부 지방의 진국 등이 각각 독립적 정치체로 등장하였다." 중국에서 일어난 파동으로만 한국사를 보고 부여 등의 역사를 말한다. "위만조선은 한나라와 원만한 외교관계를 유지하면서 한의 발달된 기술 지원을 받아 국력을 키우면서" 마침내 "대동강 유역을 중심으로 세형동검문화로 불리는 독자적인 금속문화를 꽃피웠다."는 것이다. 고대한국은 이렇게 중국의 영향으로 평양 일대에서 독자적인 금속문화, 즉 문명시대로 돌입하게 된 것이다. 그 문명도 반도사관에 따라 한반도의 평양 일대로 설정되었다. 사실이 비틀어진 이유를 쉽게 파악하는 방법이 있다. 문장의 주어를 찾으면 된다. 앞에 제시했듯이 '우리'자를 넣어보면 뜻이 명확해진다.

문장의 주체가 중국이다. 이태진이 말한 '동아시아가 있는 한국사'는 '중국은 있고 한국은 없는 한국사'였다. 중국의 영향과 지배로 살아남은 것이 한국의 정체성이었다.

| 역사는 사관(史觀, historical view)이 중요하다. 관점에 따라서 역사
| 가 다르게 보일 수 있기 때문이다. 역사 공부를 하면 실제로
| 이런 경우를 자주 겪게 된다.

— 같은 책, 19쪽

이태진의 말대로 역사는 사관이 중요하다. 사관에 따라 사실이 선택되고, 사실 해석이 달라진다. 이것이 역사학의 특성이다. 『새한국사』 제1부 1장의 제목이다.

| '지구의 역사와 한반도의 선사문화'
| 1. 지구의 역사
| 2. 한반도의 구석기문화
| 3. 한반도의 신석기문화

제목부터 '한반도의 선사문화'다. 지구에서 한반도로 이어진다. 이른바 선사시대부터 한반도의 역사다. 전형적인 반도사관이다.

　　│　　청동기시대라고 하여 처음부터 청동기를 사용한 것은 아니
다. 신석기시대의 빗살무늬토기와는 질적으로 다른 민무늬토
기(무문토기)로 불리는 토기를 사용하는 사람들이 등장하여 살
다가 중간에 청동기를 만들어 쓰게 되었던 것이다. 그 시점
은 요동과 한반도 북부 지방에서는 기원전 10세기, 중남부
지방에서는 기원전 7~8세기 전후였다. 대표적 청동기로는 비
파형동검을 들 수 있는데, 이는 모양새가 비파를 닮아 붙여
진 명칭으로 요동뿐만 아니라 요서, 만주 등지에서도 출토된
다. 고조선 이외에 산융(山戎), 숙신(肅愼), 예맥(濊貊) 등도 비파형
동검을 사용하고 있어서 고조선의 영역 추정에 많은 논란이
벌어지고 있다.

– 같은 책, 63~64쪽

"청동기시대라고 하여 처음부터 청동기를 사용한 것은 아니다."
참 희한한 말이다. 신석기를 사용했으면 신석기시대고 청동기를
사용했으면 청동기시대 아닌가? 유독 한국사만 예외가 된다. 그
래서 청동기 사용은 서기전 10세기~7, 8세기가 되었다. 고고학 발
굴 결과들은 전혀 반영하지 않고 역사학계가 수십 년 간 고수해
온 서기전 10세기를 되살린 것이다. 고조선의 표지유물인 비파형
동검도 일본과 중국 학계의 주장에 따라 고조선의 독자적인 문화
가 아닌 것처럼 말한다.

　　│　　기원전 3~2세기에 한반도 서북 지방에 중국의 철기들이 유입

되기 시작하였다. 한반도 사람들이 철기를 직접 만들기 전에
나타난 현상이었다. 새로운 형태의 청동기를 계속 만들어 사
용하던 사람들에게 이 새로운 금속의 출현은 뜻밖이었으며,
따라서 그 자극은 대단히 컸다.

– 같은 책, 68쪽

서기전 3~2세기에 한반도 서북 지방에 중국의 철기들이 유입되
기 시작했다는 주장, 고조선의 강역이 한반도에 국한돼 있었다는
근거는 없다. 허구를 사실처럼 말하는 것도 능력이지만 역사학에
서는 반드시 피해야 할 태도다.

> 기원전 1세기경이 되면 한반도 각지에서 철제 농기구가 만들
> 어지기 시작한다.

– 같은 책, 69쪽

한사군이 우리 역사에 본격적으로 문명을 일으켰음을 의미한
다. 한사군에 대한 설명을 보자.

> 중국 군현 세력에 대한 토착사회의 저항은 군현과의 접촉을
> 거부하는 것을 의미하지 않았다. 낙랑군 설치 후 위만조선
> 말기에 경색되었던 중국 – 한반도 – 일본을 잇는 국제 교역망
> 이 다시 열렸다. 낙랑군을 통해서 들어오는 중국의 사치품과
> 선진기술은 소국의 군장들의 교역 욕구를 자극하였다. 토착

세력은 교역을 통해서 선진적인 철기문화를 받아들여 사회적,
경제적 힘을 키워나갔고, 한군현으로부터 정치적, 군사적 압
박이 직접 가해질 때는 경제적 관계에서 이득을 취하는 것으
로 만족하였다. 한나라도 토착사회에 정치적 예속을 강요하기
보다 경제적 관계에서 이득을 취하는 것으로 만족하였다.

— 같은 책, 80쪽

한사군을 통해 중국의 사치품과 선진기술이 들어와 국제 교역
망을 다시 열었다. 중국의 선진적인 철기문화를 받아들여 사회적,
경제적 힘을 키웠다. 한국의 독자성과 주체성은 없고, 정치적 예
속을 강요하지 않은 중국의 선정이 있었다.

> 한국 최초의 국가인 고조선은 신화 상으로는 기원전 2000년
> 무렵에 등장하는 것으로 나타난다. 그러나 문헌적으로는 기
> 원전 7세기경 처음으로 그 이름이 보인다. 한국의 기원전 역
> 사는 불행하게도 자체 기록이 없기 때문에 중국의 기록을
> 통해서 파악되고 있다.

— 같은 책, 70쪽

고조선이 "신화 상으로는" 서기전 2000년 무렵에 등장하는 것
으로 나타난다고 한다. 신화와 역사는 무관하다는 표현이다. 한
국 최초의 국가인 고조선이 서기전 24세기가 아니라 서기전 20세
기 무렵에 등장한다고 한다. 한국 역사학계는 이렇게 말해도 된

다. 서기전 24세기나 서기전 20세기나 모두 역사와 무관하다고 보니 연대는 의미가 없는 것이다. 한국의 기원전 역사는 "불행하게도 자체 기록이 없다."고 한다. 한국의 기원전 역사를 기록한 『삼국사기』, 『삼국유사』, 『제왕운기』, 『동국통감』, 『조선왕조실록』 등은 불행하게도 한국의 문헌이 아닌 것으로 되었다.

> 고조선시대부터 중국 쪽과의 교류가 생기면서 무기와 함께 명도전(明刀錢), 반량전(半兩錢)과 같은 화폐가 들어왔다. 명도전은 춘추전국시대에 연나라와 제나라에서 사용하던 청동 화폐였고, 반량전은 진나라에서 사용하던 무게를 가볍게 한 화폐였다. 이어서 한나라의 오수전(五銖錢)도 들어왔다. 이 화폐들에는 모두 한자가 새겨져 있었다. 고조선이 멸망하고 한나라의 군현이 설치되면서 중국의 문서 행정도 자연스레 알려졌다. 호구(戶口)를 기록한 목간, 운송 물품을 봉하는 봉니(封泥, 타인이 풀지 못하도록 묶음자리에 흙을 붙이고 그 위에 인장을 찍은 것)의 문구 등이 토착사회에 알려지면서 문자의 중요성과 편의성을 느끼게 되었다. 기원전 1세기 후반에 만들어진 경남 창원시 다호리 무덤 유적에서 붓과 삭도(削刀, 글자를 고치거나 지울 때 사용하는 칼)가 나온 것은 한반도 남부에서까지 한자를 사용한 것을 명확하게 입증해준다. 한나라의 군현이 설치된 지 반세기 정도밖에 지나지 않은 때였다. 한나라 군현의 설치로 교역이 활발해지면서 한자가 빠르게 전파되었던 것이다.

> — 같은 책, 75~76쪽

『새한국사』에 실린 〈3세기 중엽 남북 지역의 정치체 형세도〉. 한반도 북부는 한사군이 지배하고 한반도 남부는 임나일본부가 지배했다는 조선총독부의 논리를 지도로 나타냈다.

모든 것은 중국에서 들어왔다. 이것이 사실이라면 전혀 문제될 것이 없다. 문제는 사실이 아닌 것으로 밝혀졌는데도 계속 외면하고 있다는 점이다. "한나라 군현의 설치로 교역이 활발해지면서 한자가 빠르게 전파되었던 것이다." 문자가 선사시대와 역사시대를 가르는 척도라는 것이 역사학계의 주장이다. 보통 청동기시대에 문명에 돌입하는데 우리나라는 문자가 없어 철기시대 이후에 역사시대로 들어간다고 한다. 결국 한사군을 통해 한국문명이 일어나고 임나일본부가 한반도에 있어야 하기 때문에 사실을 부인해야 하는 것이다. 이 책의 두 번째 지도를 보자(위 지도).

3세기 중엽에 낙랑군, 대방군이 한반도에 있는 것으로 왜곡하고 있다. 이 지도에는 백제와 신라, 가야가 없다. 대신 임나일본부설에 따라 『삼국사기』 초기 기록을 부정하고 마한, 변한, 진한을 그려 넣었다. 그리고 한반도 중남부 지역은 토착 사회의 성장 정도가 상대적으로 늦어 한군현과의 교섭 과정에서 유력한 소국이 나와 이웃 소국들을 통합해나갔다고 한다. 한군현이 국가의 형성을 일으킨 것이다. 그것도 "고대의 중앙집권적 귀족 국가체제에까지 도달하는 데에는 상당한 시간이 소요되었다. 고구려에 비해서 신라, 백제, 가야 등은 고대국가의 제도들을 갖추는 데에 뒤따라가는 형세였다."(같은 책. 82쪽)고 한다. 우리 민족의 역사시대가 계속 늦춰져야만 하는 이유를 우리는 알고 있다. 특히 한반도 중남부 지역은 반드시 그래야 한다. 무엇 때문일까? 바로 임나일본부설이다. 임나일본부설에 대한 이태진의 설명을 보자.

> 임나일본부설 : 『일본서기』(720)의 진구황후기(神功皇后紀)의 신라 정벌(369), 긴메이기(欽明紀. 540~572)의 임나일본부 기록 둘을 합쳐 한반도 남부에 일본이 설치한 통치본부가 있었다는 설로서 임나는 가야를 뜻한다.
>
> — 같은 책. 93쪽

임나일본부설의 핵심은 임나=가야다. 그래야만 일본이 한국을 선도하는 역사가 되기 때문이다. 다양한 가설과 상상력은 좋다. 그러나 상상력을 동원하여 역사를 왜곡하는 주장은 곤란하다.

| 2 |

고려대 한국사연구소의 『한국사』

고려대 한국사연구소에서 2014년에 발간한 『한국사』를 살펴본다. 고려대 사학과는 서울대 국사학과와 함께 한국 역사학계에서 가장 큰 영향력을 발휘하고 있다.

| 이 책은 고려대 한국사학과 교수들과 대학원 박사과정 각 전공별 수료생들의 콜라보레이션에 의해 이루어졌다. 교수들의 전문성과 신진 연구자의 참신성이 조화를 이룰 것을 기대했는데, 다 된 책을 보니 일정한 성과를 거두었다고 자부한다.

— 고려대 한국사연구소 엮음, 『한국사』, 새문사, 2014, 5쪽

그러나 이 책에는 세 가지가 없다. 첫째, 교수들의 전문성, 둘째, 신진 연구자들의 참신성, 셋째, 자부심이다. 서장 〈'한국사'의

정의와 한국 역사학의 흐름〉을 보자.

　　한국의 근대 역사학은 대개 일제의 한반도 강점과 함께 일
어났다고 할 수 있다. 그 첫째는 박은식, 신채호, 정인보 등
이 이끈 민족주의사학으로, 이는 일제하 식민지 상황에서 민
족정신을 일깨우는 방향으로 역사를 서술했던 입장이다. 민
족주의 사학자의 대표자라 할 수 있는 단재 신채호는 20세
기 국가 경쟁력의 원동력은 소수의 영웅이 아니라 사회 각
부문에서 활약하는 국민적 역량에 달려 있음을 상기시켰다.
또한 역사란 "인류사회의 아와 비아의 투쟁이 시간부터 발전
하며 공간부터 확대하는 심적 활동의 상태의 기록"(『조선상고사』)
이라 정의하였다. 여기서 아는 우리나라, 비아는 우리나라를
침략하는 제국주의를 의미하기도 하지만, 또한 한국사 내의
대립 세력들을 의미할 수도 있으므로, 신채호가 인식한 역사
는 곧 투쟁의 역사라고 하겠다. 신채호는 또한 화랑도의 낭
가사상을 한국의 주된 민족사상이라 파악하면서 민족정신을
강조하였다. 일제 강점기라는 당시 시대 상황을 감안하면 민
족정신 강조 및 민족문화의 우수성 과시라는 민족주의사학
의 특징을 이해할 수 있지만, 이는 사실 관념론적 성격을 짙
게 띠기도 하였다.

- 같은 책, 16쪽

한국의 근대 역사학이 대개 일제의 한반도 강점과 함께 일어났

다는 말은 주체적인 한국의 근대 역사학을 부정하는 주장이다. 성균관 박사였던 단재는 19세기 말부터 한국사를 과학적으로 연구하기 시작했다. 『조선상고사』의 내용도 이때부터 기초한 결과였다. 1908년에 단재가 「대한매일신보」에 연재한 『독사신론』을 보자.

| 국가의 역사는 민족의 소장성쇠의 상태를 가려서 기록한 것이다. 민족을 버리면 역사가 없을 것이며, 역사를 버리면 민족의 그 국가에 대한 관념이 크지 않을 것이니, 아아, 역사가의 책임이 그 또한 무거운 것이다. 비록 그러나, 고대의 역사는 동서를 물론하고 일반적으로 유치하여, 중국의 사마천·반고의 저술이 모두 한 성(姓)의 전가보(傳家譜)요, 서구의 로마·이집트의 기록된 책들이 한편의 재앙과 이변에 관한 기록이 아닌 것이 없다. 그런즉 우리나라 고대사도 어찌 오늘날 새로운 안목으로 까다롭게 논의하는 것이 옳겠는가마는, 다만 현재 한 편의 새로운 역사를 편찬해냄이 지지부진하니, 내가 두려워함을 깨닫지 못하겠구나.

　　– 신채호, 『신채호 역사논설집』, 정해렴 엮어옮김, 현대실학사, 1995, 40~41쪽

　사마천과 반고는 중국을 대표하는 역사가들이다. 사마천의 『사기』 주석서들은 하나의 사실을 다루는데도 수많은 주석을 달았다. 이른바 근대역사학 등장 이전에 중국의 역사학은 높은 수준에 올라 있었다. 그런데도 단재는 사마천과 반고, 서구의 역사학을 유치하다고 평가했다. 그리고 새로운 안목으로 새로운 역사

를 두려움 없이 쓰겠다고 표명했다. 중국 최고의 사서로 손꼽히는 『사기』를 비롯해 중국 25사에 대한 그의 사료비판은 역사학의 진수를 보여준다. 단재 신채호는 조선을 다룬 중국의 사서 『사기』, 『위략』, 『삼국지』 등이 다음과 같은 문제점을 안고 있다고 했다.

| 첫째, 조선을 서술할 때에는 조선 자체를 위하여 조선을 계통적으로 서술하지 않고 오직 중국과 정치적으로 관계되는 조선만을 서술하였는데, 그것마저도 왕왕 피차의 성패와 시비를 전도하였다. 둘째, 조선의 국명·지명 등을 적을 때에 흔히 조선인이 지은 본래의 명사를 그대로 쓰지 않고 저들 임의로 다른 명사를 지어서 동부여를 불내예라 하고, 오열홀을 요동성이라 한 것과 같은 종류의 필법이 많다.

| 셋째, 조선은 특수한 문화를 가지고 특수하게 발달해왔음에도 불구하고, 문화 발달의 공을 언제나 기자나 진의 유민(遺民)에게 돌리기 위하여 수많은 위증들을 하고 있다.

— 신채호, 『조선상고사』, 박기봉 옮김, 비봉출판사, 2006, 121쪽

이 같은 평가에 이르기까지 단재는 모든 사료를 섭렵하며 치밀하게 논증했다. 그는 중국에 있을 때 유일한 생계 수단이었던 「북경신문」 기고문도 어조사 '의(矣)' 자를 임의로 삭제했다고 중단할 정도로 엄격했다. 한국 역사학계가 일본 근대역사학의 거두로 평가하는 쓰다 소키치, 이케우치 히로시, 이나바 이와키치, 이마니시 류, 스에마쓰 야스카즈 등의 스승들을 단재는 역사학의 기초가

취약한 인물들이라고 비판했다. 19세기 이후 현재까지 일본 학계에서 단재의 역사학을 넘어서는 역사학자가 있는가를 반추해보면 된다.

일제 근대역사학을 주도한 학자 중 핵심적인 인물이 시라토리 구라키치(白鳥庫吉)다. 위에 거론한 쓰다 소키치 등의 스승이다. 그는 서양사를 전공했고, 만주사·몽골사·서역사·중국사·한국사를 연구했다. 도쿄제국대학의 동양사학과는 그의 연구에 의거해 신설되었다. 그는 한국사 타율성론의 한 축인 만선사관(滿鮮史觀)을 만들었다. 남만주철도주식회사에 만선지리역사조사실도 그가 설치했다. 그에 대한 신채호의 평가다.

> | 저들 중에서 가장 명성이 자자한 자가 시라토리 구라키치라 하지만, 그가 저술한 신라사를 보면, 사료를 배열하고 정리하는 데 새로운 방식도 볼 수 없고 한두 가지의 새로운 발명도 없음은 무슨 까닭인가.
>
> – 같은 책, 68쪽

단재가 보기에 시라토리는 "한두 가지도 새로운 것이 없는" 수준이었다. 이후 단재의 평가는 사실로 확인되었다. 신채호 이전의 박은식은 물론, 『삼국사기』와 『삼국유사』가 이룩한 역사학의 경지를 일제 학자 그 누구도 감히 도달하지 못했다. 일본 근대역사학이 최초로 정립한 학문이 임나일본부설임을 앞서 확인했다.

단재를 민족주의자로 규정하는 것도 문제다. 그는 하나의 '~주의'로 한정되지 않는 사상가였다. 한국 역사학계는 그를 민족주의라는 틀에 가두고 국수주의 프레임으로 비판해왔다. 『한국사』는 민족주의사학이 민족정신을 일깨우는 방향으로 역사를 서술했다면서 신채호가 정신을 강조하고 결국 "민족정신 강조 및 민족문화의 우수성 과시라는 민족주의사학의 특징을 이해할 수 있지만, 이는 사실 관념론적 성격을 짙게 띠기도 하였다."고 결론을 내린다. 정신과 방향은 옳았지만 학문은 아니었다는 말이다. 그럼 어떤 것을 역사학이라고 보고 있을까?

| 한편 이러한 사관이나 이념을 중심으로 하기보다, 문헌을 중심으로 한 역사적 사실 규명에 주목한 실증주의사학도 있다. 이는 어떠한 문제에 대해 착실한 고증과 사실 추구에서 얻은 자체의 결론을 중시하는 입장으로, 해방 이후 마르크스주의에 입각했던 사회경제사 학자들이 대부분 월북하고 신민족주의 역사학자들이 납북되었던 상황에서 남한 문헌사학의 주류적 경향으로 자리 잡게 되었다.

－ 고려대 한국사연구소 엮음. 『한국사』, 새문사, 2014, 17쪽

그러나 "문헌을 중심으로 한 역사적 사실 규명에 주목한 실증주의사학"이 누구인지, 누가 "어떠한 문제에 대해 착실한 고증과 사실 추구에서 얻은 자체의 결론을 중시하는 입장"을 추구했는지에 대해서는 전혀 밝히지 않았다. 이른바 민족주의사학, 사회경제사학, 신민족주의사학에 대해서는 구체적인 인물들을 거론했으면

서 유독 이 부분에 대해서는 인물을 언급하지 않았다. 어떤 글이든 이렇게 쓰면 안 된다. 특히 역사를 논하는 글은 정직한 태도로 일관되고 구체적인 근거에 따라 정확하게 주장을 펼쳐야 한다. 유독 이 부분에서만 의도적으로 논거를 제시하지 않았는데 "한국의 근대역사학은 대개 일제의 한반도 강점과 함께 일어났다고 할 수 있다."로 글을 시작했으니 의당 조선총독부의 역사학을 말하는 것으로 추정된다. 만약 그렇지 않다면 『한국사』는 근거를 적시해야 한다.

문헌을 실증하지 않는 역사학은 역사학이 아니다. '실증주의사학' '문헌사학'이라는 개념 자체가 부적절한 말이다. 나는 "남한 문헌사학의 주류적 경향으로 자리 잡은" 이들이 조선사편수회의 이병도, 신석호를 계승해온 학자들이라고 추론한다.

역사학은 사실과 사관, 이념이 중요하다. 조선총독부는 천황제 이념으로 황국사관에 따라 사실을 말살하고 조작했다. 이병도와 신석호를 지도한 일제 어용사가들에 대해 최재석은 이렇게 비판했다.

> 한국의 연구자들이 실증사학자라고 주장한 이마니시 류·스에마쓰 야스카즈·미시나 쇼에이·이케우치 히로시·쓰다 소치키 등 일본의 연구자들은 증거의 제시도 없이 『삼국사기』는 조작되어 믿을 수 없으며 고대한국은 야마토왜의 식민지였다고 주장하고, 또 허구의 주장을 하다 보니 시종 모순된 주장을 하였으니, 이들이 행한 한국고대사·고대 한일관계사

는 실증사학은 고사하고 역사 왜곡의 극치라고 말할 수밖에 없는 것이다.

오늘날까지 100여 년 동안 일본인 연구자들은 한결같이 지속적으로 한국고대사·고대 한일관계사·일본고대사를 왜곡해 왔다. 따라서 적어도 고대사에 관한 한 일본인 연구자들의 논저에 대해서는 앞으로는 반드시 왜곡·조작 여부를 확인한 다음 자기 논리를 전개하여야 할 것이다.

- 최재석, 『고대한일관계사연구』, 경인문화사, 2010, 213~214쪽

최재석은 위에 거론된 일제 학자들의 견해를 그대로 추종하는 한국 역사학계의 주장에 대해 30여 년째 실증적 근거를 물어왔다. "실증사학은 고사하고 역사 왜곡의 극치"라는 평가를 받는 조선사편수회의 정치학을 "착실한 고증과 사실 추구"로 치장해서는 안 된다.

1970년대에 역사학계 초청으로 임나일본부설을 신봉하는 일본 학자 에가미 나미오(江上波夫)가 학술토론회에서 자기 주장을 폈다. 아무도 반론을 제기하지 않았다. 이를 본 기자가 기사를 썼다.

이것은 한국 학계가 아직도 일본의 한국학 연구 수준을 크게 뛰어넘지 못했다는 단적인 증거를 드러낸 것이며 한국학의 보세가공식 학문 풍토 때문인 것 같다. 60년대에는 미국의 한국학 연구비를 따먹기 위해 전광용의 꺼삐딴리식 보세가공 한국학이 유행하더니 최근엔 일본의 연구 기금이 투입

된 한일 공동 연구에 너도나도 발 벗고 나서는 형국이다. 이 한일 공동 연구 주제는 크게 남방문화기원설과 한국과 일본의 고대문화는 하나라는 것으로 집약된다. 과거 내선일체론이나 동근동조론 변형에 일부 국내 학자들이 참여하고 있는 것이다. 이것이 국사·고고학·국문학·민속학·인류학 등 국학 전 분야로 번지고 있다.

– 박석흥, 「건국 60년 한국의 역사학과 역사의식」, 한국학술정보, 2008, 241쪽

일본 학계의 변형된 내선일체론과 동근동조론(同根同祖論)을 따르는 보세가공식 학문 풍토를 만든 중심에 한국 역사학계가 있었다. 그리고 고고학, 국문학, 민속학, 인류학으로 확장되었다. 그렇다면 과연 '착실한 고증과 사실 추구'는 누가 했을까? 윤내현의 증언이다. "신채호, 정인보 선생은 현지답사도 하고 문헌도 보았던 겁니다. 우리가 거들떠보지 않는 동안 북한이 그 학설을 이어받았습니다."

다시 『한국사』를 보자.

| 청동기시대는 문명이 시작되는 단계로, 농경사회의 시작, 민무늬토기(무문토기)의 사용, 청동기의 등장 등을 그 특징으로 한다. 우리나라에서 청동기시대가 전개될 수 있었던 배경으로는 새로운 토기 및 석기를 사용했던 중국 동북 지방의 한반도 서북부 지역의 영향이 가장 컸던 것으로 논의되고 있으며 아울러 농경기술의 도입 또한 중요한 계기로 여겨진다. 우

리나라의 청동기시대는 특히 민족의 기원 내지 형성과 밀접하게 연관되어 있기도 한데, 그 시점은 기원전 1500~1000년 정도로 잡고 있다.

– 고려대 한국사연구소 엮음, 『한국사』, 새문사, 2014, 29쪽

청동기시대는 문명이 시작되는 단계가 아니다. 청동기를 사용하기 전에도 문명이 있었다. 우리나라의 청동기시대를 서기전 1500~1000년경이라고 하니 그 이전에는 문명이 없었던 것이 된다. 인류문명에 대한 왜곡이고 우리 문명을 부정하는 시각이다. 서기전 24세기에 건국된 고조선도 문명이 없었던 것이다.

> 한국에서 청동기는 청동기시대 후기에 본격적으로 등장한다. 청동기는 무기와 의기의 비중이 높은데, 초기에는 무기의 비중이 높지만 후기에는 의기의 중요성이 부각된다. 비파형동검은 청동기시대의 가장 대표적인 유물로, 그 형태가 악기인 비파처럼 생겨서 붙여진 이름이다. 중국 요령 지방에서 주로 확인된다고 하여 '요령식동검'이라고도 불렀지만, 한반도 남부에서도 많이 확인되었다. 비파형동검은 이후 세형동검('한국식동검')으로 변화하는데, 비파형동검 시기에는 그 중심지가 요령 지역과 한반도에 걸쳐 있었지만 세형동검 시기에는 한반도 내부로 중심지가 이동하였다.

– 같은 책, 30쪽

청동기를 사용했으면 고고학적으로 청동기시대인데 한국에서 청동기는 청동기시대 후기에 본격적으로 등장한다고 한다. 의미 없는 말이지만 의도는 명확하다. 한국은 뭐든지 늦어야 한다. 그 근거는 없다. 요령식동검은 일제 학자들이 붙인 이름이고 고조선동검이 정확한 개념이다. 세형동검도 한반도로 국한된 것이 아니라 고조선동검이 발전한 것이다.

> 한편 기원전 5세기부터 동아시아 지역에서 철기문화가 확산되기 시작한다. 우리나라 전역에서 철기의 사용이 일반화된 것은 기원전 2~1세기 무렵으로, 특히 낙랑군의 설치로 그 생산이 본격화되었다. 이 시기에는 철제 무기와 농기구 등을 사용하게 되었고 청동기는 의식용 도구로 변화하였다. 우리나라에는 철의 원료인 철광석이 풍부해서 철기가 널리 사용될 수 있었고, 특히 철을 두드려서 단련시키는 단조철기가 많이 만들어졌다. 철기의 사용은 초기국가인 고조선 및 부여, 삼한의 발전에 큰 원천이 되었다. 또한 철기와 함께 명도전, 반량전, 오수전 등 중국 화폐가 출토되어 당시 한국과 중국의 교역·교류가 활발했음을 확인할 수 있다.
>
> – 같은 책, 32~33쪽

우리나라 전역에서 철기의 사용이 서기전 2~1세기 무렵이고, 낙랑군의 설치로 철기 생산이 본격화되었다는 근거는 없다. 고조선에서 철기를 사용한 것은 서기전 13세기 이전으로 밝혀졌다. 중국의 철기 사용은 이보다 수세기 늦었다는 사실을 앞에서 봤다. 철기 사용이 초기국가인 고조선 및 부여, 삼한의 큰 원천이 되었다고 한다. 서기전 24세기에 건국한 고조선이 서기전 2~1세기경에 초기국가였다고 한다. 초기가 2,000여 년이면 지금은 고조선 중기가 되는 것인가?

> 앞서 보았듯이, 한반도에서 확인되는 구석기시대 사람들의 흔적은 대략 70만 년 전까지 거슬러 올라간다. 그렇지만 전기 구석기시대의 유골 화석과 석기 유물 등은 현생 인류의 후예인 우리 민족과는 직접적인 관계가 없다. 우리나라와 관련되는 현생 인류는 13~17만 년 전에 아프리카를 떠나 5만 년 전에 중앙아시아를 거친 계열과 연결된다고 한다. 따라서 우리나라에서 출토되는 유물·유적이 모두 우리 민족 직계 조상의 것이라고 할 수는 없다고 하겠다. 기본적으로 우리 민족은 북방계가 주가 되는 가운데 일부 남쪽 지역에서 이주한 주민이 민족의 근간을 형성하고 있다고 보고 있다.
>
> – 같은 책, 34쪽

전기 구석기시대 사람이 우리 민족과 직접적인 관계가 없다는 말은 성립할 수 없다. 무엇이 직접적인 관련인가? 뒤에 이어진 "모두 우리 민족 직계 조상의 것이라고 할 수는 없다고 하겠다." 는 말과 모순된다. 모두 우리 민족 직계 조상이 아니라면 일부는 직계 조상이라는 말이다. 그런데 앞에서는 직접적인 관계가 없다고 규정했다. 우리 민족의 근간이 외부에서 왔다는 전제를 세우다보니 앞뒤가 맞지 않는 주장을 하는 것이다.

> 한편 일본인들은 우리나라의 선사시대와 고대 역사를 매우 낮게 평가하여 우리나라에 구석기시대는 존재하지 않았고 신석기시대도 매우 늦게 시작되었으며 또 고조선이라는 나라도 존재하지 않았다고 주장하였다. 역사학이나 인류학 또는 고고학이 발달하지 못하여 우리나라의 선사시대에 대한 연구가 부족했던 시기의 우리 학자들은, 우리 민족의 기원을 이미 사람이 이주해와 있었던 것으로 알려진 중앙아시아와 몽골 또는 시베리아 등지와 연결하여 설명하는 것이 합리적이라고 생각할 수밖에 없었다. 그 결과 우리 민족은 북방에서 이주해왔으며 문화도 그러했을 것이라고 설명하게 되었던 것이다. 우리 민족의 기원지를 파미르고원이나 바이칼호 지역으로 본 것도 맥락을 같이한다. 여기에 남방기원론을 추가한 학자도 나오게 되었다. 결국 우리 민족과 우리 문화는 우리가 사는 이 땅이 아닌 다른 곳에서 왔다는 것이다.
>
> – 윤내현, 『우리 고대사, 상상에서 현실로』, 지식산업사, 2003, 75~76쪽

최소한 70만 년 전부터 대륙과 한반도에 사람이 살고 있었다. 그들은 지금 우리와 관련이 있는 것이다. 이렇듯 조선총독부의 조선사를 거두면 다른 역사가 보인다.

『한국사』는 단군왕검이 건국한 고조선사를 만들어진 신화라고

설명하면서 다음과 같이 말한다.

> 단군이 1,500년이나 나라를 다스렸다는 내용이 들어간 것은
> 그만큼 고조선의 역사가 오래 지속되었음을 강조하고자 하
> 는 의도였을 것이라고 한다. 『삼국유사』에 전하는 내용은 신
> 화일 뿐이지만, 이 외 중국 측 기록인 『관자』나 『산해경』 등에
> 는 일찍부터 조선과 관련된 기록이 등장한다.
>
> — 고려대 한국사연구소 엮음, 『한국사』, 새문사, 2014, 38쪽

『삼국유사』가 기록한 고조선 역사는 단지 신화일 뿐이라고 한
다. 『관자』나 『산해경』은 고조선 역사를 다룬 책이 아니다. 그러나
『삼국유사』는 당대 최고 학자인 일연 국사(國師)가 평생에 걸쳐 수
집한 사료와 왕실 자료를 취합해 편찬해 왕에게 올린 사서다. 단
군사화는 고조선 건국 당대인들의 집단경험과 중요하게 각인된 기
억이 대대로 전해진 역사다. 『한국사』는 '한국 민족의 기원'에서 이
렇게 서술했다.

> 예맥족은 우리 민족과 관련해 가장 확실하게 사서에 나타나
> 는 존재로, 예맥이 문헌에 나타나는 시기는 대체로 청동기시
> 대 이후이다. 예맥족은 동호, 선비족이나 말갈족과 다른, 우
> 리 민족 형성의 근간을 이룬 집단이며, 우리나라 청동기문화
> 를 발전시킨 주인공이라 할 수 있다.
>
> — 같은 책, 35쪽

고려대 한국사연구소의 『한국사』에 실린 〈고대 동아시아의 여러 나라(기원전 1세기)〉. 만리장성이 한반도까지 들어와 있는 등 조선총독부와 중국 동북공정 주장을 그대로 담았다.

청동기시대 이후에 등장하는 예맥족이 선비족이나 말갈족과 다른, 우리 민족 형성의 근간을 이뤘다고 한다. 『한국사』는 앞에서 우리 역사의 청동기시대를 서기전 1500~1000년경으로 보는 논의가 이루어지고 있다고 했다. 결국 『삼국유사』 등의 문헌기록에 따른 고조선 역사를 부정하는 것이다.

위는 이 글과 함께 실린 지도다. 만리장성이 한반도까지 이어져 있다. 만리장성의 동쪽 끝을 갈석산으로 기록한 『태강지리지』 등을 앞서 살폈다. 조선총독부와 중국 동북공정의 주장을 그대로 수용한 지도다.

| 『삼국지』는 중국 위 문제부터 진 무제까지의 위·촉·오 삼국 역사를 기록한 역사책으로, 3세기 말 서진 사람인 진수에 의해 저술되었다. 이 책은 『위지』 30권, 『촉지』 15권, 『오지』 20권

으로 되어 있는데,『위지』마지막 부분의 「오환선비동이전」에 부여와 고구려, 동옥저, 읍루, 예, 그리고 삼한에 대한 기록이 들어 있다. 이를 흔히『삼국지』「위지동이전」이라고 부르는데, 여기에는 이들 나라의 자연환경 및 풍속, 정치와 관련된 내용이 기록되어 있어서 사료적으로 높은 가치를 지닌다. 이 중 고구려에 대한 기록은『삼국사기』「고구려본기」와 함께 초기 고구려 역사의 주요 사료가 되었고, 부여와 삼한 기록 역시 한국의 초기 국가와 관련된 직접적인 자료로서 연구되었다. 특히 삼한에 대한 기록은『삼국사기』초기 기록의 신빙성 문제와도 맞물려 많은 주목을 받은 바 있다. 그러나 「위지동이전」은 그 외에도 동옥저와 예, 읍루에 대해서 특히 그 풍속 및 생활상과 관련해 재미있는 내용을 여럿 전하고 있다.

- 같은 책, 44쪽

『한국사』는 특별히 ''삼국지』「위지동이전」에 나타난 한국 고대사회' 제하로 그 내용을 한쪽 반에 걸쳐 소개하는데『삼국지』에 대한 사료 비판이나 객관적인 시각은 전혀 없다.『삼국유사』와『삼국사기』초기 기록을 부정하는 임나일본부설을 그대로 따른 것이다. 한국 통사에서 이렇게 많은 지면을 할애해『삼국지』「위지동이전」'한조'를 다룬 예도 보기 힘들지만 그 사료를 보는 기본 시각을 아예 제시하지 않은 점은 놀랍기만 하다. 서울대 국사학과의『한국사특강』이 교묘하게 조선총독부사관을 옮겨놓았다면, 고려대 한국사연구소의『한국사』는 거칠게 옮겨놓은 것에 불과하다.

| 3 |

한국교원대 역사교육과의 『아틀라스 한국사』

『아틀라스 한국사』는 한국교원대 역사교육과가 발간했다. 2004년 발간 이후 스테디셀러로 널리 읽히는 책이다. 한국교원대는 교원들을 양성하는 곳이다. 이 책 1장 고대 개괄을 보자.

> 농경과 청동기문화에 바탕하여 성립된 최초의 고대국가는 고조선이다. 기원전 7세기경 역사 무대에 등장한 고조선은 기원전 4세기에는 연나라와 세력을 겨루기도 하였다. 또한 위만조선 때에는 한반도의 여러 소국이 한(漢)나라와 교역하는 것을 통제하여 중계무역의 이득을 취하면서 발전하였다.
> – 한국교원대 역사교육과, 『아틀라스 한국사』, 사계절, 2010, 15쪽

고조선은 서기전 7세기경에 역사에 등장했다. 그전에는 고조선

이 존재하지 않았던 것이다. 서기전 4세기에는 연나라와 세력을 겨루기도 했지만, 위만조선 이후 발전하기 시작했다고 한다. 우리 역사를 부정하는 것으로 시작하니 역사의 공간도 제대로 그려질 수는 없다.

본문은 '한국인의 기원'으로 시작된다. 첫 문장이다.

> 한반도에 사람이 살기 시작한 것은 대체로 홍적세 후기에 해당하는 50만 년 전쯤으로 본다. 한반도에서 가장 오래된 인류의 유적으로 밝혀진 평양시 상원군 검은모루 동굴 유적의 연대가 약 50~40만 년 전까지 올라가는 것으로 보기 때문이다. 동아시아에서 가장 이른 단계의 구석기인은 약 55만~25만 년 전에 살았던 북경 원인이다.
>
> – 같은 책, 16쪽

우리 역사를 다루는 책, 그것도 역사의 공간을 중심으로 보는 책이 그 공간을 한반도로 설정했다. 구석기시대부터 대륙을 우리 역사의 공간에서 배제했다. 국정 『고등학교 국사』는 다음과 같이 서술했다.

> 우리나라와 그 주변 지역에 구석기시대 사람들이 살기 시작한 것은 약 70만 년 전부터이다.

우리 역사의 구석기시대를 늦추는 이유는 55만~25만 년 전에 살았던 북경 원인보다 빨라서는 안 되기 때문이다.

> | 구석기시대 이래 한반도에 살았던 우리 민족은 몽골인종에
> 속한다. 흔히 살갗의 색깔과 체형, 머리카락의 모양 등을 기
> 준으로 세계의 사람들을 크게 몽골인종(몽골로이드), 흑인종(니그
> 로이드), 유럽인종(유러포이드)으로 나뉜다.
>
> – 같은 책, 17쪽

구석기시대 이래 한반도에 살았던 우리 민족이 몽골인종에 속
한다는 근거는 없다. 구석기시대부터 한반도에 국한한 민족의 기
원을 전제하다보니 무리하게 주장하는 것이다. 몽골인종, 흑인종,
유럽인종 등의 인종 구분은 학계에서 쓰지 않은 지 오래되었다.
인종 간에 큰 차이가 없기 때문이다. 이 책이 우리 민족을 몽골
인종이라고 한 이유는 무엇일까?

> | 이들 몽골인이 맨 처음 살았던 곳은 시베리아 평원의 바이칼
> 호수 부근으로 추정된다. 북방 몽골인종은 대략 기원전 2만
> 5000년에 사방으로 이동하기 시작한 것으로 보인다. 이들 중
> 한 부류가 바이칼 호수를 떠나 몽골과 만주 동부를 거쳐 한
> 반도로 흘러들어왔고, 이들이 바로 한반도에 신석기 문명을
> 일으키는 데 큰 역할을 한 것으로 추정하고 있다.
>
> – 같은 책, 17쪽

바이칼 호수에 살던 몽골인종이 서기전 2만 5000년 전부터 한반도로 들어와 신석기문명을 일으켰다고 한다. 그러나 한반도와 그 주변 지역에 70만 년 전(50만 년 전이어도)부터 사람이 살고 있었음이 밝혀졌다. 이 사실만으로도 이 같은 추정은 앞의 주장과 모순된다. 무조건 외부를 주체로 설정하고 우리 역사는 객체로 설정한 비주체적 역사관이 그릇된 추정을 낳았다. 신채호의『조선상고사』를 보자.

> 고대 아시아 동부의 종족은 (一) 우랄어족, (二) 중국어족 두 갈래로 나눌 수 있는데, 한족(漢族)·묘족(苗族)·요족(猺族) 등은 후자에 속하고, 조선족·흉노족 등은 전자에 속한다.
>
> 조선족이 분화하여 조선·선비·여진·몽골·퉁구스 등의 종족이 되고, 흉노족이 흩어져서 돌궐(突厥. 지금의 신강족新疆族 - 원주)·헝가리·터키·핀란드 등의 종족이 되었는데, 지금의 몽골·만주·터키·조선 네 종족 사이에 왕왕 동일한 말과 물명(物名)이 있는 것은 몽골(大元 - 원주)제국시대에 피차간에 관계가 많았으므로 영향을 받은 것도 있지만, 고사를 참고하면, 조선이나 흉노 사이에도 관명(官名)·지명(地名)·인명(人名)이 같은 것이 많은데, 이는 상고에 있어서 이들이 동일한 어족임을 증명하는 것이다.
>
> — 신채호,『조선상고사』, 박기봉 옮김. 비봉출판사. 2006. 88쪽

신채호의 연구는 역사학의 방법론에 철저했고, 그 과학성이 입

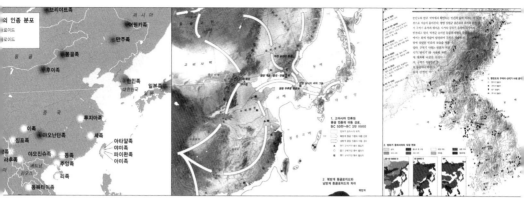

『아틀라스 한국사』에 등장하는 지도들. 맨 왼쪽부터 〈동아시아의 인종 분포〉, 〈고아시아 인류와 몽골인종의 이동 경로, B. C. 50만~B. C. 2만 5000〉, 〈한반도의 구석기 · 신석기 시대 흔적들〉.

증되어왔다. 그래서 역사학계는 그의 연구를 폄훼하기 바쁘다. 한국의 교원들과 학생들은 단재를 만나기 어렵다. 위는 『아틀라스 한국사』 맨 앞에 실린 지도들이다. 맨 왼쪽 지도는 '한국인의 기원'에 실린 이 책의 첫 지도다. 한민족이 북방계 몽골로이드라며 민족의 기원을 한반도에 국한했다. 공간을 중심으로 역사를 보여주는 책의 첫 지도부터 공간을 왜곡했다. 가운데 지도는 북방계 몽골인종과 남방계 몽골인종이 한반도로 이동해 일본으로 건너간 것으로 표현했다. 서기전 70만 년 전부터 한반도와 만주 지역에 사람이 살고 있었다는 사실은 사라졌다. 우리 민족의 기원을 뿌리부터 잘라버린 것이다. 오른쪽 지도는 우리 역사의 공간을 한반도로 설정해서 공간을 축소했다.

| 우리 겨레가 청동이라 부르는 금속 도구를 처음 사용한 시

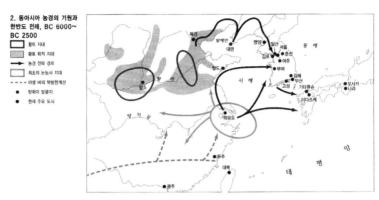

2. 동아시아 농경의 기원과
한반도 전래, BC 6000~
BC 2500

□ 황토 지대
▨ 황토 퇴적 지대
➡ 농경 전파 경로
□ 최초의 논농사 지대
--- 야생 벼의 북방한계선
● 탄화미 발굴지
● 현재 주요 도시

『아틀라스 한국사』에 실린 〈고대 동아시아의 여러 나라(기원전 1세기)〉 지도. 소로리 볍씨가 세
계에서 가장 오래된 볍씨로 국제적 인증을 받았음에도 한국의 농경이 중국의 영향을 받은 것
으로 왜곡하고 있다.

대는 기원전 1000년 무렵이다.

– 한국교원대 역사교육과, 『아틀라스 한국사』, 사계절, 2010, 20쪽

1970년대에 서기전 24세기경의 청동기 유적이 발견되었는데, 아
직도 서기전 10세기경을 전후한 시기에 묶여 있다. 위는 '청동기시
대'에 실린 지도다. 한국의 문명이 중국에서 전파되었다고 주장하
기 위해 사실을 왜곡한 지도다. 충북 청원군 소로리에서 발견된 1
만 5,000년 전의 볍씨가 중국 호남성 출토 볍씨보다 약 3,000년
앞선 것을 확인했다. 이는 현재까지 알려진 세계 최고(最古)의 볍씨
로 국제적으로 인증도 받았다. 소로리 볍씨 발견 이전에 가장 오
래된 볍씨가 출토되었던 옥섬암(玉蟾岩) 유적의 발굴 책임자인 호남
성 문물고고연구소 원가영(袁家榮) 소장도 인정한 사실이다. '청동기
시대'에서 설명하는 비파형동검과 세형동검에 대한 설명을 보자.

| 비파형동검. 비파라는 악기의 모양과 닮았다 해서 붙여진 이름이며, 요령 지역에서 주로 출토되기 때문에 요령식동검이라고도 한다. 기원전 8세기를 전후해 이 지역에서 비파형동검 문화를 일으킨 민족은 산융, 고죽, 영지 등인 것으로 보인다. 이들 지역의 동쪽에서 비파형동검을 사용한 주변 집단은 예맥족과 고조선이다.

- 같은 책, 21쪽

고조선 중기인 서기전 16~14세기에 등장한 비파형동검은 대표적인 고조선의 표지유물이다. 요령식동검이 아니라 대륙과 한반도 전역에서 발견된 고조선동검이다. 이 동검은 고조선의 지배계급이 사용했기 때문에 정치적 공간을 잘 보여주는 중요한 유물이다. 비파형동검은 중국 요동과 요서 지역, 내몽골 지역, 한반도 전역에서 발견되는데 그 양식이 동질적이다. 기본 형태가 같다. 한국과 중국의 문헌사료에 의거한 고조선의 강역과 거의 일치한다.

그러나 우리 역사의 공간을 축소하기 바쁜 『아틀라스 한국사』는 비파형동검문화를 일으킨 민족을 우리 민족과 분리해 주장하고 주변에 있는 예맥족과 고조선이 이를 사용했다고 한다. 비파형동검이 지역별로 약간씩 다른 것을 침소봉대한 것이다. 산융, 동호 등은 중국인들이 우리 민족을 달리 부른 명칭이다. 고조선의 공간을 축소하고 고조선의 문화가 중국에서 보급된 결과라고 주장하는 견해다. 『아틀라스 한국사』에서 고대 부분을 집필한 이는 송호정이다. 세형동검에 대한 설명을 보자.

| 세형동검. 한반도 서북부 지방에서 집중적으로 출토되는 한
국식동검으로 날이 가늘고 날카로워 세형동검이라 불린다.
이는 당시 예맥족 및 고조선족이 독자적 문화를 일으킬 정
도로 세력이 강대했음을 의미한다.

– 같은 책, 21쪽

비파형동검에서 발전한 세형동검은 한반도는 물론 중국 길림
성 지역과 연해주에서도 출토되었다. 고조선의 역사를 부정하면
서 "당시 예맥족 및 고조선족이 독자적 문화를 일으킬 정도로 세
력이 강대했음을 의미한다."는 표현을 썼다. 글을 읽을 때는 바로
이 같은 표현에 주의해야 한다.

| 고조선은 기원전 7세기 무렵부터 기원전 108년 한나라에게
멸망할 때까지 존속한 우리 민족 최초의 나라를 가리킨다.
고조선의 역사는 중간에 철기를 사용하면서 나라의 모습이
크게 달라졌기 때문에 청동기를 주로 사용했던 시기인 전기
고조선과 철기를 주로 사용했던 후기 고조선으로 나눌 수
있다.

– 같은 책, 22쪽

서기전 24세기경에 건국한 고조선을 서기전 7세기 무렵에 건국
한 것으로 서술했다. 산융[동호]은 물론 맥과 예족, 숙신, 진[삼한]을
고조선과 분리했다. 결국 한국의 아틀라스는 중국의 변방 아틀라

스이기 때문에 고조선은 한반도 서북부 일대에 국한되어야 한다. 철기를 사용하면서 고조선이 크게 달라졌다고 하는데 철기는 누가 언제 들여왔을까? 위만이다. 위만에 대한 설명이다.

> 이와 함께 중국의 철기문화를 재빨리 받아들여 군사력을 키웠다. 중국에서 흘러들어온 사람들을 통해 전해진 중국 문물을 흘러들어온 사람들을 통해 전해진 중국 문물을 수용하는 한편, 한나라의 위세와 물자 지원을 활용해 군사력을 강하게 키웠던 것이다.
>
> — 같은 책, 23쪽

> 위만조선은 철기문화를 바탕으로 임둔·진번 같은 주변 족속을 정복하고 관료제도를 정비해 국가의 기틀을 잡았다.
>
> — 같은 책, 24쪽

중국의 파동으로 한국사는 변화하고 발전한다. 마침내 많은 비판으로 교과서 등에서 사라진 한사군의 한반도 위치 지도가 한국의 아틀라스로 당당하게 솟아올랐다.

역사 교과서가 고조선의 강역을 만주까지 넣고 한사군 지도를 빼자 이를 못마땅해하던 송호정은 『아틀라스 한국사』에서 조선사편수회의 주장을 고스란히 복원했다. 고조선사가 새롭게 제기되었던 1980년대 이전으로 시계바늘을 되돌려놓은 것이다.

| 한나라는 고조선 땅에 '군'이라는 식민지, 즉 한 군현을 만들었다. 군 밑에는 현을 두고 한인(漢人) 군 태수와 현령을 보내 식민 통치를 하였다. 이제 고조선 사회의 기존 조직은 위로부터 해체되고 고조선 주민들은 읍락 단위로 한의 군현 조직에 예속되었다. 또한 고조선 사회의 전통적 사회 질서와 문화에 큰 혼란이 일어나 8조 범금이 60여 조로 늘어났다. 한인들의 통치는 주로 낙랑군을 중심으로 이루어졌는데, 관리들은 물론 상인들까지 진출하여 경제적 이득을 취하였다. 낙랑군은 이후에도 한나라와 한반도 사이에 무역중계기지 역할을 하였다.

– 같은 책, 25쪽

한반도 서북부 일대에 있던 고조선은 한군현의 식민 통치를 받았고, 평양 일대에 있던 낙랑군은 서기 313년까지 중국과 한반도의 무역중계기지가 되었다. 한반도에 있던 한사군의 식민 통치를 받았다는 역사 왜곡을 통해 '열등의식'은 극복되었다.

| 4 |

전국역사교사모임의 『외국인을 위한 한국사』

『외국인을 위한 한국사』는 전국역사교사모임이 지은 책이다. 부제는 '한국인은 세계인에게 한국의 역사를 어떻게 이야기할 것인가?'이다. 한국인과 외국인을 대상으로 한국어판과 영어판으로 나왔다. 프롤로그 '한국과 한국인, 그들은 누구인가?'를 보자.

> 한반도 동쪽에는 일본, 서쪽에는 중국이 자리하고 있다. 일본과는 좁은 해협을 사이에 두고 마주하며, 중국과는 육지로 맞닿아 있다. 한반도에서 일어난 역대 왕조들은 동북아시아의 일원이었다. 특히 초기 왕국들은 중국 또는 북방의 유목민족과 대립하면서 성장하였다.
> – 전국역사교사모임, 『외국인을 위한 한국사』, 휴머니스트, 2010, 17쪽

첫 문장부터 한국사가 '한반도'로 제한되었다. 고조선, 부여, 고구려, 발해 등 대륙에서 일어난 왕조들은 한국사에서 제외되었다. 사실이 아니다. 책이 말하는 초기 왕국들은 어느 나라일까?

| 한국은 전근대 시기에는 중국을 통해 다양한 문화를 수용하였으며, 19세기 말부터는 일본과 미국을 통해 서양 문물을 받아들였다.

— 같은 책, 17쪽

부분적인 사실만을 말함으로써 진실을 곡해했다. 인류문명은 교류의 역사다. 하지만 역사 교과서를 비롯해 대부분의 한국 통사들이 우리 역사를 중국으로부터 문화를 수용한 객체로 서술해 온 것을 확인했다. 19세기 말부터는 한국이 일본과 미국을 통한 서양 문물을 받아들인 역사로 설명했다.

| 한국인들은 1,300여 년 간 하나의 언어를 사용하고 하나의 역사 공동체를 형성하며 살아왔다. 7세기 한반도 중남부를 통일한 신라는 스스로를 중국과 일본에서 일어난 왕조들과 뚜렷이 구별되는 역사 공동체로 인식하였으며, 13세기 고려 사람들은 '우리는 모두 같은 조상을 가진 사람'으로 인식하였다. 그 후 수백 년 동안 한반도는 분할된 적이 없었으며, 한국인들 마음속에는 동포 의식이 자리 잡았다.

— 같은 책, 19쪽

고조선, 부여, 고구려, 발해 등의 역사는 우리 역사가 아니었다. 신라가 고구려와 백제를 멸망시킨 7세기 이후 우리 민족의 역사공동체가 형성되었다고 한다.

언어는 민족의 문화를 가늠하는 핵심적인 요소인데 우리 민족의 언어가 7세기 이후에 공유된 것으로 설명했다. 13세기 고려 사람들의 인식을 언급한 이유는 고조선 역사를 부정하기 위한 것이다. 13세기에 편찬된『삼국유사』,『제왕운기』등이 역사적 사실이 아닌 13세기 고려인들의 창작이라는 맥락이다. 제1부를 요약한 글을 보자.

> 신석기시대 이래로 한반도와 주변 지역에 많은 사람들이 정착하여 농사를 지으며 살았다. 이 지역으로 새로운 사람들이 모여들거나 일본으로 이주하는 사람들도 종종 있었으나 대부분은 정착하여 살았고, 그들의 후손이 현재의 한국인과 이어진다.
>
> － 같은 책, 22쪽

70만 년 전 구석기시대 이래로 한반도와 주변 지역에 사람들이 살고 있었다는 사실을 뺐다. 신석기시대의 시작을 약 1만 년 전으로 보니 최소한 69만 년 이상의 시간을 우리 역사에서 제외했다. 제1부의 제목들을 보자. '한반도의 선사문화와 역사시대', '한국에는 언제부터 사람이 살았을까?', '한반도 전역에서 발견되는 신석기시대 유적'. 한국사의 공간을 한반도로 국한했다.

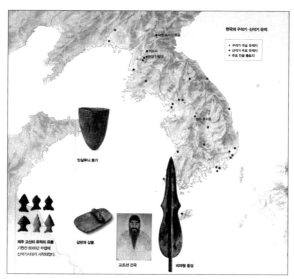

『외국인을 위한 한국사』에 나오는 첫 지도인 〈한국의 구석기·신석기 유적〉. 외국인들에게 우리 역사를 알려주는 책에 실린 지도에 우리 역사의 공간은 '한반도'만 제시된다.

위는 이 책 첫 지도다. 역사는 시간과 공간, 인간으로 이루어진다. 우리 역사의 기원을 보여주는 지도에서 한반도 이외의 시간과 공간, 인간을 배제했다. 첫 지도는 그 책의 내용을 함축한다. 한국사의 공간이 한반도로 국한되었다. 1부를 여는 글이다.

> 조선은 한반도 서북부에 등장한 최초의 나라였다. 이로써 한국인의 역사는 본격적인 궤도에 오르게 되었다.
>
> – 같은 책, 22쪽

조선은 한반도 서북부에만 있지 않았으며, 조선 건국 이전부터 대륙과 해양, 한반도에서 펼쳐진 유구한 역사가 있었다.

| 한국인들은 고조선을 최초의 국가로, 단군을 고조선을 세운
시조로 받아들인다. 단군이 나라를 세운 것을 기념하는 개
천절(매년 10월 3일)을 국경일로 삼고, 단군이 나라를 세운 해(B.
C. 2333)를 원년으로 출발하는 단군기원을 사용하기도 한다.
단군을 숭배 대상으로 삼는 종교도 있다. 그러나 고조선이
언제 건국되어 어떻게 발전하였는지는 정확하지 않다. 기원전
7세기에 쓴 중국의 『관자』라는 책에 "조선은 (중국 제나라에
서) 8,000리 떨어진 곳에 있는데……."라고 언급되어, 적어도
기원전 7세기 이전에 국가가 형성되었음을 알 수 있다.

– 같은 책, 29쪽

고조선 역사에 대한 맥락이다. "한국인들은…… 받아들인다."
"사용하기도 한다." "종교도 있다." "그러나…… 정확하지 않다." 모
두 고조선을 부정하는 표현들이다. 고조선 건국은 서기전 24세기
경이라고 『삼국유사』, 『제왕운기』, 『동국통감』 등의 문헌사료에 당
당히 기록되어 있다. 자국의 사료가 엄연히 존재하는데 그것은
쏙 빼놓고, 중국의 『관자』에 조선이 나온다고 해서 이를 기준으로
고조선을 설명했다. 다만 뒤에 "『삼국유사』에는 단군이 고조선을
세웠다는 신화적 이야기가 실려 있는데"라며 단군의 건국사화를
신화적 이야기로 서술했다. 문헌사료와 고고학 자료 등에 의거한
역사학에서 벗어난 서술이다.

중국의 역사책에는 '조선'이라는 말이 드물게 등장한다. 책에
    따르면 '조선'의 서쪽에 산융 혹은 동호라는 종족이 있고, 그
    동쪽에 예맥이란 종족이 살았다고 한다. 고조선은 바로 이
    예맥족이 세운 국가다. 중국인들이 예맥이라 불렀던 종족은
    기원전 4000년 무렵에 농사를 짓고 정착 생활을 시작하였다.
    이들은 기원전 15~13세기부터 청동기를 사용하였는데, 이 무
    렵에는 농사가 크게 발달하여 채집 경제를 거의 대체할 정도
    였다.

– 같은 책, 29쪽

산융과 동호는 중국인들이 우리 민족을 일컫는 이름들이다. 이
를 우리 역사에서 분리했다. 우리 역사에서 최초로 등장한 국가
는 고조선이다. 우리 민족의 주체는 고조선을 세운 사람들이다.
고조선을 세운 종족은 조선족이다. 종족의 이름이 나라 이름이었
다. 예·맥족, 또는 예맥족이 고조선을 세웠다면 나라 이름을 예
맥으로 했을 것이다. 우리 민족의 주체를 예·맥으로 설정한 것은
고조선의 역사를 부정하기 위해 일제 어용사가 시라토리 구라키
치 등이 주창한 것이다. 예와 맥은 대륙의 요서 지역에 있었던 고
조선의 거수국이었다. 부여·고죽·고구려·숙신·낙랑·임둔·옥
저·진·한 등과 같이 고조선에 속한 종족이었다. 예·맥족은 다
른 종족에 비해 강한 위치에 있지도 않았다.

| 한민족의 주체를 예·맥족과 한족으로 나누어 보거나 예·맥

족으로 보는 것은 잘못된 것이다. 고조선은 한반도와 만주 전 지역을 그 영토로 하고 있었기 때문에 이 지역 거주민 전체가 한민족을 형성하였다. 그들은 신석기시대 초부터 한반도와 만주의 각 지역에서 붙박이생활에 들어가 마을을 이루고 살아온 사람들이었다. 따라서 한민족을 북방계(대륙족, 예·맥족)와 남방계(해양족, 한족)로 나누어 설명하는 논리는 성립될 수 없다.

−윤내현, 『고조선연구』, 일지사, 1994, 163쪽

또한 요서 지역에 있는 비파형동검 출토지를 산융과 동호의 지역으로 넣어 고조선의 공간을 축소했다. 고조선은 요서 지역은 물론 한반도 전역에 걸쳐 있었다. 그런데 이 지도는 대륙과 한반도의 일부만으로 고조선을 한정했다. 요서 지역과 한반도 전역에서 발견된 비파형동검의 의미를 반영하지 않았다. 고조선을 축소하기 위해 고인돌 출토지 역시 한반도 일부 지역의 것만 표시했다. 우리 민족의 성지인 백두산도 고조선의 강역에 넣지 않았다.

비파형동검에 대한 설명을 보자.

| 비파라는 악기의 모양과 비슷하여서 붙여진 이름이며, 중국 요령 지역에서 주로 출토되어 요령식동검이라고도 한다. 비슷한 시기에 중국에서 만들어진 청동검과는 생김새가 많이 다르다.

− 전국역사교사모임, 『외국인을 위한 한국사』, 휴머니스트, 2010, 29쪽

비파형동검의 역사적 의미가 빠져 있다. 만주 서쪽과 한반도 전역에 걸친 지역에서 출토된 고조선동검을 '요령식동검'이라고 부르면 안 된다. 당연히 고조선동검이라고 불러야 한다. 이어서 세형동검에 대한 설명을 보자.

> 모양이 가늘고 길어서 세형동검으로 불리는데, 한반도에서만
> 출토되어 한국식동검이라고도 한다. 비파형동검보다 늦은 시
> 기에 만들어졌다.
>
> – 같은 책, 31쪽

세형동검은 한반도에서만 출토된 것이 아니라 중국 길림 지역과 연해주, 일본 규슈 지역에서도 발견된 고조선의 동검이다.

서기전 5~3세기 무렵에 대한 설명이다. '우리' 자를 넣어 읽으면 글의 성격이 확연해진다.

> (우리) 한족이 동쪽으로 진출하자, 예맥의 여러 정치세력들은
> 고조선을 중심으로 점차 통합되었다. 기원전 4세기에 고조선
> 은 주변의 작은 국가들을 제후국으로 삼는 왕국으로 발전하
> 면서 (우리) 한족의 연 왕국과 한때 전면전을 벌이기도 하였
> 다. 고조선은 (우리) 한족 세력들과 교섭하고 경쟁하는 가운
> 데 세력이 크게 위축되기도 하였다. 그러나 여러 차례의 교섭
> 과 대결 과정에서 한자를 비롯한 (우리) 한족의 선진 문화를
> 받아들이고 국왕을 중심으로 한 통치체제를 갖추는 등 정

치·사회적인 발전을 이루었다. 기원전 2세기 왕검성(오늘날 평양)을 중심으로 한 고조선은 예맥족을 대표할 세력으로 성장하였다. 본격적인 철제 도구와 무기 생산으로 경제력과 군사력을 갖춘 데다 (우리) 한족의 중국과 예맥 여러 지역 사이의 중계무역을 독점함으로써 성장의 발판을 마련하였다.

– 같은 책, 30~31쪽

주체인 중국의 연쇄 파동으로 한국사를 설명했다. 한의 진출로 서기전 5~3세기 무렵에 예맥의 여러 정치세력들이 고조선을 중심으로 점차 통합되었다고 한다. 고조선은 예맥뿐만 아니라 중국이 산융·동호 등으로 일컫은 나라로 서기전 24세기경에 건국되었다. 고조선 2,000년의 역사를 지웠다.

중국의 선진 문화를 받아들여 고조선이 통치체제를 갖추고 정치·사회적인 발전을 이루기 시작했다는 것이 식민사관의 핵심 논리다. 서기전 2세기경 위만이 고조선 성장의 발판을 마련했다는 것이다.

다음 설명도 마찬가지다. '우리' 자를 넣어보자.

| 기원전 4~2세기 동북아시아에서는 인구 이동이 활발하였다. (우리) 중국에서 통일을 향한 전쟁이 계속되고, 통일 이후에도 내전이 거듭되었기 때문이다. 많은 사람이 전쟁을 피해서 고조선 옛 땅으로 이주하거나 그들 중 일부가 남쪽으로 이동하였다. 철기문화는 그들을 통해 빠르게 확산되었다.

철은 세상을 바꾸어놓았다. 돌이나 나무를 깎아 만든 농경 도구는 빠르게 철제 농기구로 바뀌었다. 여러 종류의 예리한 철제 무기도 등장하였다. 그 결과 농업 생산력과 전쟁 기술이 발달하였다. 또한 빈부 차이가 더욱 커졌고, 철을 잘 다루는 세력은 그렇지 못한 세력을 통합하면서 세력을 확장하였다. 고조선이 주변의 예맥족을 통합하여 강력한 정치세력으로 성장하고 1년여에 걸쳐 (우리) 한 제국과 전쟁을 치를 수 있었던 것은 이 같은 변화에 잘 적응하였기 때문이다.

– 같은 책, 33~34쪽

중국 변방사로 한국사를 서술하면서 문헌사료와 고고학 자료를 전혀 반영하지 않았다. 고조선은 서기전 13세기부터 철기를 사용했고, 중국은 고조선의 영향으로 서기전 8세기 이후 철기를 사용한 것으로 밝혀졌다. 서기전 4~2세기 중국 유이민들로 인해 철기가 유입되고 세상을 바꾸어 놓았다는 일제의 주장을 고스란히 옮겨놓은 설명이다.

고조선의 영토를 한반도 북부로 설정하고 고조선과 한의 전쟁을 임의로 그렸다. 부여는 고조선의 거수국이었는데 고조선과 별개의 나라로 그려 넣었다.

| 기원 전후 시기 한반도와 그 주변 지역에는 여러 국가가 존재하였다. 북방에서는 부여 외에도 고구려와 옥저, 동예가 일어났고, 남쪽에서는 크고 작은 국가들이 마한, 진한, 변한의

연맹체로 새로이 결집되었다. (중략) 모두 54개국으로 이루어진 마한에서는 백제가, 각각 12개국으로 이루어진 진한과 변한에서는 사로와 구야가 두각을 나타냈다. 이들이 훗날 한국 고대사의 주역이 될 백제와 신라, 가야였다.

— 같은 책, 35쪽

기원 전후 시기에 건국한 백제와 신라, 가야의 역사를 부정했다. 임나일본부설을 위해 『삼국사기』 초기 기록을 근거 없이 부정한 쓰다 소키치의 견해를 따른 것이다. 『삼국사기』는 백제가 서기전 18년, 신라는 서기전 57년에 건국했다고 기록했다. 『삼국유사』는 가야가 서기 42년에 건국했다고 기록했다.

| 기원전 1세기에 등장한 고구려와 백제, 신라는 4~5세기를 거치며 중앙집권화된 국가로 발전하였다.

— 같은 책, 41쪽

서기전 1세기에 건국한 고구려, 백제, 신라를 수백 년씩 늦춰 4~5세기에 국가로 발전했다고 한다. 임나일본부설 때문이다. 당시 백제에 대한 설명이다.

| 백제는 발전된 항해술을 바탕으로 중국의 여러 지역과 활발하게 교류하였으며, 일본에 사절단을 파견하거나 해상 교역 활동을 벌였다. 그러는 가운데 중국식 정치제도와 불교를 받

아들여 왕실의 위엄을 높이는 등 중앙집권 국가 체제를 다져
나갔다.

– 같은 책, 49쪽

백제와 중국·일본과의 관계가 모호하기만 하다. 그저 '교류', '교
역'이 있었을 뿐이고 결국 중국의 영향을 받아 백제가 국가 체제
를 다져나갔다고 한다.

> 삼국 중 늘 주변적 위치에 있던 신라는 4~5세기 동안 국왕
> 을 중심으로 국력 향상에 집중하면서 점차 고구려의 간섭에
> 서 벗어났다. 6세기 이후에는 강력해진 왕권을 제도화하고
> 관료 조직을 정비하였으며, 화랑이라 불리는 청소년 조직을
> 제도화하였다. 이로써 도약을 위한 준비를 마친 것이다. 신
> 라는 6세기 전반에 낙동강 중상류 유역을 완전히 통합하고,
> 동해 울릉도를 편입하였다.

– 같은 책, 54쪽

신라가 6세기에 이르러서야 국가 체제를 정비했다는 설명이다.
『삼국사기』 기록과 고고학 발굴 결과들을 고려하지 않았다. 이 책
의 서문 '외국인에게 한국의 역사를 어떻게 들려주면 좋을까요'를
보자.

> 이 책은 국제사회에서 한국 역사를 편견 없이 소개하기 위해

쓴 '외국인을 위한 한국사'입니다. 외국인은 물론이고 한국인을 위한 책이기도 합니다. '한국인은 세계인에게 한국의 역사를 어떻게 이야기할 것인가?"라는 부제에서도 알 수 있듯이, 한국사의 주역인 한국인이 먼저 읽어야 할 책입니다.

– 같은 책, 5쪽

그러나 이 책은 한국사의 주체가 한국·한국인이 아니라는 편견으로 일관했다. 이 책을 읽고 외국인에게 한국의 역사를 이야기하면, "너희 나라 역사는 중국사"라고 생각할 것이다. 제목은 '외국인을 위한' 한국사인데 '극우적인' 역사관을 가진 외국인을 위한 한국사가 되었다. 안타깝기 그지없다.

전국역사교사모임이 지은 책으로는 그밖에도 『살아 있는 한국사 교과서』와 『심마니 한국사』 등이 있다. 역사관과 주요 논지를 살펴본다.

> | 여기서 우리는 신화와 역사를 잘 구분할 필요가 있다. 신화를 그대로 믿으면 상식에서 벗어나게 된다. 예컨대 기원전 2333년은 우리나라에서는 신석기시대에 해당한다. 세계적으로 청동기시대에 와서야 비로소 나라가 세워졌다.
>
> – 전국역사교사모임 지음, 『살아 있는 한국사 교과서』, 휴머니스트, 2007, 39쪽

고조선 역사를 정면으로 부정하는 설명이다.

| 위만이 집권한 후 고조선은 철기 문화를 바탕으로 더욱 발
| 전하였다. 고조선은 강력한 군대와 경제력을 갖추었으며, 만
| 주와 한반도 일대에 걸친 영토가 "사방 수천 리에 이르렀다."
| 고 기록될 정도였다.

– 같은 책. 40쪽

우리 역사가 위만에 의해 시작되었다는 서술이다.

| 1. 고조선은 어떤 문화를 바탕으로 세워졌는가?
| 2. 준왕을 몰아내고 새로이 고조선을 다스린 사람은 □□이다.

– 같은 책. 41쪽

학생들에게 죽은 역사를 주입하는 내용이다. 『살아 있는 한국
사 교과서』는 죽어 있는 역사 교과서를 살리지 못했다.
『심마니 한국사』를 보겠다.

| 기원전 4세기 무렵 우리나라는 중국에서 철기를 받아들였
| 다. 철기시대에는 정복전쟁이 활발해져 여러 곳에서 연맹 왕
| 국이 성장하였다. 이때부터 북방보다는 중국과 교류가 활발
| 해져 청천강 북쪽에서 중국 화폐인 명도전이 무더기로 발견
| 된다.

– 전국역사교사모임 지음. 『심마니 한국사』. 역사넷. 2000, 22쪽

역시 우리 역사의 공간을 한반도로 국한하고 중국을 주체로 역사를 설명하고 있다. 중국이 철기문화를 보급했고 한반도는 이를 받아 왜에 전달했다는 것이다. 물론 이 설명은 사료에 근거한 사실들이 아니다. 명도전이 중국 화폐라는 것도 일본과 중국의 주장일 뿐이다. 그런데 『심마니 한국사』는 이와 같은 한국사 상을 일관해서 서술했다.

> │ 『삼국지』 「위지동이전」은 어떤 책인가?
>
> 『삼국지』는 중국 진(晉)나라 초기 진수(23~297)가 지은 위, 오, 촉 삼국 역사서이다. 『삼국지』는 당시 중국 주변에 있던 민족들의 역사도 기록하였다. 그 가운데 부여, 고구려, 동옥저, 읍루, 예, 마한, 진한, 변한, 왜 등의 역사는 위나라 역사 『위지』에 부록처럼 붙어 있다. 우리나라에 대한 가장 오래된 역사서는 『사기』이다. 하지만 『사기』는 한 무제의 고조선 정벌과 관계를 주로 쓰고 있다. 반면, 『삼국지』는 고대부터 삼국시대까지 우리나라 정치·제도·습속·문물 등과 중국과의 교류에 대한 광범위한 기록을 포함하고 있다. 이 때문에 『삼국지』는 3세기 중엽까지 우리나라 고대사의 기본 사료라 할 수 있다.
>
> — 같은 책, 30쪽

『삼국지』 「위지동이전」에 대한 사료 비판이 없다. 이 책이 갖는 의미와 한계를 균형 있게 소개하지 않았고, 임나일본부설에 입각한 『삼국사기』 초기 기록 불신론에 따라 다음과 같이 삼국의 역사를 서술했다.

신라왕 이름은 어떻게 바뀌었을까?

명칭	시기	의미와 특징
거서간	1대 박혁거세	연맹체장
차차웅	2대 남해	무당·제사장
이사금	3대 유리~16대 흘해	연장자
마립간	17대 내물~21대 소지	대수장
왕	22대 지증왕 이후	중국식 왕호
	23대 법흥왕~28대 진덕왕	불교식 왕호
	29대 무열왕 이후	중국식 시호제

| '마립간'은 높은 마루에 앉은 지배자라는 뜻이라고 한다. 앞선 이름에 비해 왕권이 강해졌음을 알 수 있다. 이때부터 김씨가 왕위를 독차지하게 되었다. '왕'은 신라 통치 체제가 더욱 더욱 정비되고 왕권이 한층 강화되었음을 보여준다. 불교식 왕호는 왕실을 신비화하여 왕권을 절대화하려는 시도였을 것이다.

- 같은 책, 43쪽

박혁거세는 신라를 건국했다. 거서간·차차웅·이사금·마립간 등은 모두 왕을 일컬은 호칭이다. 중국식 왕호를 써야만 왕이 되는 것은 아니다.

광개토왕비는 고대사 연구에 중요한 자료이다. 비문에는 왜와 관계된 기록이 몇 군데에 나온다. 그 가운데 한·중·일 사이에 논쟁이 벌어진 것이 바로 '신묘년 기사'이다. '신묘년 기사'를 어떻게 해석하느냐에 따라 한일 고대사에 엄청난 영향을 미친다. 1973년 재일교포학자 이진희가 비문 변조설을 주장하여 큰 파문이 일었다. 하지만, 1984년 중국학자 왕건군은 변조설이 사실이 아님을 밝혔다.

– 같은 책, 47쪽

광개토대왕비 신묘년 기사를 일제는 침략 의도에 맞게 자의적으로 해석했다. 이를 명확히 비판하지 않고, 이진희의 주장이 잘못인 것처럼 설명했다. 중국학자 왕건군(王健群)의 주장은 하나의 소견일 뿐인데 그 근거는 취약했다.

그럼에도 위의 문장을 읽은 사람들은 이진희가 틀렸고 왕건군이 맞다는 생각을 갖게 될 것이다. 이진희는 '설을 주장'했고 왕건군은 '사실이 아님을 밝혔다'는 단정적인 단어를 구사하고 있기 때문이다.

백제와 고구려 유민들은 왕조가 멸망한 뒤 곧 바로 부흥 운동을 벌였다. 복신, 도침, 부여풍을 중심으로 일어난 백제 부흥 운동은 지배층 내분으로 큰 타격을 입었다. 부흥 운동은

663년 백제·왜 연합군이 나당 연합군에게 패배하면서 막을 내렸다.

- 같은 책, 50쪽

일본이 왜 백제를 위해 군대를 파견했는지 그 내용을 밝히지 않았다. 전후 맥락이 없는 사실은 의미가 없거나 사실을 왜곡하게 된다. 삼국에 대한 설명이 이를 잘 보여준다. 고대에 일본을 경영했기 때문에 백제는 일본군을 전쟁에 동원할 수 있었다.

| 고구려는 4세기 초 중국 세력을 몰아내고 한반도 북부 지역을 장악하였다. 하지만, 넓어진 영토를 효과적으로 다스릴 통치 체제를 채 갖추기 전에 중국과 백제 침략을 받아 큰 위기를 맞았다. 특히 4세기 후반에는 백제와의 전투에서 고국원왕이 전사하기도 하였다. 이를 극복하고 새로운 국가 체제를 마련한 것이 소수림왕 때 개혁이었다.

- 같은 책, 41쪽

고구려가 국가 체제를 갖춘 것이 17대 소수림왕(371~384) 때라는 설명이다.

| 백제는 일찍이 고이왕 때 국가 체제를 정비하였다. 이에 힘입어 근초고왕 때에 이르러 활발히 대외 활동을 할 수 있었다. 그러나, 왕위계승을 둘러싼 갈등과 마한 등 넓어진 영토

를 지배할 효과적인 체제 정비를 하지 못한 채 5세기 고구려의 공격을 받아 한강 유역을 빼앗기면서 멸망당할 위기에 처 ○ㅣ었디.

– 같은 책, 42쪽

백제는 8대 고이왕(234~286) 때 건국했다는 서술이다. 온조왕 때 통합한 마한 등을 5세기까지도 지배하지 못했다고 했다.

> 신라는 6세기에 이르러 고구려의 그늘에서 벗어나 비약적으로 발전하기 시작하였다. 먼저 중국의 제도를 받아들여 나라와 왕 이름을 고치고 행정과 군사 조직을 정비하였다.

– 같은 책, 43쪽

신라는 22대 지증왕(500~514)에 가서야 나라의 체제를 갖추기 시작했다는 것이다. 『삼국사기』에 따르면 서기전 57년에 건국한 신라는 서기 전후에 나라의 체제를 갖춰나갔다.

교사의 역사관이 바뀌지 않으면 한국의 미래는 없다. 진심으로 전국역사교사모임의 분투를 빈다.

동북아역사재단은 누구를 위하여 종을 울리나?

2006년 중국과 일본의 역사 왜곡에 대응하기 위해 설립된 동북아역사재단은 매년 수백 억 원의 예산을 쓰면서 중국과 일본 정부의 역사 왜곡을 지원해왔다. 동북아역사재단이 2013년 말에 하버드대 한국학연구소에 국고를 지원해 출판한 『The Han Commanderies in Early Korean History^(한국고대사의 한漢나라 영지領地들)』역시 조선총독부에서 창안한 식민사학의 논리를 그대로 따랐다. 동북아역사재단은 2007년부터 하버드대 한국학연구소에 10억 원의 국고를 지원해 한국고대사 책자를 발간해왔다.

2010년에 『The Samhan period in Korean History^(한국사 속의 삼한 시기)』를, 2012년에는 『The Rediscovery of Kaya in History and Archaeology^(가야의 역사적, 고고학적 재발견)』를 발간했다. 임나일본부설에 의거한 편찬들이다. 고조선 역사는 없었다. 임나일본부설

에 따라 한반도 북부는 한사군, 한반도 남부는 임나일본부를 설정했다.

"한국은 주체성이 없고 주변 민족의 지배와 간섭, 침략에 의해 전개된 타율성·정체성의 역사다. 한국은 중국과 일본 등 주변국의 지배를 받아야 발전할 수 있다." 이것이 식민사학의 핵심 논리다. 일제는 황국사관에 입각해 반도사관·만선사관·일선동조론·내선일체론·사대주의론·당파성론 등을 주장했다. 한사군과 임나일본부의 위치에 준해 선진적인 중국과 일본의 영향과 지배를 합리화하고 한국사의 맥락과 체계가 만들어졌다. 이에 준해 고조선의 역사는 신화가 되었고, 만리장성이 한반도까지 이어지고,『삼국사기』와『삼국유사』기록의 진위 여부도 결정되었다.

2012년 12월,『한반도 통일에 대한 중국의 영향과 상원에 제기하는 문제』라는 미 상원외교위원회 보고서가 발간되었다. '북한 영토에 대한 중국의 영유권 주장'이 보고서의 핵심이다. 당시 언론 보도다.

> 미 상원 외교위원회는 지난달 31일(현지시간)『한반도 통일에 대한 중국의 영향』이란 보고서를 발표하며 "북한 영토에 대한 중국의 영유권 주장과 중국의 북한 내 경제적 영향력 확대는 한반도 통일을 막는 요인이 될 수 있다."라고 지적했다.
>
> 보고서는 "통일의 단초가 남북관계 개선이든, 북한 내 격변상황이든 중국은 통일과정을 관리하거나 막으려 할 수 있다."라며 "중국이 북한 내 자산을 지키고 한반도 북쪽에 대한 권

리를 주장하며 역내 안정을 확보한다는 이유로 자신들의 행
동을 정당화하려 할 것"이라고 밝혔다.

– 「아시아경제」 2013년 1월 2일자 기사

이때도 동북아역사재단은 보고서 작성과 관련해 한사군이 한반
도에 있었다고 확인해주었다. 중국은 '현재 중국 영토 내에서 있
었던 모든 역사는 중국사'라는 논리를 내세우고 있다. 우리는 평
화통일을 추구하지만 중국은 동북아역사재단의 주장을 근거로 한
반도 통일 과정에서 북한에 대한 영유권을 주장할 것이다.

동북아역사재단이 출간한 『The Han Commanderies in Early
Korean History(한국고대사의 한나라 영지들)』에 실린 논문들은 모두 한사
군이 한반도 북부에 있었다고 주장했다.

역사학은 문헌을 연구하고 사료비판을 통해 사실을 밝히는 것
으로부터 출발한다. 사실을 확보하고 이를 해석하는 것이 역사학
이다. 사료는 당대와 가장 가까운 시기에 기록되거나 전래된 1차
사료가 가장 중요하다. 조선총독부가 조작하고 왜곡한 주장이 근
거가 될 수 없다. 한사군의 위치가 한반도 서북부에 있었다는 1
차 사료는 단 하나도 발견되지 않았다. 반면 중국의 모든 1차 사
료는 한사군이 현재의 중국 만주 지역 서쪽에 있었다고 기록하고
있다. 사실에 기초하지 않은 해석은 역사학이 아니다. 한사군 위
치에 대한 동북아역사재단의 견해는 한국사를 바라보는 다양한
학문적·이론적 해석의 문제가 아니라, 일제 잔재 청산의 영역에
속하는 문제다. 2차대전 후에 전개된 나치 잔재 청산과 같은 선상

에 '한사군 한반도 설치설'과 '임나일본부설'이 있다.

식민사학 해체 국민운동본부 의장단(이종찬, 인명진, 허성관)은 동북아 역사재단 김학준 이사장의 요청으로 2014년 5월 8일 면담을 했다. 주요 내용을 발췌 소개한다(이하 직함 생략).

| 허성관　저희가 대학, 중·고등학교, 초등학교에서 국사 시간에 한사군을 왜 배워야 하는지 또 왜 위치도 한강 이북이라고 하는지 모르고 배웠잖아요. 그런데 이후 책을 보니 결국 그게 아니에요. 그래서 이야긴데, 중국에서 동북공정을 들고 나왔을 때 삼청동 총리 공관에서 대책회의를 했습니다. 총 들고 싸울 수 있는 것도 아니고, 외교적으로 풀 수 있는 것도 아니고 어떻게 대응할 것인가에 대해 삼청동에서 고건 총리와 대책회의를 했습니다. 중국 측의 논리가 틀렸다는 대응 논리를 개발하라고 동북아역사재단을 만들자고 했습니다. 교수 출신은 저만 있어서 제가 발의를 했습니다.

김학준　저도 뼈저리게 반성하고 있습니다.

인명진　그저 역사 문제, 그냥 학문적으로만 하려면 대학에 맡기면 되는데 재단을 만들었다는 것은 학문적으로만 하라는 것이 아니고, 분명한 의도를 갖고 학문적으로도 뒷받침을 하는 것이 재단이 해야 할 일인데 재단이 그동안 그것을 못했습니다. (중략) 특별히 많은 분들이 충격을 받은 것은 재단이 한사군 문제를 영문으로 번역했다는 것입니다. 영문으로 번역했다는 것은 세계 학계에 이를 알린다는 것입니다. 우리

끼리 한글로 했다는 깃과는 또 다른 차원입니다. 무슨 돈이 거기에 많아서 그런 것을 했는지. 이런 것을 한국 정부가 세운 기관이 논문으로 내면 완전히 기정사실화 되는 것입니다.

이종찬 재단이 시작을 했으면 당연히 그분(독립혁명가)들의 역사부터 시작을 해야죠. 항간에 나가서 발언하는 걸 보면 "단재는 또라이다." 백암의 역사학은 말하자면 "쓰레기 같은 역사다." 이렇게 모욕을 주고 자기네들이 총독부에서 배운 역사를 정설로 생각해서 우리에게 얘기해요. 우리는 1945년 8월 15일 민족 해방은 됐는데 정신사적으로는 지금 식민지 속에서 살고 있어요. 왜 이렇게 되었는지! 우리 대한민국의 헌법 첫 번째가 무엇입니까? 대한민국 임시정부의 법통을 잇는다고 그랬지요? 그런데 어떻게 이런 짓을 하느냐 말이에요. 거기서 나온 것이 한사군 문제입니다. 나는 단군까지 쳐들지 않겠어요. 그런데 재단은 경기도 교육청 교사들이 만든 자료집에 대해 "단군은 신화다, 역사가 아니다."라고 했습니다. 아니, 어느 나라 상고사가 신화가 없습니까. 제우스 신화는 신화 아닙니까? 그런 식으로 총독부에 맹종하는 사람들이 오늘날 우리 역사학계를 잡고 있고, 동북아역사재단에 있다는 것은 통탄할 노릇 아닙니까? 예산, 이건 깎는 게 아니라 폐지시켜야지요. 그렇지 않습니까?

허성관 역사학계에서 학술대회를 하는데 사회자가 단재를 세 글자로 하면 '또라이', 네 글자로 하면 '정신병자'라고 말했다고 합니다. 그런데도 그 사람이 끄떡없이 잘 지낸다는 것이 대한민국의 현실입니다.

이종찬 우리 학계는 병들었구나, 완전히 조선총독부사관의 수제자들만 남았구나, 하는 생각이 들었습니다. 이 문제에 대해서 동북아역사재단이 주선을 해주세요. 한사군 문제와 관련해서 공개 토론합시다. 단국대의 서영수, 서울대의 노태돈, 한국교원대의 송호정, 바잉턴 이 네 사람 토론에 불러내세요. 우리도 나가겠습니다. 토론합시다. 어떻게 한사군이 대동강에 있었는지 우리 같이 토론합시다.

김학준 제가 조금만 말씀드리겠습니다. 우선 제가 깊이 사과드립니다. 경기도 교육청 사건은 제가 취임하기 직전에 발생한 일이고요, 교육부로부터 단단히 혼났다고 들었습니다. 아무튼 잘못됐습니다. 다만 도움을 청하고자 합니다. 토론을 하면 토론이 안 됩니다. 간곡히 말씀드립니다. 이번 5월 13일에 제1회 상고사 학술회의가 열립니다. 이번 1회만 조용히 끝나게만 해주십사 부탁드립니다. 이번 토론회에 보통 공을 들인 게 아닙니다. 토론회를 하려고 하면 안 나가려고 합니다. 제가 죄인이지만 간곡히 말씀드립니다만 이번 1회만 조용히 끝나게 해주시면 4회쯤 돼서 조용히 끝나는구나, 하고 안 나오던 분들도 나올 생각을 할 겁니다. 이분들은 "나는 떠들썩한 데는 못 나가겠다."고 합니다. 1, 2회 정도를 조용히 끝나게 해주시면 제가 재단을 책임지고 바꾸겠습니다. 물러날 생각도 하겠습니다. (중략)

이종찬 김학준 이사장 개인의 문제가 아닙니다. 재단의 현

주소를 잘 봐야 합니다. 재단은 처음부터 방향이 잘못됐습니다. 상고사를 팽개쳐놓고 어떻게 동북공정에 대응합니까? 처음부터 안 되는 것입니다. 지금 통일시대에 민족의 동질성을 어디서 찾을 겁니까? 현대사에서는 어렵습니다. 북한과 대한민국의 현대사는 다른 길을 걸어왔습니다. 고대사부터 동질성을 찾는 것도 맞는 말이요, 역사 왜곡에 대응하기 위해서도, 교육을 바로세우기 위해서도 조선총독부사관을 벗어나야 하는 겁니다. 하버드대, 연구소도 아니고 하버드 프레스, 뭐가 그리 대단합니까? 우리 학자들은 다 어디로 갔고, 바잉턴이 얼마나 연구를 많이 했다고 그럽니까?

김학준 제가 조금 말씀드리면, 오해는 마시구요. 하버드 출판은 자문에 응한 사람들이 출판해도 좋다고 해서 제가 인정했습니다. 제가 이번 연휴를 지내고 첫 회의에서 말했습니다. 이제 하버드 출판은 끝내자. 바잉턴은 직장을 잃게 됩니다. 그 책도 바잉턴 혼자 한 것이 아니고, 우리 학자들도 참가했습니다. 바잉턴도 일제의 식민사관으로 한국사가 왜곡됐다, 잘못됐다고 한 것입니다. 제가 무슨 옹호하는 것이 아니라, 제 불찰이지만 한사군은 그렇게 중요한 자리에 있었던 것이 아닌데, 일제가 왜곡했다고 바잉턴도 주장하는 것입니다.

허성관 제가 그 책을 자세히 봤습니다. 줄을 치면서 봤습니다. 바잉턴이 Introductiond에서 한 말은 그것이 아닙니다.

김학준 그래서 바잉턴도 결론에서 내 견해가 틀렸을 수도 있다고 했습니다. 단정적인 결론을 내리지는 않았습니다. 새로운 증거가 나오면 지금까지의 나의 주장을 포기하겠다고 했습니다. 어쨌든 잘못했습니다.

이종찬 재단이 내세우는 주장이 'Peace & Reconciliation' 인데 이것은 방향 자체가 잘못 설정된 겁니다. 재단은 외교부가 아닙니다. 재단은 한국의 정체성을 말해야 합니다. 한국의 정체성과 역사를 주장하는 것이어야 합니다. 고구려연구재단이 어떻게 동북아역사재단이 되었습니까?

김학준 제가 취임하고 나서는 일본 문제에 집중했습니다.

이종찬 그런데 임나일본부에 대해 얼마나 비판했습니까?

김학준 제 불찰입니다.

허성관 제가 의심하는 게 있습니다. 고구려연구재단이라고 하면 안 되는 것입니다. 그것은 고조선 연구를 안 하겠다는 것입니다. 고조선 연구, 하면 총독부사관 하는 사람들이 문헌 기록이 없다고 합니다. 이런 의도가 의심스러운 것입니다. "나는 근현대사하기 때문에 고조선은 모른다." 이런 말도 잘못됐습니다. 분절적인 사고인지 모르겠습니다만. 재단이 처음부터 상고사쪽 연구자를 뽑지 않고, 엉뚱한 쪽 사람들만 뽑은 것은 첫 단추를 잘못 끼운 것입니다. 재단의 근본적인 문제이고, 교과부의 문제이기도 하고, 전체 시스템의 문제이기도 합니다. 재단의 1년 예산이 약 200억 원, 한 10년으로 잡으면 무려 2,000억 원입니다. 국민의 혈세인데 정신 나간 것 아닙니까? 대한민국 국민의 세금이 들어가서는 안 되는 것입니다. 제가 하버드 출판에서 낸 책 서문을 줄을 그어

가며 자세히 읽었습니다. 한사군, 설사 그 내용이 사실이라고 하더라도 그 부끄러운 역사를 널리 알리려고 노력해야 합니까? 그것을 국민 세금을 써서 세계에 알려야 하겠습니까?

김학준 아주 옳으신 말씀입니다. 한 번 용서해주신다면 제가 방향만큼은 바꿔놓도록 하겠습니다.

이종찬 총독부사관을 지금껏 오랫동안 해왔으니 방향을 바꾸는 게 쉽지는 않을 것입니다.

김학준 네 맞습니다. 오늘 귀중한 자리가 열렸습니다. 저들 믿고 도와주신다면 앞으로 저희가 마련하는 학술대회에 참석해주십시오.

이종찬 아까 제가 명단을 말씀드렸지 않습니까? 그 사람들이 쓴 논문을 보고 깊은 문제 인식을 가졌습니다. 그 논문을 쓴 사람은 그것을 주장하라는 것입니다.

허성관 학술대회 하세요. 우리가 그거 방해하겠습니까?

김학준 이사장 : 감사합니다.

이종찬 저는 이 얘기를 해야겠습니다. 재단 사무총장을 외교관 출신이 하는 것은 문제가 있습니다. 'Peace & Reconciliation', 왜 애원을 합니까? 우리 것을 주장하는 것입니다. 외교관 출신이어서는 안 됩니다.

인명진 재단은 단순한 학술재단이 아니고 분명한 입장과 계획이 있어야 합니다. 김학준 이사장이 의지가 있다면 가시적인 조치를 취해야 합니다. 우리가 이러는 것은 나라를 위한 것입니다. 이사장님 방향에 믿음이 가려면 가시적인 조치가 있어야 합니다. 사람이 중요합니다. 일은 사람이 하는 것입니다. 동북공정 등에 대응하기 위해 설립된 재단이 그것을 지지해서야 되겠습니까? 기관 설립 목적에 반대되는 사람들은 기관 정체성에 맞지 않습니다.

김학준 제가 정직하게 말씀드리겠습니다. 말씀 깊이 받아들이겠습니다. 식민사관과 다른 견해를 가진 연구자들을 모시기 위해서 최선을 다하겠습니다. 누구를 나가라고 하는 것은 어렵습니다. 나가려면 제가 나가야죠.

이종찬 우리는 김 이사장 개인의 책임을 묻는 것이 아닙니다. 우리는 기대합니다. 김 이사장이 뭔가 체제를 바꿔서 민족의 정체성을 찾기를 바랍니다. 우리는 김 이사장에게 숙제를 드립니다.

김학준 세 분 어른의 뜻을 받아들입니다. 당장 인적 문제를 가시적으로 하겠다고 말씀을 드리면 제가 거짓말을 하는 것이 됩니다. 인사 규정을 바꿔서 내년부터는 새로운 사람들을 뽑을 수 있도록 하겠습니다.

이종찬 목말라 있습니다. 지금 많은 사람들이 목말라 합니다. 우당 강좌에 정옥자 전 국사편찬위원장이 와서 강연을 했습니다. 이때 어떤 사람이 질문했습니다. "왜 우리나라 역사학계는 고대사를 제대로 연구하지 않느냐?" 정옥자 교수가 솔직하게 답변을 했습니다. "저도 두계 선생의 제자다. 신화라고 해서 역사로 연구하지 않는 것은 잘못이다." 마땅한 얘기입니다. 지금 사람들은 학계에 대해 굉장히 의심합니다. 특히 서울대 국사학과 사람들이 오면 더 의심합니다.

– 이상 면담 내용 발췌 소개

그동안 동북아역사재단의 지원으로 활약한 대표적인 학자들은 토론과 소통을 다양한 방식으로 회피해왔다. 그런 사례들은 많다. 동북아역사재단이 먼저 도움을 요청해야 할 최재석·윤내현· 이덕일 등의 역사학자들을 한 번도 부른 적이 없다.

2014년 7월 동북아역사재단의 후원으로 '고조선 연구의 새로운 모색'이라는 한국고대사학회 세미나가 개최되었다. 첫 주제는 고조 선 역사의 실재를 부정해온 조인성(경희대 교수)의 '근대 민족주의 역 사학의 고조선 인식 – 신채호의 조선상고사를 중심으로'였다. 그의 말이다.

| 일반적으로 신채호의 역사 연구는 그 의의에 비해 실증성이
  떨어진다고 평가받고 있거니와, 과연 그의 주장이 어떤 근거
  에 입각한 것인지를 소개하고, 가능하면 이를 검토하려고 한
  다. 학설에 입각한 비판보다는 자료 선택, 논리, 해석의 타당
  성 등에 초점을 두려고 한다.

– 한국고대사학회, 「고조선 연구의 새로운 모색」, 10쪽

일반적으로 신채호의 역사 연구가 실증성이 떨어진다고 평가받 는데 그것을 검토하겠다고 한다. 그 결론이다.

| 자료의 자의적인 선택과 해석으로 인해 고증적인 면에서 문
제가 있다고 판단되는 점도 있었다. 망명과 독립운동 등 신
채호의 연구 환경이 대다히 열악하였음을 고려한 때 이는 충
분히 양해될 수 있다고 본다. 그렇더라도 이 점을 간과해서
는 안 될 것이다.

— 같은 자료, 23쪽

단재의 자료 선택, 논리, 해석의 타당성을 열악한 환경을 충분
히 양해해도 간과할 수 없다고 한다. 종합토론에 나선 주보돈(경북
대 교수)의 발언이다.

| 실증의 측면에서 보면 단재의 접근 방식에는 많은 문제점을
안고 있음은 숨길 수 없는 사실이다. 스스로는 사료학의 기
본, 기초를 지적하고 강조하고 있으면서도 실제적인 논증의
과정에서는 정작 그러지 못한 모순점을 보이기도 한다. 이를
테면 발표자도 저적하듯이『오월춘추』나『만주원류고』등 문
제가 있는 사료를 오히려 적극 활용하고 있다. 그런 경향성은
꽤나 적지 않은 부분에서 찾아진다. 사료의 등급을 전혀 고
려하지 않으면서 다루고 있는 것이다. 그런 상태에서 진행된
논증은 물론이고 그 결과가 어떠할지는 불문가지의 일로 보
인다. 발표자도 그런 점을 의식하고서 단재의 많은 주장 가
운데 각별히 문제가 두드러진 사항만을 소개하면서 그에 내
재된 문제점을 간단히 지적하고 있다. 그런 지적 내용은 대

부분 타당성이 있으므로 별로 문제 삼을 만한 것이 없다.

- 같은 자료, 176쪽

　단재가 사료학의 기본과 기초를 강조하면서도 실제 논증은 그러지 못했고, 그런 경향성은 꽤나 적지 않았고, 사료의 등급을 전혀 고려하지 않아 그 결과는 보나마나 하다고 한다. 조인성의 주장이 문제 삼을 만한 것이 없다고 한다. 이렇게 단재는 동북아역사재단과 한국 역사학계에 의해 부관참시당하고 있다.

우리 역사 최후의 보루인 여러분, 여러분들이여

　동북아역사재단은 47억여 원의 예산을 들여 2008년부터 『동북아역사지도』를 만들어왔다. 2015년 4월, 쉬쉬하던 그 지도 일부가 국회의 요구로 공개되었다. 거기에는 한사군이 조선총독부의 주장대로 한반도 북부에 그려졌고, 임나일본부설을 위해 삼국의 역사는 축소되었으며, 독도가 우리 영토에서 제외되었음이 밝혀졌다. 동북아역사재단은 이 지도 편찬을 3년 더 연장해 30억 원을 더 투입할 계획이었다. 지도 편찬에 주도적으로 참여한 동북아역사재단의 임기환(서울교육대 교수)은 이를 "실수"라고 말했다.
　수년 간 수십 억을 들여 60여 명의 학자들이 참여해 만든 지도가 한일 간에 가장 첨예하게 부딪히고 있는 독도를 일관되게 한국 영토에서 제외한 이유가 "실수"였다는 것이다. 거짓 증언이

디. 독도가 우리 땅이라는 교육을 받은 유치원생도 이런 실수는 하지 않는다. 동북아역사재단은 독도를 일본 영토로 보고 있다. 동북아역사재단 독도연구소에서 근무했고 『동북아역사지도』 책임자로 활약한 배성준의 주장이다.

> 독도가 우리 것일까? 독도 문제가 되풀이되는 것은 명백한 '진실'을 왜곡하고 독도를 빼앗으려는 일본의 음흉한 음모일까? 사실은 그렇지 않다. 선입관을 버리고 찬찬히 독도 자료를 읽어본 사람이라면 곧 독도의 '진실'이 그렇게 명명백백한 것은 아니라는 점을 느끼게 된다. 그리고 동시에 독도에 대한 '진실'이 얼마나 '독도는 우리 땅'이라는 선입관에 결박되어 있는지 실감하게 된다.
>
> —배성준, 「'독도 문제'를 보는 비판적 시각을 위하여」, 「문화과학」 42, 2005

'독도는 우리 땅'이라는 생각은 진실이 아니라 선입관에 결박된 것이었다. 2015년 5월 이른바 '일본군 위안부' 문제에 대해 미국과 세계의 역사학자와 다양한 전공의 학자들은 일본 정부에 반성을 촉구하는 성명을 발표했고 여기에 많은 이들이 서명을 했다. 서명을 주도한 알렉시스 더든 미국 코네티컷대 교수는 "우리는 이 역사를 이해하는 것이 인간 조건을 더욱 잘 이해하는데 중요한 과정이라고 믿는다. 상대적으로 작은 학문 공동체 크기를 고려해볼 때 450명 이상의 학자가 하나의 성명서에 동참하는 것은 정말 인상적이다. 일본을 연구하는 학자들로서 우리 책임은 공개 토론을 증진하고 현재와 미래 세대를 위해 과거에 대한 정직한 기록을 남기는 것이다"고 발언했다(「경향신문」 2015년 5월 20일자 기사).

2015년 6월 25일에는 역사학자 6,900여 명을 회원으로 둔 일본 16개 역사학 단체가 아베정권을 비판하며 위안부 강제 연행을 인정해야 한다는 성명서를 냈다. 이 성명서는 "위안부 문제에서 눈을 돌리는 무책임한 태도를 계속한다면 일본이 인권을 존중하지 않는다는 것을 국제사회에 발신하는 셈"이라고 일본 정부와 언론을 비판했다. 이 성명에 역사학연구회·일본사연구회 등 일본 내 5대 역사 단체 중 4개가 참여했다. 이와 같은 인간 조건의 문제, 현재와 미래 세대를 위한 정직한 문제, 인권 문제에 한국 역사학계는 침묵한다. 독도가 일본의 고유 영토라는 주장이 일본의 초중고 교과서에 확대되어 명시될 때에도 동북아역사재단은 다음과 같이 말했다.

| 대응방안에 대해 홍성근 동북아역사재단 독도연구소장은 "일본의 유일한 도발 의도는 독도 문제를 국제분쟁화하겠다는 것, 즉 우리를 싸움터로 끌어내겠다는 것으로 단호하게 수정을 요구하되 분쟁화에 휘말릴 필요가 없다."며 감정적 맞대응을 경계했다.

― 「한국일보」 2015년 4월 6일자 기사

"감정적으로 대응해서는 안 된다." 한국 국민이 역사의 주체가 되는 것을 앞장서서 막는다. 기사의 제목이 "독도 국제분쟁화 의도… 감정적 대응 안 돼"이다. 국민적 대응을 막고 정부는 아무것도 하지 않겠다는 위험한 주장이다. 세계에서 독도를 한국 영토로 표기하고 있는 나라가 몇이나 되겠는가?

세계는 일본의 주장에 따라 독도를 다케시마 또는 리앙쿠르 암초로 지칭하고 있다. 집안에 강도가 들어오는 걸 뻔히 알면서 내 집이니 감정적인 대응을 하지 말아야 한다는 주장과 같다. 독도가 국제분쟁으로 갔을 때 불리한 대응이다. 너희 영토라고 주장하지도 않았다고 하면 뭐라고 답할 것인가. 개인 간의 토지 소유권 분쟁에서도 자신의 권리를 주장하지 않고 손 놓고 있으면 불리한 법이다.

2015년 4월 독도 문제 등 일본의 역사 도발이 있었을 때의 일이다.

| 이완구 국무총리가 9일 기자간담회를 열어 일본의 임나일본부설에 강한 유감을 표현했다. 하지만 정작 일본 정부의 위안부 문제 및 독도 관련 기술 등 첨예한 외교 현안에 대해선 아무런 언급도 하지 않은 채 본인의 업적 홍보에 치중하는 듯한 모습을 보였다. (중략) 하지만 이 총리는 일본군 위안부나 교과서 왜곡, 독도 문제 등 한-일 관계 핵심 현안에 대해서는 철저히 언급을 피했다. 일본 정부의 역사 왜곡 시도에 대한 견해를 묻자, 그는 "일본은 일본의 사정이 있고 우리는 우리 사정이 있으니 전력을 다해서 상대하는 수밖에 없다. 두려워할 건 없다."고 답했을 뿐이다. 이날 내놓은 임나일

본부 비판에 대해서는 "(역사 문제에 대한 적극적 반박이라
고) 비약적으로 하는 건 제가 원치 않는 것"이라고 확대해석
을 차단했다.

－「한겨레」 2015년 4월 9일자 기사

"일본은 일본의 사정이 있다." 일본이 조선을 침략할 때도 일본
의 사정이 있었다. 그런 사정에 맞서 싸우지 않고 그 사정을 받아
들이는 것이 전력을 다하는 것인가?

주체적인 대응은 감정적인 것으로 치부되고, 역사학계는 감정
없이 조선총독부의 이성을 지킨다. 동북아역사재단은 아베정권의
2중대가 되라고 만든 조직이 아니라 일본과 중국의 역사 왜곡에
대응하기 위해 조직된 한국 정부의 역사기관이다. 이 조직이 할
일은 한국과 일본, 세계의 시민이 연대의 주체로 나서도록 지원하
는 것이다. 일본 정부는 이것을 가장 두려워한다. 그런데 이것을
감정적 맞대응으로 왜곡하면서 일본 극우파를 돕는다. 한국 역사
학계는 일본의 한국사 조작과 침탈 행위에는 감정적으로 추종하
고 일본 역사학계의 제국주의 비판에는 이성적으로 차갑게 눈을
돌린다.

단재 신채호는 『독사신론』에서 "내가 현재 각 학교의 교과용 역
사책을 살펴보니 가치가 있는 역사책은 거의 없다."고 말했다. 100
여 년 전 단재가 겪었던 뼈아픈 비극이 지금도 반복되고 있다. 그
러나 역사의 수레바퀴는 끝내 제 갈 길을 찾아 전진할 것이다. 어
떤 상황에서도 포기할 줄을 모르는 '진실 추적자들'이 점점 강해

지고 있기 때문이나. 한국사 여행을 함께 해주신 여러분께 고개 숙여 감사드린다. 여러분들은 인간의 역사를 칭조하는 최후의 보루다.

참고문헌

1. 사료

『고려사高麗史』, 『고려사절요高麗史節要』, 『관자管子』, 『괄지지括地志』, 『구당서舊唐書』, 『남제서南齊書』, 『동국여지승람東國輿地勝覽』, 『동국통감東國通鑑』, 『만주원류고滿洲原流考』, 『북사北史』, 『사기史記』, 『산해경山海經』, 『삼국사기三國史記』, 『삼국유사三國遺事』, 『삼국지三國志』, 『세종실록世宗實錄』, 『서경書經』, 『설문說文』, 『성호사설星湖僿說』, 『송서宋書』, 『수경水經』, 『수경주水經注』, 『수서隋書』, 『시경詩經』, 『신당서新唐書』, 『양사梁史』, 『여씨춘추呂氏春秋』, 『열하일기熱河日記』, 『요사遼史』, 『일본서기日本書紀』, 『위략魏略』, 『위서魏書』, 『자치통감資治通監』, 『제왕운기帝王韻紀』, 『진서晉書』, 『통전通典』, 『한서漢書』, 『후한서後漢書』, 『회남자淮南子』

2. 단행본 및 논문

국사편찬위원회, 『한국사』, 탐구당, 2003

고려대 한국사연구소, 『한국사』, 2014.

김용섭, 『역사의 오솔길을 가면서』, 지식산업사, 2011.

김종성, 『조선상고사』, 역사의 아침, 2014.

김태식, 『미완의 문명 7백년 가야사』 1, 푸른 역사, 2002

김현구, 『백제는 일본의 기원인가』, 창작과 비평사, 2002.

김현구, 『임나일본부는 허구인가』, 창비, 2010.

노태돈, 「고조선 중심지의 변천에 대한 연구」, 『단군과 고조선사』, 사계절, 2000.

노태돈, 『한국고대사』, 경세원, 2014.

단군학회 엮음, 『남북 학자들이 함께 쓴 단군과 고조선 연구』, 지식산업사, 2006.

리지린, 『고조선 연구』, 백산자료원, 1963.

박석홍, 『건국 60년 한국의 역사학과 역사의식』, 한국학술정보, 2008.

박선희, 「평양 낙랑유적 복식유물의 문화성격과 고조선」 『단군학연구』 20, 2009.

박선희, 『한국 고대 복식』, 지식산업사, 2002.

박정학, 「한민족의 형성과 얼에 대한 연구」, 강원대 대학원 박사학위 논문, 2009.

배기동 책임편집, 『고고학 발굴과 연구 50년의 성찰』, 주류성, 2011.

배성준, 「'독도 문제'를 보는 비판적 시각을 위하여」, 『문화과학』 42, 2005.

브라이언 M. 페이건, 『세계 선사문화의 이해』, 이희준 옮김, 사회평론, 2011.

브라이언 M. 페이건, 『인류의 선사시대』, 최몽룡 옮김, 을유문화사, 1988.

브루스 트리거, 『고고학사』, 성춘택 옮김, 학연문화사, 2006.

서영수, 「고조선의 위치와 강역」, 『한국사 시민강좌 2집』, 일조각, 1988.

서영수, 「대외관계에서 본 낙랑군」, 『사학지』 31, 단국사학회, 1998.

성삼제, 『고조선 사라진 역사』, 동아일보사, 2005.

서희건 엮음, 『잃어버린 역사를 찾아서』 1·2·3, 고려원, 1986.

송호정, 『단군, 만들어진 신화』, 산처럼, 2004.

송호정, 『한국고대사 속의 고조선사』, 푸른 역사, 2003.

석문이기동교수정년기념 논총간행위원회, 『한국고대사 연구의 현 단계』, 주류성, 2009.

성삼제, 『고조선, 사라진 역사』, 동아일보사, 2005.

스에마쓰 야스카즈, 『임나흥망사』, 오야시마출판大八洲出版, 1949.

시라토리 구라키치, 「단군고」, 『시라토리 구라키치 전집』 3, 이와나미쇼텐岩波書店, 1970.

신용하, 『고조선 국가형성의 사회사』, 지식산업사, 2010

신채호, 『신채호 역사 논설집』, 정혜렴 엮어옮김, 현대실학사, 1995.

신채호, 『조선상고사』, 박기봉 옮김, 비봉출판사, 2006.

심백강 엮음, 『잃어버린 상고사 되찾은 고조선』, 바른역사, 2014.

쓰다 소키치, 『쓰다 소키치전집』, 이와나미쇼텐, 1964.

에드워드 맥널 외, 『서양문명의 역사』 1, 박상익 옮김, 소나무, 2003.

역사비평편집위원회, 『한국 전근대사의 주요 쟁점』, 역사비평사, 2008

역사학회, 『한국사 회고와 전망』 1, 국학자료원, 1996.

우실하, 『동북공정 너머 요하문명론』, 소나무, 2007.

U. M. 부틴, 『고조선』, 이항재·이병두 옮김, 소나무, 1990.

윤내현, 『고조선연구』, 일지사, 1994.

윤내현, 『우리 고대사 상상에서 현실로』, 지식산업사, 2006.

윤내현, 『한국고대사신론』, 일지사, 1986.

윤내현, 『한국열국사연구』, 지식산업사, 1998.

윤내현·박선희·하문식, 『고조선의 강역을 밝힌다』, 지식산업사, 2006.

윤종영, 『국사 교과서 파동』, 혜안, 1999.

이건무·조현종, 『선사 유물과 유적』, 솔, 2003.

이기동, 「고조선 연구, 무엇이 문제인가」, 『한국사 시민강좌 49집』, 일조각, 2011.

이기동, 「북한에서의 고조선 연구」, 『한국사 시민강좌 2집』, 일조각, 1988.

이기백, 「고조선의 국가 형성」, 『한국사 시민강좌 2집』, 일조각, 1988.

이기백, 「반도적 성격론 비판」, 『한국사 시민강좌 1집』, 일조각, 1987.

이기백, 『한국사신론』, 일조각, 2001.

이덕일, 『매국의 역사학, 어디까지 왔나』, 만권당, 2015.

이덕일, 『우리 안의 식민사관』, 만권당, 2014.

이덕일, 『한국사, 그들이 숨긴 진실』, 역사의 아침, 2009.

이덕일·김병기, 『고조선은 대륙의 지배자였다』, 역사의 아침, 2006.

이도상, 『고대조선, 끝나지 않은 논쟁』, 들메나무, 2015.

이도상, 『일제의 역사 침략 120년』, 경인문화사, 2003.

이마니시 류, 『신라사 연구』, 이부오·하시모토 시게루 옮김, 서경문화사, 2008.

이병도, 『신수 국사대관』, 보문각, 1961.

이병도, 『한국고대사론』, 한국학술정보, 2012.

이상시, 『단군실사에 관한 실증연구』, 고려원, 1990.

이선복, 『고고학 이야기』, 가서원, 1996.

이종호, 『한국 7대 불가사의』, 역사의 아침, 2007.

이주한, 『한국사가 죽어야 나라가 산다』, 역사의 아침, 2013.

이태진, 『새한국사』, 까치, 2012.

임재해 외, 『고대에도 한류가 있었다』, 지식산업사, 2007.

전국역사교사모임, 『살아 있는 한국사 교과서』, 휴머니스트, 2012.

전국역사교사모임, 『심마니 한국사』, 역사넷, 2004.

전국역사교사모임, 『외국인을 위한 한국사』, 휴머니스트, 2010.

정수일, 『고대문명교류사』, 사계절, 2009.

조희승, 『가야사연구』, 사회과학출판사, 1994.

존 카터 코벨, 『한국문화의 뿌리를 찾아서』, 김유경 엮어옮김, 학고재, 1999.

최몽룡 엮음, 『21세기의 한국고고학』 1, 주류성, 2008.

최성락, 『한국고고학의 새로운 방향』, 주류성, 2013.

최재석, 『고대한국과 일본열도』, 일지사, 1999.

최재석, 『고대한일관계사연구』, 경인문화사, 2010.

최재석, 『고대한일관계사연구 비판』, 경인문화사, 2010.

최재석, 『고대한일관계와 일본서기』, 일지사, 2000.

최재석, 『백제의 대화왜와 일본화 과정』, 일지사, 1990.

최재석, 『일본고대사연구비판』, 일지사, 1990.

최재석, 『일본고대사의 진실』, 경인문화사, 2010.

최재석, 『일본서기의 사실기사와 왜곡기사』, 집문당, 2012.

최재석, 『역경의 행운』, 만권당, 2015.

최재석, 『한국 고대사회사 방법론』, 일지사, 1987.

최태영, 『한국고대사를 생각한다』, 눈빛, 2003.

한국사특강편찬위원회, 『한국사특강』, 서울대 출판부, 2007.

한일역사공동연구위원회, 『한일역사공동연구보고서』 1, 2005.

클로드 레비 스트로스, 『신화의 의미』, 임옥희 옮김, 이끌리오, 2000.

한국고고학회, 『일곱 원로에게 듣는 한국고고학 60년』, 사회평론, 2008.

한국고고학회 엮음, 『한국고고학 강의』, 사회평론, 2010.

한국고대사학회, 『고조선 연구의 새로운 모색』, 2014.

한국고대사학회, 『한국고대사 연구의 새 동향』, 서경문화사, 2007.

한국교원대 역사교육과, 『아틀라스 한국사』, 사계절, 2010.

한민족학회 엮음, 『한민족』 제3집, 교문사, 1991.

한배달 편집부 엮음, 『시원문화를 찾아서』, 한배달, 1995.

한영우, 『다시 찾는 우리 역사』, 경세원, 2014.

황순종, 『식민사학의 감춰진 맨얼굴』, 만권당, 2014.

Byington, Mark E., *The Han Commanderies in Early Korean History*, 동북아역사
재단, 2013.

찾아보기

문헌 찾아보기

위험한 역사 시간

초판 1쇄 펴낸 날 2015. 9. 10.
초판 2쇄 펴낸 날 2015. 12. 28.

지은이   이주한
발행인   양진호
책임편집   위정훈
디자인   강영신
발행처   도서출판 인문서원

등 록   2013년 5월 21일(제2014-000039호)
주 소   (121-893) 서울시 마포구 양화로 56 동양한강트레벨 718호
전 화   (02) 338-5951~2
팩 스   (02) 338-5953
이메일   inmunbook@hanmail.net

ISBN   979-11-86542-12-5 (03910)

값은 뒤표지에 있습니다.
잘못 만들어진 책은 구입하신 서점에서 바꾸어 드립니다.

이 도서의 국립중앙도서관 출판예정도서목록(CIP)은 서지정보유통지원시스템 홈페이
지(http://seoji.nl.go.kr)와 국가자료공동목록시스템(http://www.nl.go.kr/kolisnet)에서
이용하실 수 있습니다.(CIP제어번호: CIP2015021939)